会计岗位项目化系列教材之一

刘　芳　胡蔚玲◎主　编

出纳业务核算

- 目标定位明确。适合中小企业会计人才培养，同时考虑了中高职衔接的需要。
- 校企合作编写。本套教材由学校骨干教师与行业企业一线专家共同研编而成，是校企合作的成果。
- 内容基于岗位。教材内容基于相应岗位的典型工作任务，体现任务驱动、项目导向，同时融合了相关职业资格证书对会计工作知识、技能和态度的要求。
- 形式体现“学、做一体”。用真实的会计凭证、账表反映典型工作任务，并将实际操作过程及操作方法以“学、做一体”形式体现，使理论和实践充分融合。

北　京

图书在版编目(CIP)数据

出纳业务核算/刘芳,胡蔚玲主编.
—北京:中国经济出版社,2013.2
会计岗位项目化系列教材
ISBN 978-7-5136-0559-5

Ⅰ.①出… Ⅱ.①刘…②胡… Ⅲ.①现金出纳管理—高等学校:
职业技术学校—教材 Ⅳ.①F23

中国版本图书馆 CIP 数据核字(2011)第 009270 号

责任编辑 张潇匀
责任审读 霍宏涛
责任印制 张江虹
封面设计 白朝文

出版发行 中国经济出版社
印 刷 者 江苏省无锡市证券印刷有限公司
经 销 者 各地新华书店
开　　本 787mm×1092mm 1/16
印　　张 13
字　　数 300 千字
版　　次 2013 年 2 月第 1 版
印　　次 2013 年 2 月第 1 次
书　　号 ISBN 978-7-5136-0559-5/G·1510
定　　价 28.00 元

中国经济出版社 **网址** www.economyph.com **社址** 北京市西城区百万庄北街 3 号 **邮编** 100037

出版说明

《教育部关于推进高等职业教育改革创新引领职业教育科学发展的若干意见》（教职成〔2011〕12号）明确提出："要与行业（企业）共同制定专业人才培养方案，实现专业与行业（企业）岗位对接；推行"双证书"制度，实现专业课程内容与职业标准对接，引入企业新技术、新工艺，校企合作共同开发专业课程和教学资源；继续推行任务驱动、项目导向等学做一体的教学模式，将学校的教学过程和企业的生产过程紧密结合，校企共同完成教学任务，突出人才培养的针对性、灵活性和开放性。"

按照教育部相关文件要求，结合区域经济发展需要，充分体现"学校与企业在人才培养目标、培养方案的制定上相结合、学习内容与岗位要求相结合、理论学习与实践操作相结合、学生角色与员工角色相结合"的理念，我们组织编写了本套会计岗位系列化教材。

通过校企合作，由校内教师与行业、企业会计行家共同进行课程、教材研发。通过岗位职业能力分析，界定岗位知识范围和岗位技能要求，构建岗位课程体系，确定了会计岗位的核心课程：出纳业务核算、往来业务核算、财产物资核算、产品成本核算、投资与融资核算、纳税核算与申报、收入与费用核算、财务报告编制与分析。在研编了课程标准和课程项目设计方案基础上，组织校内外骨干教师和行业、企业会计行家研发了8门基于会计工作岗位的项目化系列教材。本套教材以岗位需求为起点，以岗位能力培养为核心，教材内容从学科型模式到岗位型项目化模式的转换，提高了课程的针对性、实践性、有效性，实现教学过程的职业性和开放性、课堂教学与实习实训一体化，着力培养学生的实践能力、创造能力、就业能力和创业能力。

本系列教材是基于会计工作岗位而编写的项目化教材，与学科体系下的教材相比，其主要特点如下：

1. 目标定位明确。高职会计专业主要培养适合中小企业需要的会计人才，本教材突出了这一人才培养目标，同时考虑了中高职衔接的需要。

2. 校企合作编写。本教材是在充分调研的基础上，由学校骨干教师与行业企业一线专家共同研编而成，是校企合作的结果。

3. 内容基于岗位。教材内容的编写基于每个岗位的典型工作任务所需知识和技能，体现任务驱动、项目导向。教材内容的选取上突出了不同会计岗位的核算素能培养。同时，教材融合了相关职业资格证书对会计工作知识、技能和态度的要求，体现了教材的职业性、实践性和开放性。

4. 形式体现“学、做一体”。在编写形式上力求具体化、实用化，用真实的会计凭证、账表反映典型工作任务，并将实际操作过程及操作方法以“学、做一体”形式体现，使理论和实践充分融合。

本套教材在编写体例上，突出任务驱动、项目导向，以解决实际问题为主线，按项目设置教材纲目，按任务完成具体教学内容，在注重理论知识学习的情况下，同时注重培养学生的实际操作能力，使“教、学、做”能够有机地结合起来。具体体例如下：

【知识准备】与本次课相关的复习性知识。

【知识导入】涉及本次课所学会计技能的新的知识，能嵌入的知识采用嵌入式来呈现。

【范例任务】是通过列举典型的会计实务案例，来解决实际问题。案例可根据情况列举多个，目的是起到引导、示范的作用。

【业务流程】用来描述某项业务来龙去脉、业务结点、职责分工等的流程图，可按模块也可按业务项目呈现，目的是直观地体现业务关系与具体操作过程，以图示来体现。

【业务操作】是范例任务的按步骤的具体完成过程。

【业务指导】是相关任务完成过程中的各种要求和规范，是嵌入式的知识体现。

【活动任务】是在学习了范例任务后，给学生设计的任务，学生通过解决实际问题，进一步加深对理论知识的理解，提高实际操作能力。

【业务精要】是操作要点和关键点的总结。

【知识拓展】是相关知识、方法的延伸或展开，旨在进一步拓展知识面，发挥学生自主学习能力，为其未来职业发展奠定基础。

【业务训练】是学生课后完成的项目，达到巩固提高的目的。

本教材既适合于普通高职高专财务会计类专业使用，也适合中高职衔接院校相关专业使用，同时还可以作为会计人员继续教育岗位培训用书。

由于本套会计岗位项目化系列教材在高职院校尚属首创，诚挚希望广大师生提出宝贵意见，以便于我们进一步修改，逐步改进和完善其内容、结构，提高岗位教材的质量。

会计岗位项目化系列教材编委会

2013 年 8 月

前 言

出纳业务核算是每个企业单位非常重要的工作，也是财务工作的起点。高职高专财务会计类专业毕业生一般首先从事的也是出纳岗位，因此出纳业务核算在财务会计类专业课中处于非常重要的地位，是专业核心课程和必修课程。

本教材充分体现了任务驱动、项目导向的课程设计思想。以各类企业单位出纳岗位业务操作的各项任务模块为主线、结合职业资格证书考核要求，合理安排教材内容。在内容上应既实用又开放，即在注重出纳业务技能训练的同时，还把《企业会计准则》的理论知识融入教材，以便教材内容更加贴近会计业务操作的实际；在形式上更适合高职学生的认知特点，文字表述深入浅出，内容展现图文并茂。

另外，为了提高学生学习的积极性和主动性，培养学生处理出纳业务的综合职业能力，本教材根据工作任务的需要设计了相应的技能训练活动。各项技能训练活动的设计实用、具体，具有很强的可操作性。

本教材不仅适合高职院校会计、审计等专业的教学使用，也能满足中小企业出纳人员学习用书。出纳业务核算的前导课程为《会计基础》、《会计基本技能》，同步或后续课程包括：《往来业务核算》、《财产物资核算》等课程。

《出纳业务核算》是校企合作开发教材，由无锡商业职业技术学院刘芳、无锡商业大厦大东方股份有限公司财务经理胡蔚玲担任主编，参加编写的有陆兴凤、刘琴、周婷婷。在教材编写过程中，得到了学院领导、相关职能部门和企事业单位有关人士的大力支持和帮助，在此一并表示感谢。

由于编者理论水平和实践知识有限，书中难免存在不足，恳请专家学者、使用本教材的老师、同学和读者批评指正。

编 者

2013 年 8 月

岗位介绍

岗位描述：

出纳岗位是各企业单位专设的负责管理和核算货币资金、控制其来源和去向的专职会计工作岗位。规模不大的单位出纳工作量不大，可设专职出纳员一名，即一人一岗，这是最为常见的形式；规模较小的单位，出纳工作量较小，可设兼职出纳员一名，即一人多岗；无条件单独设置会计机构的单位，至少要在有关机构中（如行政单位办公室、后勤部门等）配备兼职出纳员一名，但兼职出纳员不得兼管收入、费用、债权、债务账簿的登记及稽核工作和会计档案的保管工作；规模较大的单位，出纳工作量较大，可以多名出纳员，即一岗多人，如分设管理收付的出纳员和管账的出纳员，或分设现金出纳员和银行结算的出纳员等。出纳岗位工作人员必须具有会计从业资格证。

岗位特点：

出纳岗位的特点非常鲜明：

（1）专业性。出纳工作作为会计工作的一个重要岗位，有着专门的操作技术和工作规则。

（2）时间性。出纳工作具有很强的时间性，何时发放工资、何时核对银行对账单等，都有严格的时间要求，一天都不能延误。

（3）政策性。要做好出纳工作，必须熟悉并掌握有关重要的政策法规制度。出纳不掌握这些政策法规，就做不好出纳工作；不按这些政策法规办事，就违反了财经纪律。

岗位职责：

出纳员必须遵循会计制度的规定、国家有关现金管理和银行结算制度的规定、国家外汇管理和结汇、购汇制度的规定及有关批件，办理相关的现金收付和银行结算业务，并严格审核有关原始凭证，再据以编制收付款凭证，然后根据编制的凭证登记日记账。

岗位素质：

出纳人员不仅要具备爱岗敬业、客观公正、坚持准则、提高技能、参与管理、强化服务的职业道德，而且也要具备熟练高超的业务技能：

（1）能严格遵守我国货币资金管理的法规条例。

（2）会正确审核、编制和复核会计凭证。

（3）能规范登记现金及银行存款日记账。

（4）能合理进行各种银行结算方式的基本操作。

（5）会及时进行货币资金的日清月结。

目　录

项目一　现金结算业务

随着经济的发展，会计越来越重要。在诸多会计岗位中，出纳岗位有第一会计岗位之誉，很多毕业生往往从事的第一份工作就是出纳。出纳又可细分为现金出纳和银行出纳，我们应该掌握下列知识和技能才能成为称职的现金出纳。

项目 目标与要求

最终目标：能熟练办理现金收付与保管业务

促成目标：

1. 熟练记忆我国现金管理制度
2. 能熟练办理现金收款业务
3. 能熟练办理现金付款业务
4. 能够熟练编制现金收付凭证
5. 能规范登记现金日记账
6. 能准确编制现金盘点表、正确处理现金长短款

项目 工作任务

1. 使用各种点钞机、验钞机、保险柜等办公设备
2. 鉴别票币真伪、清点票据、妥善保管票币和各种印章
3. 审核和正确填制各类凭证
4. 按照工作流程办理业务
5. 根据业务单据登记现金日记账
6. 盘点现金

 任务书

项目模块	工作任务
模块 1　现金管理	熟悉现金管理制度的规定
	遵循企业的相关审批权限
	现金、有价证券、空白支票、空白收据、财务印章保管
模块 2　现金收款业务处理	办理现金收款业务
	现金提取业务
模块 3　现金付款业务处理	办理现金付款业务
	现金送存业务
模块 4　现金收付款凭证编制	编制现金收付记账凭证
	审核现金收付记账凭证
模块 5　现金日记账登记	登记现金日记账
模块 6　现金清查	现金清查

模块一　现金管理

学习目标

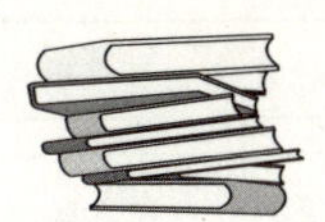

1. 熟悉企业的财务管理制度和相关审批权限，能正确遵循财务管理审批权限
2. 了解钱账分管制度
3. 能按照规章制度保管好现金、各种票据、空白支票、收据、财务印章

工作任务

1. 熟悉现金管理制度的规定
2. 遵循企业的相关审批权限
3. 保管好现金、有价证券、空白支票、空白收据、财务印章

【知识导入】

一、熟悉现金管理制度的规定

（一）现金管理基本要求

1. 库存现金限额的规定如表1—1所示。

表1—1　　库存现金限额的规定

名　称	具体内容
存现金的限额	库存现金的限额由银行根据开户企业的实际需要、距离银行的远近等情况核定，其限额一般按照企业3—5天日常零星开支所需的现金确定。
	远离银行机构或交通不便的企业库存现金的限额可以超过5天，但最多不能超过15天日常零星开支。
	日常零星开支不包括企业每月发放工资和不定期差旅费等大额现金支出。
	一个企业在几家银行开户的，由一家开户银行为其核定库存现金的限额。

2. 现金管理“八不准”如图 1—1 所示。

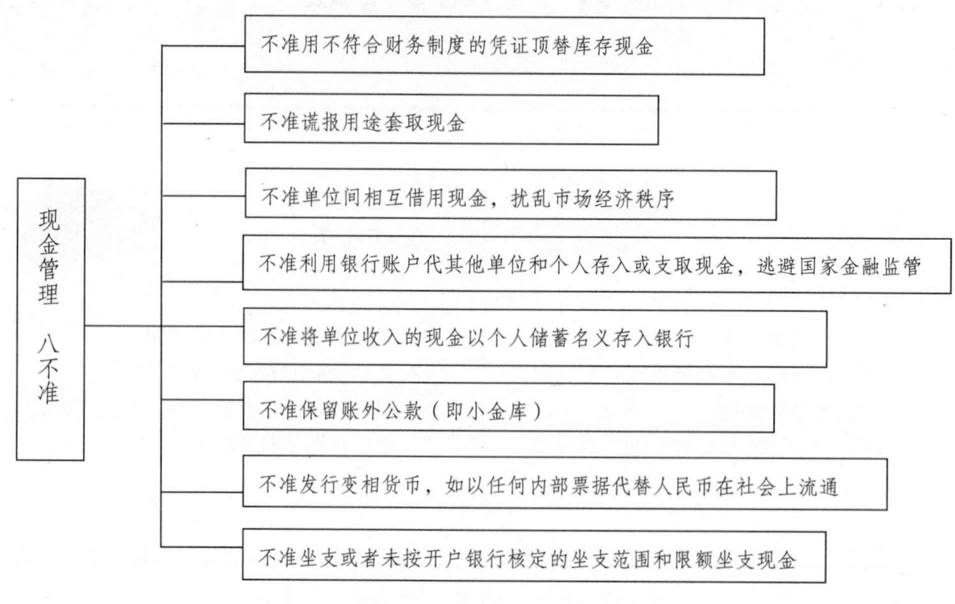

图 1—1 现金管理“八不准”

3. 库存现金的使用范围如图 1—2 所示。

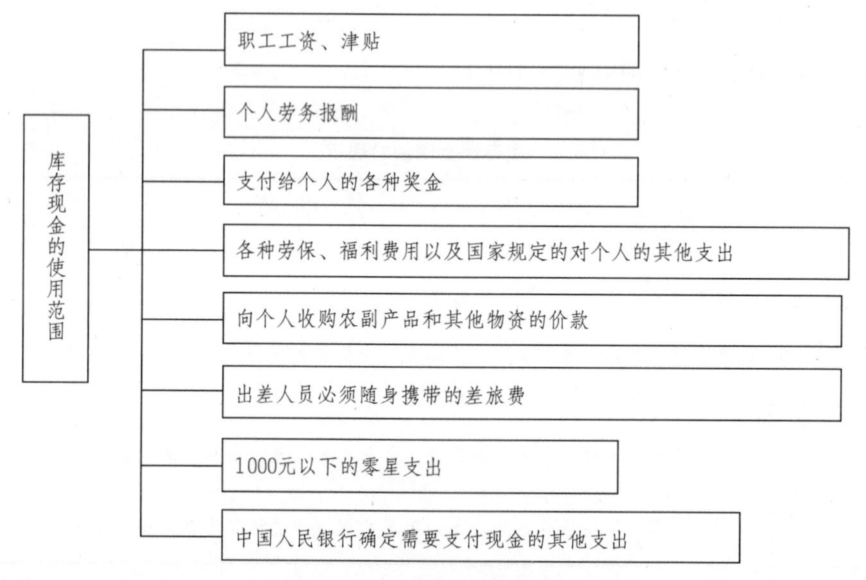

图 1—2 库存现金的使用范围

（二）现金管理原则如图1—3所示。

图1—3　现金管理原则

二、遵循企业的相关审批权限

各企业单位应按照《现金管理暂行条例》及其实施细则规定的现金开支范围，并根据本单位的生产经营管理实际，现金付出业务的繁简，以及现金开支的额度等，建立健全现金开支审批制度，以加强现金开支的日常管理。现金开支审批制度一般应包括的内容如表1—2所示。

表1—2　现金开支审批制度

明确企业现金开支范围	各单位应按《现金管理暂行条例》及其实施细则的规定，确定本单位的现金开支范围，如支付职工工资、支付职工差旅费、支付职工因公借款、支付零星采购材料款和运杂费等。
制定各种报销凭证，规定报销手续和办法	各单位应按其业务内容制定各种报销凭证，如工资支付单、借款单、购料凭单、差旅费报销单等，并规定各种报销凭证的使用方法，以及各种凭证的传递手续，确定各种现金支出业务的报销办法。
确定各种现金支出的审批权限	各单位应根据其经营规模、内部职责分工等，确定不同额度和不同的现金支出审批权限。比如，凡是现金开支额在500元以下的，由会计人员审查批准；凡是现金开支额在500元以上1,000元以下的，由单位财务主管审查批准；凡是现金开支额在1,000元以上5,000元以下的，必须由单位总会计师（或主管副厂长等）批准；凡是现金开支额在5,000元以上的，由单位最高领导批准等。出纳员根据按规定权限经审核批准并签章的付款凭证及其所附原始凭证办理现金付款业务。没有经过审核批准并签章的或者有关人员超越规定的审批权限的，出纳员不予付款。

三、出纳保管的业务内容

出纳保管的业务内容包括：现金、有价证券、空白支票、空白收据、财务印章保管，如图 1—4 所示。

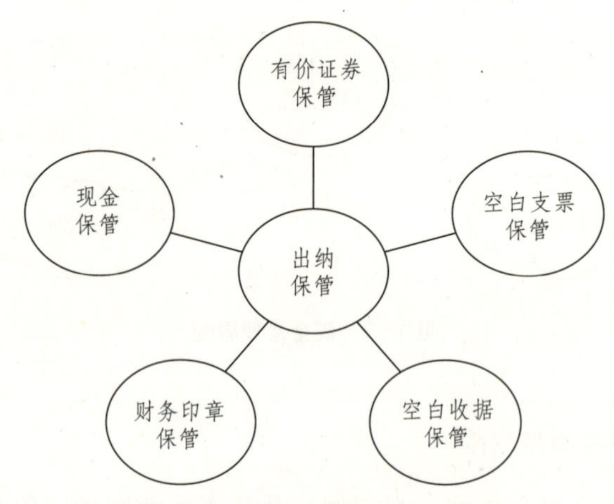

图 1—4　出纳保管的业务内容

（一）现金保管

现金是流动性最强的资产，无需变现即可挥霍使用，因而现金是犯罪分子谋取的最直接目标。因此各单位应建立健全现金保管制度，防止由于制度不严、工作疏忽而给犯罪分子以可乘之机，给国家和单位造成损失。现金保管制度一般应包括如下内容：

1. 超过库存限额以外的现金应在下班前送存银行。

2. 为加强对现金的管理，除工作时间需要的小量备用金可放在出纳员的抽屉内，其余则应放入出纳专用的保险柜内，不得随意存放。

3. 限额内的库存现金当日核对清楚后，一律放在保险柜内，不得放在办公桌内过夜。

4. 单位的库存现金不准以个人名义存入银行，以防止有关人员利用公款私存取得利息收入，也防止单位利用公款私存形成账外小金库。银行一旦发现公款私存，可以对单位处以罚款，情节严重的，可以冻结单位现金支付。

5. 库存现金，包括纸币和铸币，应实行分类保管。各单位的出纳员对库存票币分别按照纸币的票面金额和铸币的币面金额，以及整数（即大数）和零数（即小数）分类保管。

（二）有价证券保管

有价证券，由于一般都能在一定期限后，凭以取得现金，相当于可以延期使用的大额钞票，因此，出纳收付和投资有价证券时，要按现金的操作原则进行工作，即：按收付业务发生的顺序逐笔办理；审阅原始凭证；当面点清，一笔一清，按叠复点；发现张数超或短、假币、残券等问题，及时妥善处理。

（三）空白支票保管

1. 空白支票必须指定专人保管，通常由出纳保管。保管空白支票时，需贯彻“票印分管”的原则，即不能由一人保管空白支票及全部的预留银行印签章。

2. 有关部门和人员领用空白支票时，必须填制专门的“支票领用单”，并指明领用支票的用途、日期、金额，由经办人员签章，经有关领导批准。

3. 出纳人员依据经有关领导签字批准的“支票领用单”签发支票，并在支票签发登记簿上加以登记。领用人在登记簿“领用人”栏里签章。

4. 单位不得签发印鉴齐全的空白支票。如果采购金额、收款单位事先难以确定，经单位领导同意后，出纳可以签发下列内容的空白支票：填写支票日期、注明支票用途、在支票的右上角再加注“限额 XX 元”字样。空白支票签发后，应在设置的“空白支票签发登记簿”上详细地记载领用日期、支票号码、领用人、用途、限额、批准人、销号。领用人在登记簿“领用人”栏里签章。

5. 签发错误的支票后，若是收款人、日期、金额错误，则需另签一张支票，但原错误支票不能撕毁或丢失，应在上面加盖“作废”章，等下次购支票时，带给银行注销即可；其他错误事项可进行更改，并在更改处加盖预留银行印鉴章。

（四）空白收据保管

1. 空白收据必须指定专人保管，通常由主管会计人员保管。

2. 建立“空白收据登记簿”制度。领用空白收据时，需在“空白收据登记簿”上注明领用日期、领用部门、起始号码，并由领用人签字，收据使用完后，要及时归还、核销。

3. 禁止使用的事项。使用部门不得将收据带出工作单位使用，不得转借、买卖或赠送空白收据，不得弄虚作假、开具票面与实务不符的收据，不得开具存根联与其他联不符的收据。

4. 作废收据的处理。作废的收据要加盖“作废”章，各联要连同存根一起保管，不得撕毁或丢失。

（五）财务印章保管

印鉴是为了防止假冒、辨别真伪，在支付款项的开户银行内预留供核对印章的依据，是企业财权证书，代表单位支配资金的权利。根据中国人民银行的规定，单位预留印鉴，原则上为单位财务专用章和法定代表人章各一枚。

【范例任务】

太湖机械股份有限公司因业务发展需要，从人才市场招聘了一名具有中专学历的出纳张某。开始，他还勤恳敬业，公司领导和同事对他的工作都很满意。但受到同事在股市赚钱的影响，张某也开始涉足股市。然而事非所愿，进入股市很快被套牢，想急于翻本又苦于没有资金，他开始对自己每天经手的现金动了邪念，凭着财务主管对他的信任，拿了财务主管的财务专用章在自己保管的空白现金支票上任意盖章取款。月底，银行对账单也是其到银行提取且自行核对，因此在很长一段时间未被发现。至案发，公司蒙受了巨大的经济损失。张某犯罪，企业蒙受损失，教训是非常深刻的。

要求： 分析太湖机械股份有限公司在现金管理制度中可能存在哪些管理漏洞。

【业务操作】

1. 要加强对货币资金的管理。根据规定现金要日清月结，要定期盘点，银行存款要有独立于出纳的人员进行核对，而这些基本的管理要求企业都没有做到。张某利用职务之便，反复利用银行支票“吞食”公款而不被发现，说明公司的货币资金管理严重失控。退一步讲，一个企业即使再疏于管理，但每年年终总要对各项资金尤其对库存现金、银行存款进行核对清理吧，而张某长期作案而不被发现，充分说明了该企业财务管理的严重混乱。

2. 要建立有效的内部牵制制度。如在对印鉴的管理上，该公司印鉴虽然是分开管理的，但管理人没有真正负起责任，而是把银行印鉴交由出纳任意使用，给思想素质极差的张某钻了空子，这种分开形同虚设。按照规定印鉴与支票应由不同的人分开管理并存放保险柜内，保管人要自己亲手使用并审核支票用途，对已加盖印鉴的支票作废时要在支票正面写作废字样或打“×”以示作废而且必须与有效支票存放在一起，不得撕毁，并作好记录。要由出纳以外的人员对支票等票据的使用号码进行登记，随时按号检查其连续性、完整性及使用情况，并与银行对账单的记录核对，如有舞弊，很快就可发现。

3. 要注重会计职业道德教育。会计人员站在经济战线前沿，必须具备高度的法制观念，高尚的会计职业道德，因此企业在选人用人时，必须注重思想素质要求，并时时进行职业道德的教育和监督检查，避免道德失范以致沦为犯罪。本案例中的张某天天与现金打交道，思想防线一垮，道德缺失的一面就暴露出来，结果不顾一切地心怀侥幸以身试法，毁了自己，也给企业带来巨大的经济损失，不能不说是企业用人的失误。

【活动任务】

华盛股份有限公司销售人员陈某在一家个体酒店招待费 1,500 元，事后，他将酒店开出的收据金额改为 2,500 元，并经本单位负责人胡某签字同意报销拿到财务处要求出纳员李某报销。李某审查时，发现收据上金额有改动痕迹且无开出收据的酒店公章，遂向陈某提出质疑并拒绝办理。陈某随即请财务负责人张某出面解决，并随手给了张某两包中华香烟，张某接受后马上找到李某，以领导签字同意报销为由，要求照办，遭到李某拒绝。

要求： 分析华盛股份有限公司在现金管理制度中可能存在哪些管理漏洞。

【业务训练】

2012 年 2 月，华盛股份有限公司出纳员王某通过同学关系，收回乙公司欠款 4 万元。该欠款属于已被注销的坏账，董事长程某指示王某将该笔收入在公司会计账册之外另行登记保管，以备业务招待用。

要求： 分析华盛股份有限公司在现金管理制度中可能存在哪些管理漏洞。

模块二　现金收款业务处理

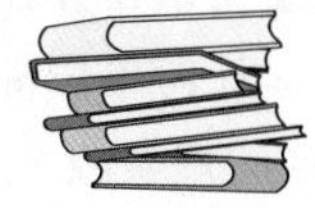

学习目标

1. 会准确填制有关原始凭证，如发票、收款收据等
2. 会熟练审核外来原始凭证

工作任务

1. 办理现金收款业务
2. 现金提取业务

【知识导入】

一、现金收款原始凭证的种类

现金收款原始凭证一般分两个种类，即发票和内部收据。

1. 发票是指企业单位在购、销商品，提供和接受劳务以及从事其他经营活动中开具、收取的收付款凭证，它是进行会计核算的原始凭证，也是税务机关进行税务稽查的重要依据。

2. 内部收据一般适用于单位内部职能部门或与职工之间的现金往来及与外部单位和个人之间的非经营性现金往来，比如职工向单位交纳的水电费、房租等。内部收据一般由单位根据自己的需要设计印制或向商店统一购买，无需专门到税务部门领购。

二、常见的现金收款业务

常见的现金收款业务可归为四大类：

1. 与营业活动有关的现金流入业务，包括销售商品、产品和提供劳务等主营业务收到的现金，销售材料、出租包装物或固定资产等附营业务收到的现金。

2. 与投资活动有关的现金收款业务，包括收到股利或利息业务、出售有价证券投资所持有股票或债券业务、到期收回债券投资业务、出售固定资产、无形资产等长期资产业务收到的现金等。

3. 与筹资活动有关的现金收款业务，包括发行股票或债券业务、向银行或其他金融机构贷款等融资业务等收到的现金。

4. 其他现金收款业务，如没收罚款、收到教育费附加返还款、收到出差人员报销差旅费退回现金、收到职工交还的借款等以及从银行提取现金等业务。其中，差旅费余款退回业务、从银行提现金业务等也属于营业活动有关的现金收款业务。

三、现金收入业务的基本管理规定

出纳人员办理现金收入业务，应严格遵守如下管理规定：

1. 现金收入必须合法合理

各单位的现金收入有很多种来源，不管是哪种来源，都必须做到合法合理。从银行提取现金时，应在国家规定的使用范围和限额内开出现金支票，并注明用途，由本单位财务部门负责人签字和盖章，经开户银行审核后，才能支取。任何单位都不得编造用途套取现金。

在日常业务中收入现金时，必须符合国家制定的现金收入范围，不得在出售商品和金额超过结算起点时，拒收银行结算凭证而收取现金，或按一定比例搭配收取现金等。

2. 现金收入手续必须严格

为了防止差错和引起纠纷，收入现金时必须坚持先收款，当面清点现金无误后，再开给交款人"收款收据"，不能先开收据后收款。

一切现金收入都应开具收款收据，即使有些现金收入已有对方付款凭证，也应开出收据给交款人，以明确经济责任；收入现金时，签发收据和经手人收款，按要求也应当分开，以防作弊。

3. 现金收入要坚持一笔一清

现金收入时，要清点完一笔，再清点另一笔，几笔收款不能一起办理。以免互相混淆或调换；一笔款项未办理妥当，出纳不得离开座位；收款过程应在同一时间内完成，不准收款后，过一段时间再来开收据；对已完成收款的收据应加盖"现金收讫"字样。

4. 现金收入要及时送存银行

根据《现金管理暂行条例》规定："开户单位现金收入应当于当日送存开户银行，当日送存确有困难的，由开户银行确定送存时间。"因而，各单位收入现金后，都应及时送存银行，不准擅自从收入的现金中坐支现金。

【范例任务1】

太湖机械股份有限公司门市部2012年12月12日发生如下销售业务如图1－5所示，收银员收取现金清点无误后将销售发票的发票联（如图1－6所示）和抵扣联交客户，同日收银员到公司财务部办理交款业务。

销售单

货品名称	规格	数量	单位	单价	金额
铝型材		692.8	KG	22.22124	15394.87
合计	（大写）壹万伍仟叁佰玖拾肆元捌角柒分			（小写）¥15394.87	

制单：张立　　业务：李白　　财务：

图1－5

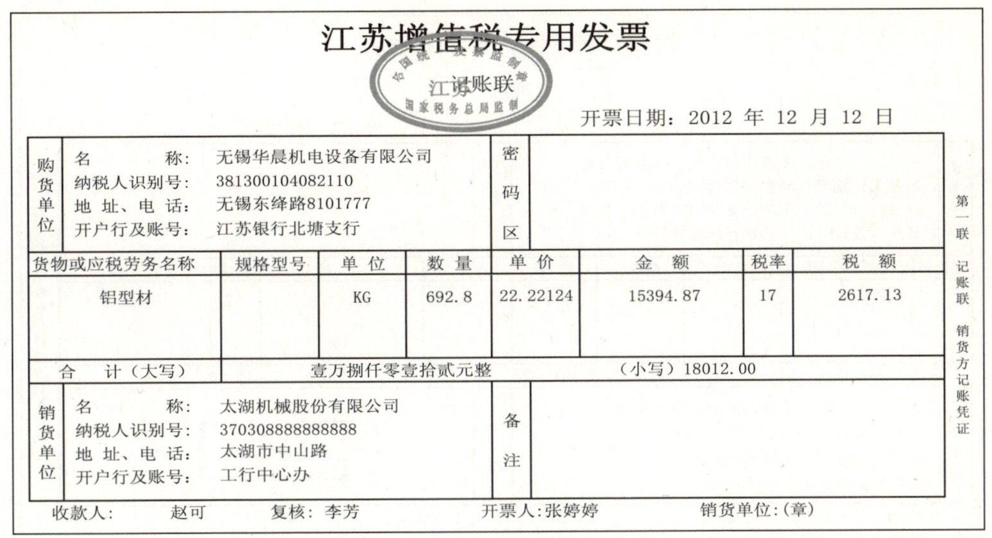

江苏增值税专用发票

记账联

开票日期：2012 年 12 月 12 日

购货单位	名　　称：无锡华晨机电设备有限公司 纳税人识别号：38130010408211O 地 址、电 话：无锡东绛路8101777 开户行及账号：江苏银行北塘支行			密码区			
货物或应税劳务名称	规格型号	单 位	数 量	单 价	金 额	税率	税 额
铝型材		KG	692.8	22.22124	15394.87	17	2617.13
合　计（大写）	壹万捌仟零壹拾贰元整			（小写）18012.00			
销货单位	名　　称：太湖机械股份有限公司 纳税人识别号：370308888888888 地 址、电 话：太湖市中山路 开户行及账号：工行中心办			备注			

收款人：　赵可　　复核：李芳　　开票人：张婷婷　　销货单位：（章）

第一联　记账联　销货方记账凭证

图 1－6

要求：复核相关凭证并办理现金收款业务。

【业务操作】

1. 会计主管（财务部长）审核销售单及增值税专用发票无误后交由制单会计填制记账凭证（见图 1—7）。

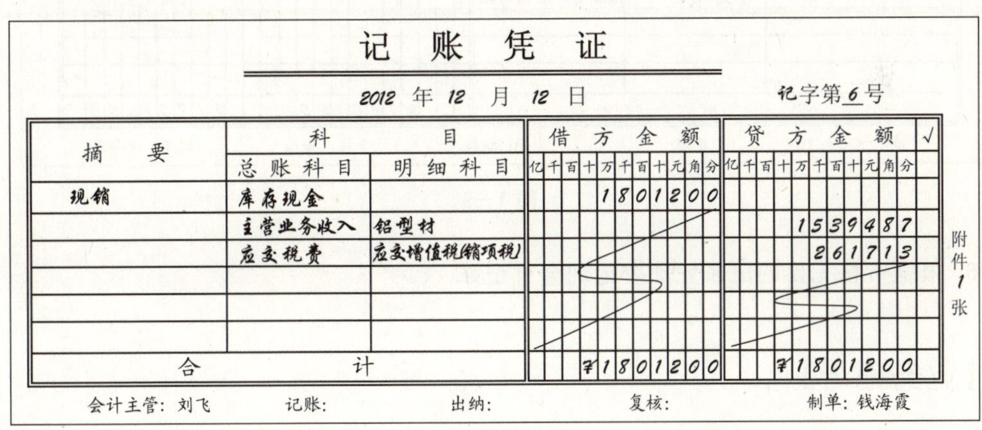

记　账　凭　证

2012 年 12 月 12 日　　　　记字第 6 号

摘　要	总账科目	明细科目	借方金额	贷方金额	√
现销	库存现金		1801200		
	主营业务收入	铝型材		1539487	
	应交税费	应交增值税(销项税)		261713	
合　计			¥1801200	¥1801200	

附件 1 张

会计主管：刘飞　　记账：　　出纳：　　复核：　　制单：钱海霞

图 1－7

2. 出纳复核会计凭证、销售单（如图 1－5 所示）和增值税专用发票（如图 1－8 所示）。

3. 收款、整理钱钞、点数票币、鉴别钞票。

4. 清点现金无误后，在原始凭证上加盖“现金收讫”印章和在记账凭证（如图 1－9 所示）上加盖出纳人员印章，将现金放入保险柜。

江苏增值税专用发票

记账联

开票日期：2012 年 12 月 12 日

购货单位	名　　称：无锡华晨机电设备有限公司 纳税人识别号：381300104082110 地 址、电 话：无锡东绛路8101777 开户行及账号：江苏银行北塘支行	密码区					
货物或应税劳务名称	规格型号	单 位	数 量	单 价	金 额	税率	税 额
铝型材		KG	692.8	22.22124	15394.87	17	2617.13
合 计（大写）	壹万捌仟零壹拾贰元整				（小写）18012.00		
销货单位	名　　称：太湖机械股份有限公司 纳税人识别号：370308888888888 地 址、电 话：太湖市中山路 开户行及账号：工行中心办	备注	现金收讫				

收款人：赵可　　复核：李芳　　开票人：张婷婷　　销货单位：（章）

第一联 记账联 销货方记账凭证

图 1－8

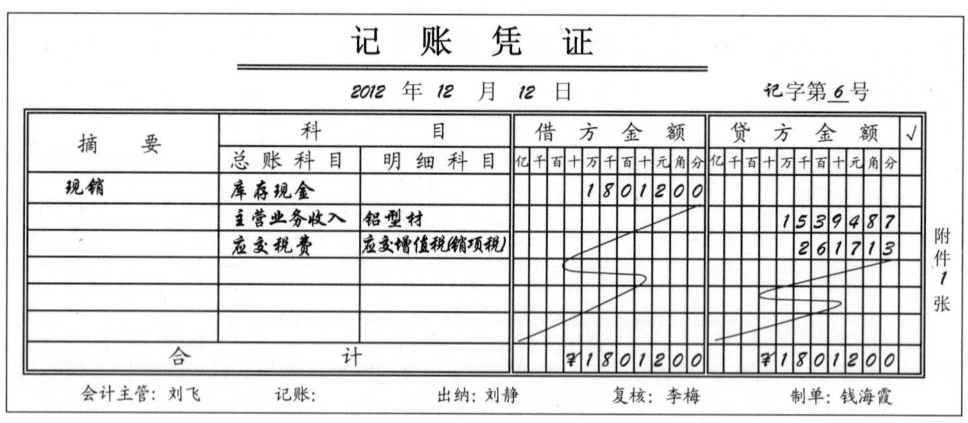

记 账 凭 证

2012 年 12 月 12 日　　　　记字第6号

摘 要	总账科目	明细科目	借方金额	贷方金额	√
现销	库存现金		1801200		
	主营业务收入	铝型材		1539487	
	应交税费	应交增值税(销项税)		261713	
合　　计			¥1801200	¥1801200	

附件 1 张

会计主管：刘飞　　记账：　　出纳：刘静　　复核：李梅　　制单：钱海霞

图 1－9

5. 根据审核无误的记账凭证登记现金日记账。

【业务指导】

1. 增值说专用发票应严格遵循下列各项基本要求填写，否则将不得作为扣税凭证，购买方有权拒收：

（1）字迹清楚。

（2）不得涂改。如填写有误，应另行开具专用发票，并在误填的专用发票（一式四联）上注明“误填作废”四字。如专用发票开具后因购货方不索取而成为废票的，也应按填写有误办理。

（3）项目填写齐全。各栏需要填写的内容都必须按规定填写齐全。

(4) 票、物相符。票面金额与实际收取的金额相符。

(5) 各项目内容正确无误。

(6) 全部联次一次开具，上、下联的内容、金额、税额一致。

(7) 发票联与抵扣联上应加盖财务专用章或发票专用章（使用红色印油）。

(8) 销货单位栏必须用蓝色印油盖章。

(9) 按规定的时限开具专用发票。

(10) 不得拆本使用专用发票。

(11) 不得开具伪造的专用发票。

(12) 不得开具票样与国家税务总局统一制定的票样不相符合的专用发票。

(13) "金额"栏填写销售货物或者提供应税劳务的销售额不包含增值税税额，"金额"栏合计（小写）数前用"¥"符号封顶。"税额"栏填写销售货物或者提供应税劳务的销项税额，"税额"栏合计（小写）数前用"¥"符号封顶，未封顶的专用发票将不得作为购货方的扣税凭证。"价税合计"栏填写销售各项货物和应税劳务销售额（金额）与税额汇总数的大小写金额。

2. 在整理钱钞、点数票币、鉴别钞票的业务操作中，应注意：

(1) 在清点现金之前，先要做好现金的整理工作。现金整理主要包括挑出残币和整理纸币两项工作。

(2) 一旦发现假币，应及时按规定处理。

3. 为了保卫国家财产安全和完整，各单位应配备专用保险柜，专门用于库存现金、各种有价证券、银行票据、印章及其他出纳票据等的保管。各单位应加强对保险柜的使用管理，制定保险柜使用办法，要求有关人员严格执行。

【活动任务】

2012 年 5 月 23 日，华盛股份有限公司出纳员收职工刘某交来违反操作规程造成损失的现金赔偿款 300 元，出纳：罗燕红；会计：张华；会计主管：吴柯颖。

要求：填制收据（如图 1－10 所示）并办理现金收款业务。

收 款 收 据

年 月 日 编号:

<table>
<tr><td>交款人(单位)</td><td colspan="8"></td></tr>
<tr><td>摘 要</td><td colspan="8"></td></tr>
<tr><td rowspan="2">金额(大写)</td><td rowspan="2"></td><td>万</td><td>千</td><td>百</td><td>十</td><td>元</td><td>角</td><td>分</td></tr>
<tr><td></td><td></td><td></td><td></td><td></td><td></td><td></td></tr>
</table>

主管 会计 出纳

图 1－10

【业务训练】

1. 华盛股份有限公司 2012 年 12 月 9 日销售材料给新达工厂 100 公斤，单位成本 3 元。新达工厂的纳税识别号：320206441289547，电话：86912355，开户银行：丰采路办事处。华盛股份有限公司税务登记号：350200098889888；开户银行：中国银行北京分行；账号：3000298222288123456；法人代表：庄振忠；电话：87883888；开票人：李华；审核人：张芳；收款人：李海。

要求：填写增值税专用发票（如图 1－11 所示）并办理现金收款的业务。

江苏增值税专用发票

（全国统一发票监制章 记账联 江苏 国家税务总局监制）

开票日期：　年　月　日

购货单位	名　称： 纳税人识别号： 地 址、电 话： 开户行及账号：			密码区			
货物或应税劳务名称	规格型号	单 位	数 量	单 价	金 额	税率	税 额
合　计（大写）				（小写）			
销货单位	名　称： 纳税人识别号： 地 址、电 话： 开户行及账号：			备注			

第一联　记账联　销货方记账凭证

收款人：　复核：　开票人：　销货单位：(章)

图 1－11

2. 华盛股份有限公司 2012 年 12 月 12 日，供销科交回部门备用金 5,000.00 元（现金）。出纳：罗燕红；会计：张华；会计主管：吴柯颖。

要求：填写收款收据并办理现金收款的业务。

收　款　收　据

年　月　日　　编号：

交款人(单位)								
摘　　要								
金额(大写)		万	千	百	十	元	角	分

主管　　会计　　出纳

图 1－12

【范例任务 2】

2012 年 12 月 15 日，太湖机械股份有限公司准备发放工资，财务部长要出纳员持现金支票到银行支取现金 108,000 元，该企业开户银行为工行中心办（账号 80801018898888），票号 XII3576801。

要求：填写相关凭证并办理提取现金业务。

【业务流程】

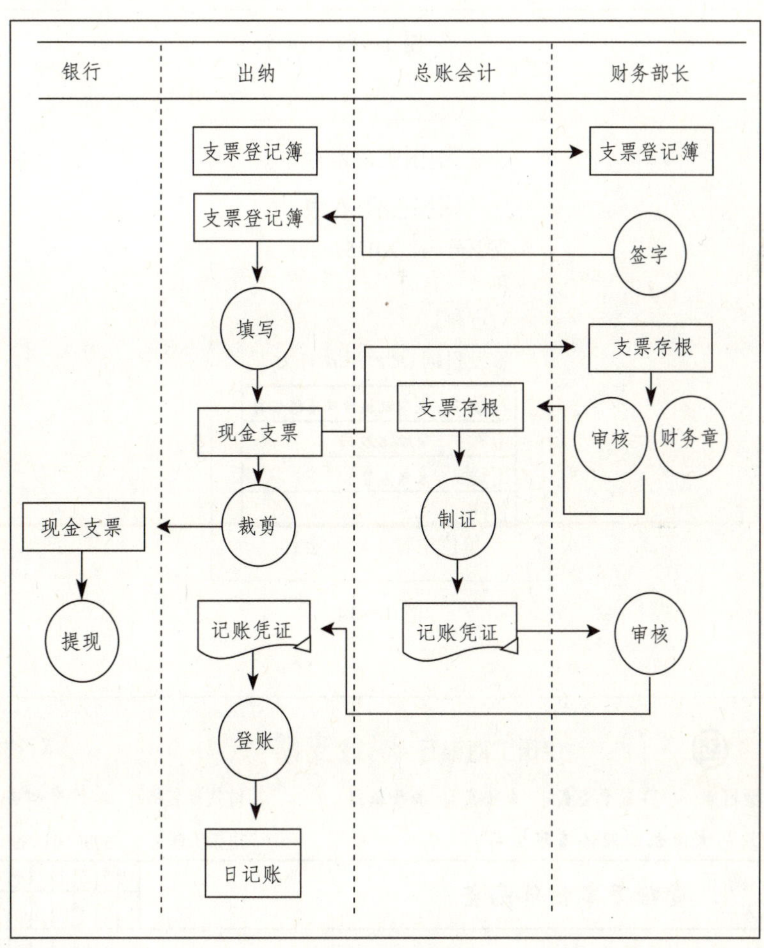

提现业务流程图

【业务操作】

根据提取现金的业务流程，其业务操作一般有如下步骤：

1. 填写“支票领用登记簿”（如图 1－13 所示）交财务部长审核签字。

2. 填写“现金支票及存根”（如图 1－14 所示），财务部长在“现金支票正联”（如图

1－15 所示）加盖公司财务专用章及法人印章，在正联背面（如图 1－16 所示）加盖公司财务专用章。

支票领用登记簿

日期	支票类型	支票号码	收款单位	金额	领用人	核准人
2012-12-15	现金	XII3576801	太湖机械股份有限公司	108000	王娜	刘飞

图 1－13

中国工商银行

现金支票存根

支票号码 XII3576801

科　　目

对方科目

签发日期 2012 年 12 月 15 日

收款人：太湖机械股份有限公司	
金额： ￥108,000.00	
用途： 发放工资	
备注	

单位主管　　会计

图 1－14

中国工商银行 **现金支票** （苏）　　XII3576801

出票日期(大写) 贰零壹贰年 壹拾贰月 壹拾伍日　　付款行名称： 工行中心办

收款人 太湖机械股份有限公司　　出票人帐号： 80801018898888

本支票付款期限十天

人民币（大写）	亿	千	百	十	万	千	百	十	元	角
壹拾万零捌仟元整			￥	1	0	8	0	0	0	0

用途 发放工资　　科目(借)

上列款项请从　　对方科目(贷)

我帐户内支付　　转帐日期　年　月　日

出票人签章　　复核　　记帐

太湖机械股份有限公司财务专用章　　刘海正印

密码

图 1－15

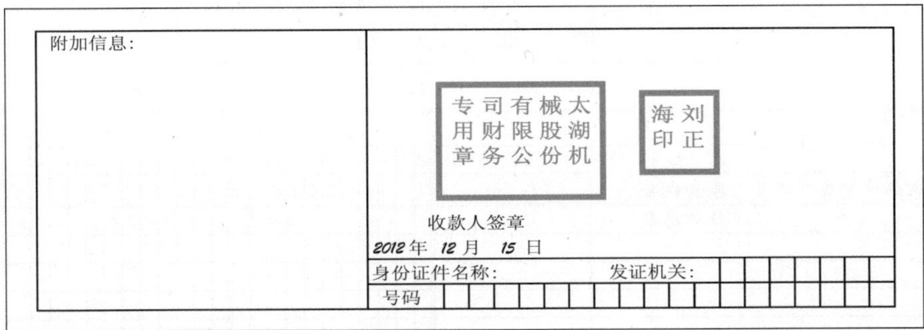

附加信息：

专司有械太
用财限股湖
章务公份机

海刘
印正

收款人签章

2012 年 12 月 15 日

身份证件名称：　　发证机关：

号码

图 1－16

3. 出纳员将现金支票正联（如图 1－17 所示）剪下，送交开户银行，到对公出纳业务柜台办理提现手续，领取现金。

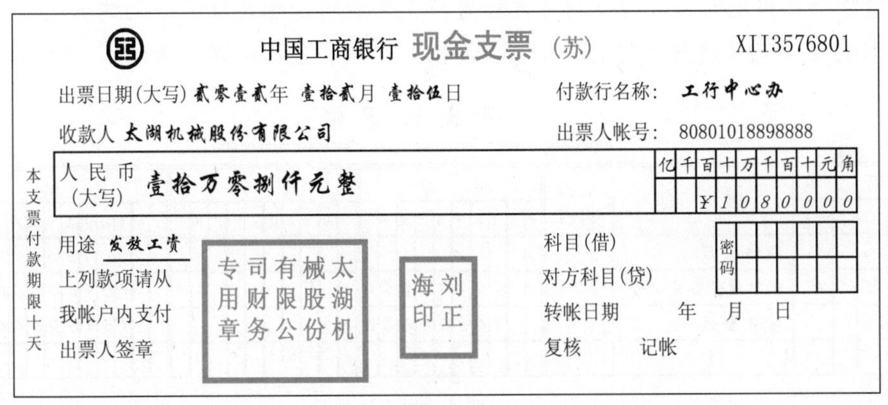

中国工商银行 现金支票（苏）　XII3576801

出票日期(大写) 贰零壹贰年 壹拾贰月 壹拾伍日　付款行名称：工行中心办

收款人 太湖机械股份有限公司　出票人帐号：80801018898888

本支票付款期限十天

人民币（大写）	壹拾万零捌仟元整	亿	千	百	十	万	千	百	十	元	角
				¥	1	0	8	0	0	0	0

用途 发放工资

上列款项请从

我帐户内支付

出票人签章

专司有械太
用财限股湖
章务公份机

海刘
印正

科目(借)

对方科目(贷)

转帐日期　年　月　日

复核　记帐

密码

图 1－17

4. 出纳员将“现金支票存根”（如图 1－18 所示）传给会计填制记账凭证（如图 1－19 所示）。

中国工商银行

现金支票存根

支票号码 XII3576801

科　目

对方科目

签发日期 2012 年 12 月 15 日

收款人：太湖机械股份有限公司
金额：¥108,000.00
用途：发放工资
备注

单位主管　会计

图 1－18

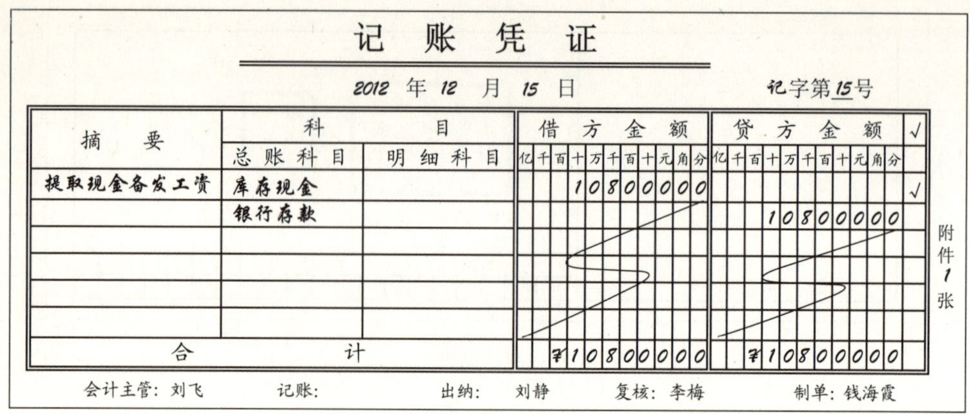

记　账　凭　证

2012 年 12 月 15 日　　　　记字第 15 号

摘要	总账科目	明细科目	借方金额	贷方金额	√
提取现金备发工资	库存现金		10800000		√
	银行存款			10800000	
合计			¥10800000	¥10800000	

附件 1 张

会计主管：刘飞　记账：　出纳：刘静　复核：李梅　制单：钱海霞

图 1－19

5. 总账会计将记账凭证提交财务部长稽核，然后将记账凭证传给出纳员。

6. 出纳员根据审核无误的记账凭证，复核后登记现金日记账（所图 1－20 所示）。

现 金 日 记 账

2012 月	日	凭证 字	号数	摘要	对方科目	借方	贷方	余额	√
				期初余额				100000	
12	15	记	15	提取现金备发工资		10800000		10900000	
				本日合计		10800000		10900000	

图 1－20

【业务指导】

1. 根据《内部会计控制规范——货币资金》规定，单位应当加强与货币资金相关的票据的管理，明确各种票据的购买、保管、领用、背书转让、注销等环节的职责权限和程序，并专设登记簿进行记录，防止空白票据的遗失和被盗用。因此，为加强支票的管理，领用支票时，应登记“支票登记簿”，详细登记领用日期、领用部门、领用人、用途、批准人、支票类别、支票号码、限额、收款单位、金额等内容。

2. 各单位必须在银行规定的现金使用范围内办理提取现金业务，在一般情况下，由出纳填写现金支票。出纳签发现金支票，填写时必须符合以下要求：

（1）书写时必须使用碳素墨水或蓝黑墨水，不得使用蓝色或红色墨水，使用钢笔填写，不得使用圆珠笔或铅笔。

（2）支票应按号码连续使用，如出现错误或误填，应该加盖“作废”章，以表示注销。

（3）书写时应当字迹清晰，不得潦草难辨或出现错字，不得涂改。

（4）签发日期应当填写实际取款日期，不得补填或预填。

（5）收款人姓名应当填写本单位全称，并且应当与银行预留印鉴名称相一致。

（6）大小写金额必须按规定书写，如果存在错误，必须作废重填，不得涂抹更改。

（7）用途栏应当填写真实用途，不得编造用途套取现金。

（8）签章应清晰，必须与预留印鉴相符，不得漏盖或盖错。

（9）支票背面要有取款单位或取款人背书。

【活动任务】

2012 年 12 月 1 日，华盛股份有限公司需提现 5,000 元作零星备用，单位名称：华盛股份有限公司；单位地址：北京市禾山路 206—208 号联谊大厦六层；电话：5700360；税务登记号：350200098889888；开户银行：中国银行北京分行；账号：3000298222288123456；法人代表：庄振忠；领用人：罗燕红；核准人：吴柯颖。

要求：按下列业务流程填写相关凭证并办理提取现金业务。

1. 填写“支票领用登记簿”（如图 1—21 所示）交财务部长审核签字。

支票领用登记簿

日期	支票类型	支票号码	收款单位	金额	领用人	核准人

图 1—21

2. 填写“现金支票及存根”（如图 2—22 所示），财务部长在“现金支票正联”加盖公司财务专用章及法人印章，在正联背面（如图 1—23 所示）加盖公司财务专用章。

中国银行

现金支票存根

支票号码 XII5576802

科　　目

对方科目

签发日期　　年　月　日

收款人：
金额：
用途：
备注

单位主管　　会计

中国银行 **现金支票**（京）　　XII5576802

出票日期(大写)　　年　　月　　日　　付款行名称：

收款人　　出票人帐号：

本支票付款期限十天

人民币（大写）	亿	千	百	十	万	千	百	十	元	角	分

用途＿＿＿＿＿　　科目(借)　　密码

上列款项请从　　对方科目(贷)

我帐户内支付　　转帐日期　　年　月　日

出票人签章　　复核　　记帐

图 1—22

附加信息：	收款人签章 年 月 日
	身份证件名称： 发证机关：
	号码

图 1－23

3. 出纳员将现金支票正联剪下，送交开户银行，到对公出纳业务柜台办理提现手续，领取现金。

4. 出纳员将“现金支票存根”传给会计填制记账凭证（如图 1－24 所示）。

记 账 凭 证

年 月 日 字第__号

摘要	科目		借方金额											贷方金额											√
	总账科目	明细科目	亿	千	百	十	万	千	百	十	元	角	分	亿	千	百	十	万	千	百	十	元	角	分	
合计																									

附件 张

会计主管： 记账： 出纳： 复核： 制单：

图 1－24

5. 总账会计将记账凭证提交财务部长稽核，然后将记账凭证传给出纳员。

6. 出纳员根据审核无误的记账凭证，复核后登记现金日记账。

【业务精要】

出纳员登记日记账后，应在记账凭证“库存现金”科目对应“√”栏打“√”以示过账，并在凭证下方“记账”处签名或盖章。

【业务训练】

2012 年 12 月 5 日，华盛股份有限公司签发现金支票，提取备用金 3,000.00 元。单位名称：华盛股份有限公司；单位地址：北京市禾山路 206－208 号联谊大厦六层；电话：

5700360；税务登记号：350200098889888；开户银行：中国银行北京分行；账号：30002982222288123456；法人代表：庄振忠；领用人：罗燕红，核准人：吴柯颖。

要求：按下列业务流程填写相关凭证并办理提取现金业务。

1. 填写支票领用登记簿（如图1－25所示）交财务部长审核签字。

支票领用登记簿

日期	支票类型	支票号码	收款单位	金额	领用人	核准人

图1－25

2. 填写“现金支票及存根”（如图1－26所示），财务部长在“现金支票正联”加盖公司财务专用章及法人印章，在正联背面（如图1－27所示）加盖公司财务专用章。

中国银行
现金支票存根
支票号码 XII5576803
科　　目
对方科目
签发日期　　年　月　日

收款人：
金额：
用途：
备注

单位主管　　会计

中国银行 **现金支票**（京）　　XII5576803

出票日期(大写)　　年　月　日　　付款行名称：

收款人　　出票人帐号：

本支票付款期限十天

人民币（大写）	亿	千	百	十	万	千	百	十	元	角	分

用途______　　科目(借)________ 密码

上列款项请从　　对方科目(贷)________

我帐户内支付　　转帐日期　　年　月　日

出票人签章　　复核　　记帐

图1－26

附加信息：

收款人签章
年　月　日

身份证件名称：　　发证机关：

号码

图1－27

3. 出纳员将现金支票正联剪下，送交开户银行，到对公出纳业务柜台办理提现手续，领取现金。

4. 出纳员将“现金支票存根”传给会计填制记账凭证（如图 1－28 所示）。

记 账 凭 证

年　月　日　　　　字第__号

摘要	科目		借方金额											贷方金额											√
	总账科目	明细科目	亿	千	百	十	万	千	百	十	元	角	分	亿	千	百	十	万	千	百	十	元	角	分	
合计																									

附件　张

会计主管:　记账:　出纳:　复核:　制单:

图 1－28

5. 总账会计将记账凭证提交财务部长稽核，然后将记账凭证传给出纳员。

6. 出纳员根据审核无误的记账凭证，复核后登记现金日记账。

模块三　现金付款业务处理

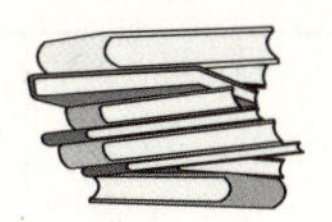
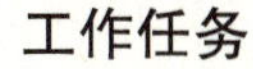

学习目标

1. 会准确填制有关原始凭证，如现金解款单
2. 会熟练审核外来原始凭证

工作任务

1. 办理现金付款业务
2. 现金送存业务

【知识导入】

单位支付现金必须遵守《现金管理暂行条例》的规定，在规定的范围内进行现金支出，现金支出可以归纳为：工资薪金类支出、职工借支、零星业务支出、现金存款等。

【范例任务 1】

表 1－1　　太湖机械股份有限公司工资结算汇总表

2012 年 12 月

车间、部门名称		标准工资	奖金	加班工资	津贴补贴	应付工资	代扣款项			实发工资
							医疗保险	养老金	公积金	
第一车间	生产工人	19,000	5,000	2,100	3,500	29,600	700	2,900	2,600	23,400
	管理人员	11,000	3,500		2,400	16,900	600	3,000	2,700	10,600
第二车间	生产工人	16,000	2,600	2,500	4,300	25,400	500	2,700	2,300	19,900
	管理人员	10,700	2,100		3,200	16,000	700	3,600	3,400	8,300
辅助生产车间		13,000	5,300	1,500	1,300	21,100	300	1,900	1,500	17,400
厂部管理人员		14,000	6,300		4,200	24,500	450	3,700	3,200	17,150
医务部门		5,300	2,400		1,000	8,700	200	1,400	1,200	5,900
工程人员		4,500	1,800		1,200	7,500	150	1,100	900	5,350
合　计		93,500	29,000	6,100	21,100	149,700	3,600	20,300	17,800	108,000

要求：根据工资结算汇总表（如表 1－3 所示）办理现金支付业务。

【业务操作】

1. 出纳员在审核无误的工资结算汇总表（如表 1－4 所示）上加盖“现金付讫”印章并发放工资（考虑职工名单太多故省略只按车间或部门来分类）。

表 1－4　　　　太湖机械股份有限公司工资结算汇总表

2012 年 12 月

车间、部门名称		标准工资	奖金	加班工资	津贴补贴	应付工资	代扣款项			实发工资
							医疗保险	养老金	公积金	
第一车间	生产工人	19,000	5,000	2,100	3,500	29,600	700	2900	2,600	23,400
	管理人员	11,000	3,500		2,400	16,900	600	3,000	2,700	10,600
第二车间	生产工人	16,000	2,600	2,500	4,300	25,400	500	2,700	2,300	19,900
	管理人员	10,700	2,100		3,200	16,000	700	3,600	3,400	8,300
辅助生产车间		13,000	5,300	1,500	1,300	21,100	300	1,900	1,500	17,400
厂部管理人员		14,000	6,300		4,200	24,500	450	3,700	3,200	17,150
医务部门		5,300	2,400		1,000	8,700	200	1,400	1,200	5,900
工程人员		4,500	1,800		1,200	7,500	150	1,100	900	5,350
合　计		93,500	29,000	6,100	21,100	149,700	3,600	20,300	17,800	108,000

现金付讫

2. 制单人员根据工资结算汇总表编制记账凭证（如图 1－29 所示）。

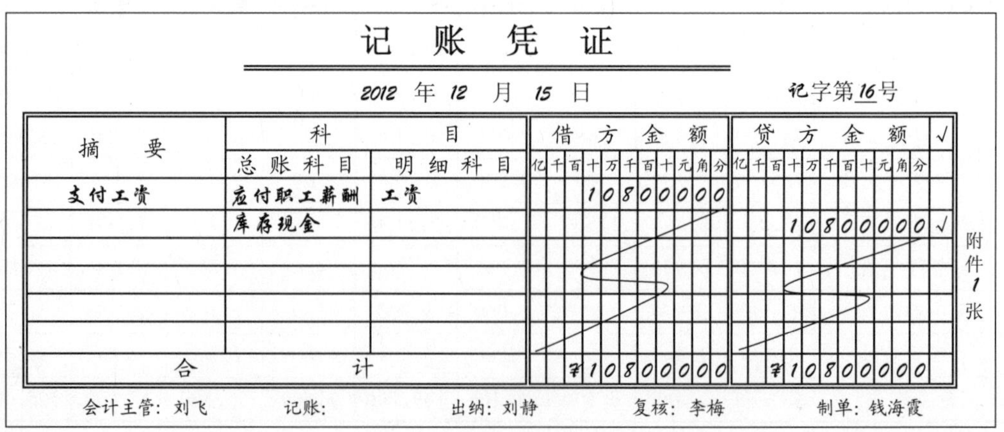

记　账　凭　证

2012 年 12 月 15 日　　　　记字第16号

摘　要	总账科目	明细科目	借方金额	贷方金额	√
支付工资	应付职工薪酬	工资	10800000		
	库存现金			10800000	√
合　计			¥10800000	¥10800000	

附件 1 张

会计主管：刘飞　记账：　出纳：刘静　复核：李梅　制单：钱海霞

图 1－29

3. 出纳人员根据审核无误的记账凭证登记现金日记账（如图 1—30 所示）。

现金日记账

2012		凭证		摘要	对方科目	借方	贷方	余额	√
月	日	字	号数			千百十万千百十元角分	千百十万千百十元角分	千百十万千百十元角分	
12	1			期初余额				100000	
12	15	记	15	从银行提现	银行存款				
				发放工资	应付职工薪酬		10800000	100000	
				本日合计		10800000	10800000	100000	

图 1—30

【业务指导】

1. 传统方式下的工资发放程序是：

（1）提取现金。出纳人员应按“工资表”中的实发数填列现金支票向银行提取现金，同时，编制银行存款付款凭证。

（2）分装工资袋。出纳人员在向银行提取现金后，应按照下列步骤分装工资袋：

工资表的人员姓名，将实发工资款和工资发放清单放入工资袋；将全部工资袋装好后，应进行核查，看有无差错；为了避免差错，出纳人员不能一边装袋一边发放，而应全部装袋并核查无误后才能发放。

（3）发放工资。

A. 对于因公出差或因事外出当天未能领取的工资，出纳员应放入保险柜妥善保管，或者送交保卫部门保管，以免丢失或被盗。

B. 出纳员发放工资后，有关人员应根据工资表填制现金付款凭证，其贷方科目自然为库存现金，其借方科目企业为应付职工薪酬。

C. 对于从工资中代扣的款项，应作如下会计分录：

借：应付职工薪酬

　　贷：其他应付款

D. 对于从工资中扣回的代垫款项，应作如下会计分录：

借：应付职工薪酬

　　贷：其他应收款

2. 现在愈来愈多企业都通过银行转账将工资直接发放在工资卡上，其程序为：

（1）计算应发工资。现在，大多数企业在计算工资时，一般都借助计算机软件。

（2）指定银行。一般来讲，每个企业都会通过银行为本单位职工发放工资，企业在该银行为每个职工开立一个工资账户，该银行与企业的这种关系一般是比较稳定的。

（3）通过银行转账。企业相关工作人员按照实际应发工资数额，通过银行将款项划拨到每个职工的工资账户。

【活动任务】

华盛股份有限公司销售部业务经理王海、张文于2012年12月25日预借差旅费1,000元，部门领导张涛，公司负责人庄振忠、会计主管吴柯颖、出纳罗燕红。12月26日—12月28日两人去上海开会，上海—无锡39元/人，伙食补贴20元/人，交通费120元、住宿费462元，应退142元，王海填写报销单经领导审核后到财务科报销。

要求：按下列业务流程，根据预借差旅费领款单、差旅费报销单办理现金支付业务。

1. 由出差人到财会部门领取并填写借款申请单（如图1—31所示），按照借款单所列内容填写完整，然后送所在部门的领导和有关人员审查签字（各单位可以根据需要使用统一的“预借差旅费领款单”，也可以使用普通的借据或者借款凭证）。

预借差旅费领款单

年　月　日

借款部门		职别		出差人姓名	
借款事由				出差地点	
预借款金额人民币(大写)：				￥	
部门负责人审批意见：		公司负责人审批意见：			

收款人：

图1—31

2. 财务部门制单会计根据审核无误的借款单编制记账凭证（如图1—32所示）。

记　账　凭　证

年　月　日　　　字第__号

摘　要	科目：总账科目	科目：明细科目	借方金额：亿	千	百	十	万	千	百	十	元	角	分	贷方金额：亿	千	百	十	万	千	百	十	元	角	分	√
合　　计																									

附件　张

会计主管：　记账：　出纳：　复核：　制单：

图1—32

3. 出纳员根据单位内部规定的审批权限和程序，对借款单和付款凭证进行审核，认为手续齐备并符合制度规定要求的即可予以支付。

4.12 月 28 日，出差人王海填写差旅报销单（如图 1—33 所示），并交由所在部门和财务部门领导审查并签字。

差旅费报销单

年　月　日　　　　单据张数　　张

姓名					部门			出差事由					
起止日期				起止地点	火车费	市内车费	住宿费	途中伙食补助			住勤费		其他
月	日	月	日					标准	天数	金额	天数	金额	
合　计													
人民币(大写)					应退(补)：								

审核：　　　　部门主管：　　　　财务主管：

图 1—33

5. 财务部有关人员对差旅费进行结算，制单人员编制记账凭证（如图 1—34 所示）。

记　账　凭　证

年　　月　　日　　　　字第__号

摘　要	科目		借方金额											贷方金额											√
	总账科目	明细科目	亿	千	百	十	万	千	百	十	元	角	分	亿	千	百	十	万	千	百	十	元	角	分	
合　　计																									

附件　张

会计主管：　　记账：　　出纳：　　复核：　　制单：

图 1—34

6. 出纳员审核原始凭证和记账凭证无误后收回现金，并在凭证上加盖“现金收讫”戳章。

7. 出纳员根据审核无误的记账凭证登记现金日记账。

【业务精要】

1. 原始凭证应具备的要素要完整，手续要齐全。比如，发票上要有供货单位的财务章、税务专用章、本联发票的用途、发票的编号等。

2. 要素不完整的原始凭证，原则上应当退回重填；特殊情况下需有旁证并经领导批准才能报账。

3. 经济业务应符合真实性。对报销单据的审核原则是：

(1) 假发票、假车票，一律不予报销。

(2) 虽是真实的，但制度规定不允许报销。

(3) 虽能报销，但制度对报销的比例或金额有明显限制的，超过比例和限制的不能报销。

(4) 超过计划（预算、标准）的各种开支均不予报销。

(5) 超过审批权限的开支不能支付。

【业务训练】

华盛股份有限公司支付职工困难补助费 800 元。

要求： 按下列业务流程，根据费用报销单、职工生活困难补助申请书办理现金支付业务。

1. 审核费用报销单（如图 1－35 所示）及所附的职工生活困难补助费申请书（如图 1－36 所示）。

华盛股份有限公司 费用报销单

购物（或业务往来）日期：2012 年 12 月 28 日				背面附原始凭证 1 张			
内容				发票号	单价	数量	金额
1	支付职工困难补助费						800.00
2							
备注：							
实报金额（大写）捌佰元整				￥800.00			
审批	左振忠	稽核	陆红	验收		经手人	周华

报销日期：2012年12月28日

图 1－35

华盛股份有限公司职工生活困难补助费申请书 2012 年 12 月 28 日　　代收据）

申请人姓名	周华	年龄	48	工作部门及职务	车间主任	家庭住址	新明路5号
每月所得工资	800元	申请补助金额（大写）捌佰元整					
家庭人口及经济情况				申请补助理由			
妻子每月工资600元，儿子上大学，家庭生活比较困难。				儿子考上大学，开学需要交纳一笔4500元的学费。			
最近半个年内曾补助过	次　　元						
小组意见				车间意见			
冯达 同意补助金额 800.00 (小组长签名盖章)				周玲 同意补助金额 800.00 (签名盖章)			
批准意见	按单位规定补助捌佰元整。　庄振忠 2012.12.28 批准补助金额 800.00						

今收到生活困难补助费人民币（大写）捌佰元整

领款人 周华（签名盖章）

（此栏金额待批准后填写）二〇一二年十二月二十八日

图 1－36

2．审核无误后取出现金 800 元，点数复合后交付周华，周华在职工生活困难补助费申请书上签字。

3．在审核无误后的费用报销单和职工生活困难补助费申请书上加盖“现金付讫”印章。

4．根据费用报销单和职工生活困难补助费申请书编制现金付款记账凭证（如图 1－37 所示）。

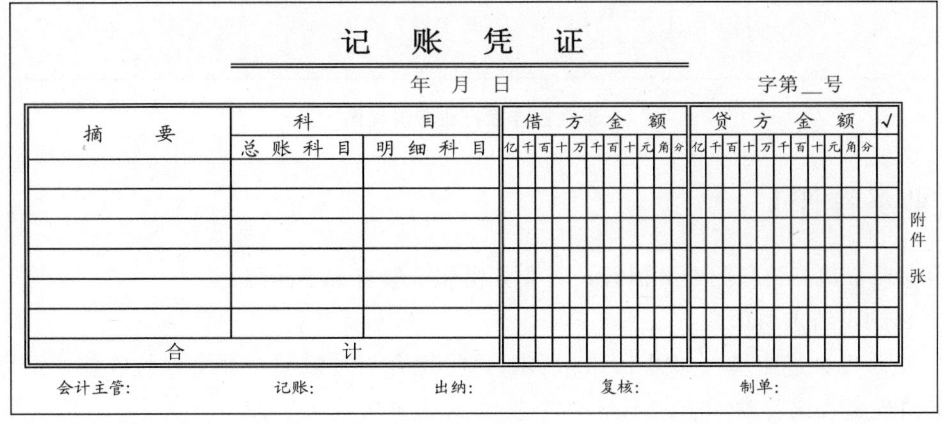

记　账　凭　证

年　月　日　　　　字第＿号

摘要	科目		借方金额											贷方金额											√
	总账科目	明细科目	亿	千	百	十	万	千	百	十	元	角	分	亿	千	百	十	万	千	百	十	元	角	分	
合计																									

附件　张

会计主管:　　记账:　　出纳:　　复核:　　制单:

图 1－37

5. 根据现金付款凭证登记现金日记账。

【范例任务 2】

太湖机械股份有限公司将收到的零星货款 5,000 元送存银行。

要求： 填写相关凭证并办理现金送存业务。

【业务流程】

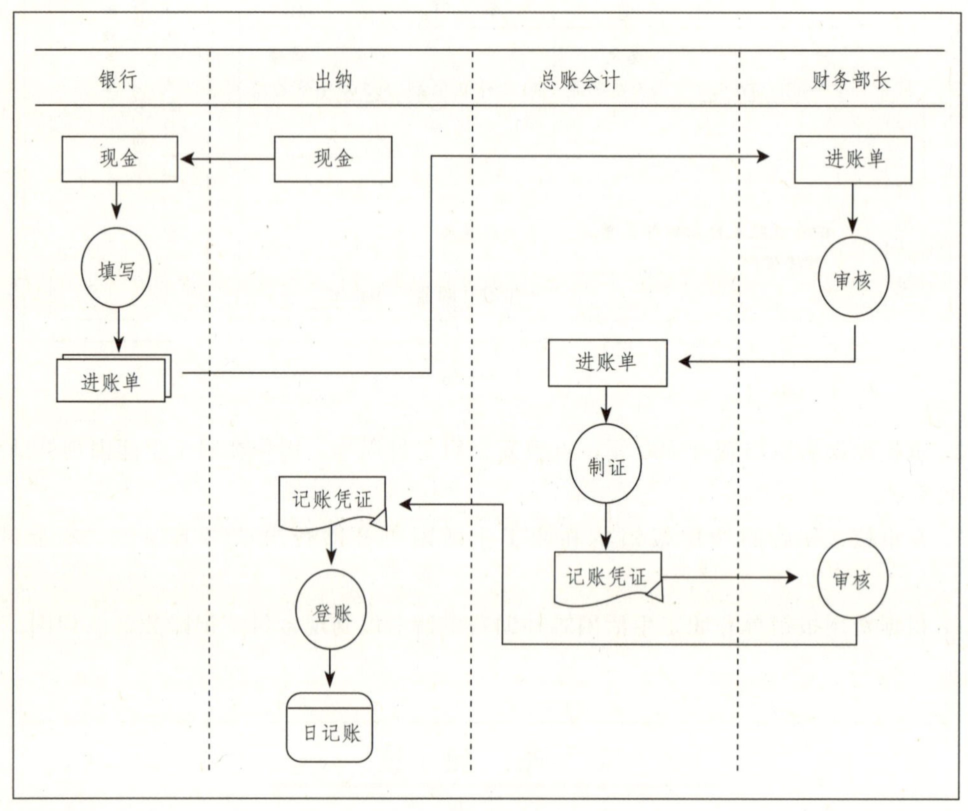

现金送存银行业务流程图

【业务操作】

根据现金送存银行的业务流程，其业务操作一般有如下步骤：

1. 出纳员清点票币。

2. 填写现金进账单（如图 1—38 所示），将现金与进账单一并交银行收款，银行核对后加盖“现金收讫”章。

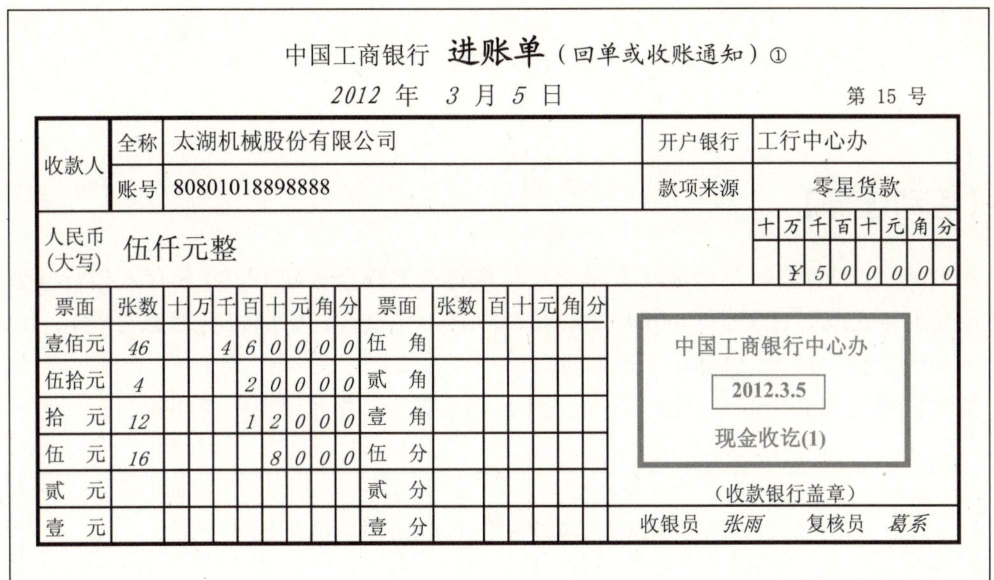

中国工商银行 **进账单**（回单或收账通知）①

2012 年 3 月 5 日　　第 15 号

收款人	全称	太湖机械股份有限公司	开户银行	工行中心办
	账号	80801018898888	款项来源	零星货款
人民币（大写）	伍仟元整			¥500000

票面	张数	十	万	千	百	十	元	角	分	票面	张数	百	十	元	角	分
壹佰元	46			4	6	0	0	0	0	伍角						
伍拾元	4				2	0	0	0	0	贰角						
拾元	12				1	2	0	0	0	壹角						
伍元	16					8	0	0	0	伍分						
贰元										贰分						
壹元										壹分						

中国工商银行中心办 2012.3.5 现金收讫(1)

（收款银行盖章）

收银员 张雨　复核员 葛系

图 1－38

3. 将盖有银行“现金收讫”章的进账单第一联取回，经财务部长审核后交总账会计据以填制记账凭证（如图 1－39 所示）。

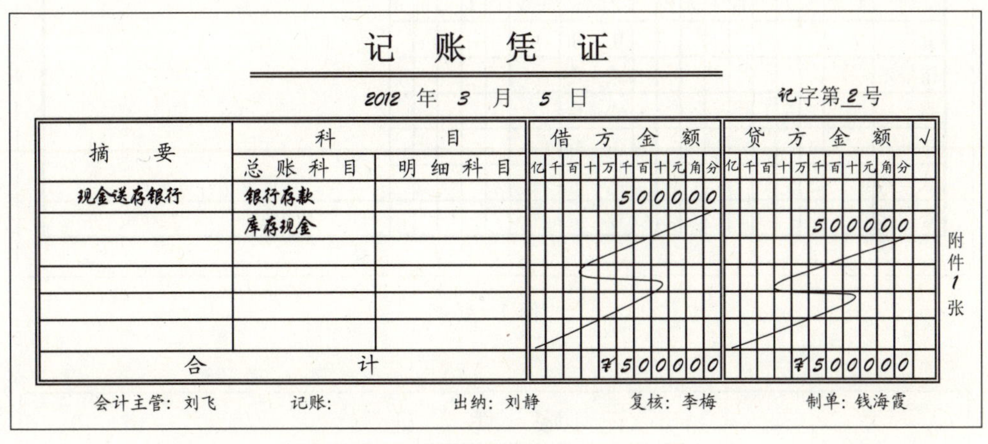

记 账 凭 证

2012 年 3 月 5 日　　记字第 2 号

摘要	总账科目	明细科目	借方金额	贷方金额	√
现金送存银行	银行存款		500000		
	库存现金			500000	
合计			¥500000	¥500000	

附件 1 张

会计主管：刘飞　记账：　出纳：刘静　复核：李梅　制单：钱海霞

图 1－39

4. 出纳员根据审核后的记账凭证登记现金日记账。

【业务指导】

1. 出纳员清点票币，不足一卷的一般不送存银行，留作找零。

2. 现金送存银行时，应填写“现金解款（进账）单”或现金存款凭条，现金解款单为一式三联或一式二联，三联式现金进账单，第一联为回单，此联由银行盖章后退回存款单位；第二联为收入凭证，此联由收款人开户银行作凭证；第三联为附件联，是银行出纳留底联。

出纳人员在填写现金解款单时，要用双面复写纸复写。字迹必须清楚、规范，不得涂改。

【活动任务】

2012 年 12 月 5 日，华盛股份有限公司将取得一笔现金货款 1,200 元存入银行（公司：华盛股份有限公司，账号：3000298222288123456，开户行：中国银行北京分行）。100 元 5 张，50 元 8 张，10 元 22 张，5 元 16 张。

要求：填写相关凭证（如图 1－40、图 1－41 所示）并办理现金送存业务。

中国银行 **进账单**（回单或收账通知）①

年　月　日　　　　第　号

收款人	全称		开户银行	
	账号		款项来源	

人民币（大写）	十	万	千	百	十	元	角	分

票面	张数	十	万	千	百	十	元	角	分	票面	张数	百	十	元	角	分	
壹佰元										伍　角							
伍拾元										贰　角							
拾　元										壹　角							
伍　元										伍　分							
贰　元										贰　分							（收款银行盖章）
壹　元										壹　分							收银员　复核员

图 1－40

记　账　凭　证

年　月　日　　　　字第__号

摘　要	科目		借方金额											贷方金额											✓
	总账科目	明细科目	亿	千	百	十	万	千	百	十	元	角	分	亿	千	百	十	万	千	百	十	元	角	分	
合　计																									

附件　张

会计主管：　记账：　出纳：　复核：　制单：

图 1－41

【业务训练】

2012 年 5 月 15 日，罗燕红将当天的销售款 4,330.00 元送存开户银行（填制现金存款单或解款单。其中百元券 28 张，50 元券 10 张，10 元券 100 张，5 元券 6 张。公司：华盛股份有限公司，账号：30002982222881234 56，开户行：中国银行北京分行）。

要求： 填写相关凭证（如图 1－42、1－43 所示）并办理现金送存业务。

中国银行**现金进账单**（回单或收账通知）①

年　月　日　　　　第　号

收款人	全称		开户银行	
	账号		款项来源	
人民币（大写）				十 万 千 百 十 元 角 分

票面	张数	十	万	千	百	十	元	角	分	票面	张数	百	十	元	角	分	
壹佰元										伍　角							
伍拾元										贰　角							
拾　元										壹　角							
伍　元										伍　分							
贰　元										贰　分							（收款银行盖章）
壹　元										壹　分							收银员　复核员

图 1－42

记　账　凭　证

年　月　日　　　　字第__号

摘　要	科目		借方金额	贷方金额	√
	总账科目	明细科目	亿 千 百 十 万 千 百 十 元 角 分	亿 千 百 十 万 千 百 十 元 角 分	
合　计					

附件　张

会计主管：　记账：　出纳：　复核：　制单：

图 1－43

模块四 现金收付款凭证编制

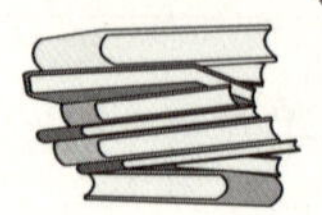

学习目标

1. 知道现金收款凭证、付款凭证的编制规范
2. 熟悉与现金收付业务相关会计科目的核算内容
3. 能正确编制现金收款凭证、付款凭证

工作任务

1. 编制现金收付记账凭证
2. 审核现金收付记账凭证

【知识导入】

1. 会计分录、记账凭证、传票的定义

会计分录是记账凭证的简化形式。在课堂教学中为了方便教学的需要，常常将应编制的记账凭证通过编制会计分录形式进行的。

记账凭证是会计分录的具体形式。在实际工作中，对发生的经济业务应编制记账凭证，会计分录是通过记账凭证上相关项目体现的。

传票（会计工作中的传票）是记账凭证的简称。因为一张记账凭证编制完毕后需通过制单、复核、出纳、记账等多人之手，不断传递才完成其处理过程，因此简称其为“传票”。

2. 实际工作中企业一般采用的记账凭证

本教材统一采用记账凭证，如图1—44所示。

3. 记账凭证的编制依据

记账凭证是根据审核无误的原始凭证或原始凭证汇总表编制的，但有些记账凭证是根据转账的需要编制的。一般来说，记账凭证后面应附有原始凭证，但有些转账业务可不附原始凭证。如：结转本年利润、错账更正等。

【范例任务1】

太湖机械股份有限公司2012年12月发生如下经济业务：

1.5日，采购员购买办公用品260元，用现金支付。

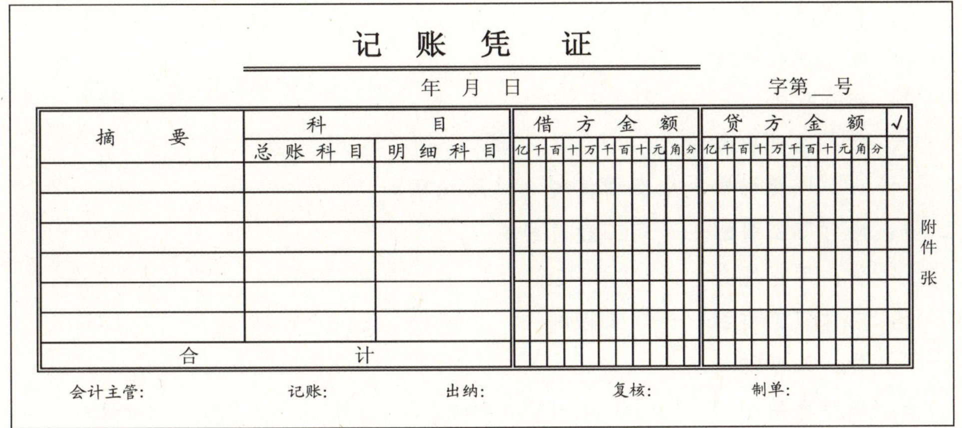

记 账 凭 证

年 月 日　　字第__号

摘要	科目		借方金额	贷方金额	√
	总账科目	明细科目	亿千百十万千百十元角分	亿千百十万千百十元角分	
合计					

附件 张

会计主管:　记账:　出纳:　复核:　制单:

图 1－44

2.10 日，出纳员从银行提取现金 1,000 元备用。

3.15 日采购员李明借差旅费 500 元，以现金支付。

4.20 日现金收到零星销售款 700 元，增值税 119 元。

5.25 日行政人员张均报销会计人员后续教育费用 400 元。

6.28 日职工张宏报销医药费 135 元，用现金支付。

7.30 日出纳员将销货收到的现金 819 元存入银行。

要求：编制现金收付款记账凭证（如图 1－45 所示）。

【业务操作】

1.

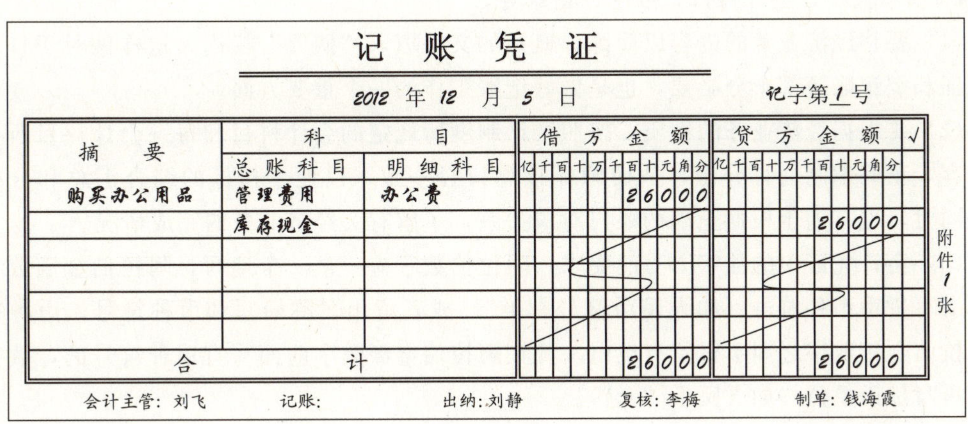

记 账 凭 证

2012 年 12 月 5 日　　记字第1号

摘要	科目		借方金额	贷方金额	√
	总账科目	明细科目	亿千百十万千百十元角分	亿千百十万千百十元角分	
购买办公用品	管理费用	办公费	26000		
	库存现金			26000	
合计			26000	26000	

附件 1 张

会计主管: 刘飞　记账:　出纳: 刘静　复核: 李梅　制单: 钱海霞

图 1－45

以下用会计分录代替记账凭证：

2. 借：库存现金　　1,000

贷：银行存款　1,000

3. 借：其他应收款——李明　500

贷：库存现金　500

4. 借：库存现金　819

贷：主营业务收入　700

应交税费—应交增值税（销项税额）　119

5. 借：应付职工薪酬——职工教育经费　400

贷：库存现金　400

6. 借：应付职工薪酬——职工福利　135

贷：库存现金　135

7. 借：银行存款　819

贷：库存现金　819

【业务指导】

1. 填写记账凭证的编号。记账凭证编号的方法有多种：

(1)“统一编号法”：将全部记账凭证按时间顺序统一编号。

(2)“字号编号法”：将按记账凭证类别顺序编号，分别编为现收字第　号、现付字第　号、银收字第　号、银付字第　号、转字第　号。

(3)“双重编号法”：按总字顺序编号与按类别编号相结合，如某现金收款凭证为总字第　号、现收字　号。

另外，对于一笔经济实例，需要填制多张记账凭证时，可“采用分数编号法”，如记账凭证的编号记字 18 号，需填两张记账凭证时，可编记字 18 (1/2)、记字 18 (2/2) 号。

2. 填写摘要、会计科目、数字、签章等。

(1) 要将经济业务的内容以简练、概括的文字填入“摘要”栏内。这样做对于日后查阅凭证和登记账簿都十分必要，也是做好记账工作的一个重要方面。

(2) 要根据经济业务的性质，按照会计制度所规定的会计科目和每一会计科目所核算的内容，正确编制会计分录，从而确保核算口径一致，以便于指标的综合汇总和分析对比，同时，也有助于根据正确的账户对应关系，了解有关经济业务的完成情况。

(3) 会计凭证中的数字书写的要求：阿拉伯数字应一个一个地写，阿拉伯金额数字前应当书写货币币种符号（如人民币符号“¥”）或者货币名称简写和币种符号。币种符号与阿拉伯金额数字之间不得留有空白。凡在阿拉伯金额数字前面写有币种符号的，数字后面不再写货币单位（如人民币“元”）。

(4) 填写内容齐全。记账凭证中的各项内容必须填写齐全，并按规定程序办理签章手续，不得简化。

3. 计算和填写所附原始凭证张数。记账凭证所附原始凭证张数计算的原则是：没有经过汇总的原始凭证，按自然张数计算，有一张算一张；经过汇总的原始凭证，每一张汇总单或汇总表算一张。例如：职工报销差旅费，共有各种车票、住宿发票等原始凭证 26 张，均应附在汇总单——差旅费报销单后面，并在差旅费报销单上注明附原始凭证 26 张，但在填制记账凭证时，所附原始凭证张数应填 1 张，即差旅费报销单。所附原始凭证张数应用阿拉伯数字填写。

4. 处理记账凭证后面的原始凭证。记账凭证所附的原始凭证种类繁多，为了便于日后的装订、保管和查阅，在将其附在记账凭证后面之前，应对原始凭证进行必要的外型加工：

(1) 如果原始凭证过宽过长，如铁路运单，应进行横向或纵向折叠，使原始凭证的外型不长于或宽于记账凭证，同时应注意折叠部分不应超过记账凭证的装订线（即原始凭证的左上角不应被覆盖），以便于日后的翻阅。

(2) 如果原始凭证过窄过短，如公共汽车票，应粘贴在特制的原始凭证粘贴纸上，粘贴应横向进行，从右到左，并注明各种原始凭证的张数、单价、金额，再附在记账凭证后面。

(3) 如果原始凭证过厚，如非计算机打印的火车票，应只将其表面一层薄纸，粘贴在报销凭证上。

(4) 如果原始凭证过多，如领料单，可只将发料凭证汇总表附在记账凭证后面，领料单可单独装订保管。

5. 记账凭证填错的处理。如果在填制记账凭证时发生差错，应当重新填制；但如发现已经登记入账的记账凭证有错误，应采用错账更正方法进行更正。

6. 现金、银行存款之间相互划转的业务记账凭证的选择。对于现金、银行存款之间相互划转的业务，如从银行提取现金、或将多余现金存入银行，为了避免重复记账，只填制付款凭证，不填制收款凭证。如从银行提取现金时，只填制银行付款凭证；将多余现金存入银行时，只填制现金付款凭证。

7. 说明：如果单位规模较小，出纳一般还需编制记账凭证，另外本教材中要求出纳填写相关的原始凭证（差旅费报销单等应该由经办人员填写），主要从出纳要具备审核原始凭证的角度出发，当然应该首先会填写原始凭证。

【活动任务】

华盛股份有限公司 2012 年 12 月 31 日发生如下业务：

1. 开出现金支票，从银行提取现金 1,000 元。
2. 采购员出差到上海购买材料，预借差旅费 600 元，以现金支付。
3. 厂部管理人员参加市内业务会议，报销 30 元出租车费用。
4. 向星源工厂出售原材料，价款 2,000，税金 340 元，收到现金。
5. 采购员报销差旅 500 元，余款退回。

要求：编制现金收付记账凭证（如图 1－46）。

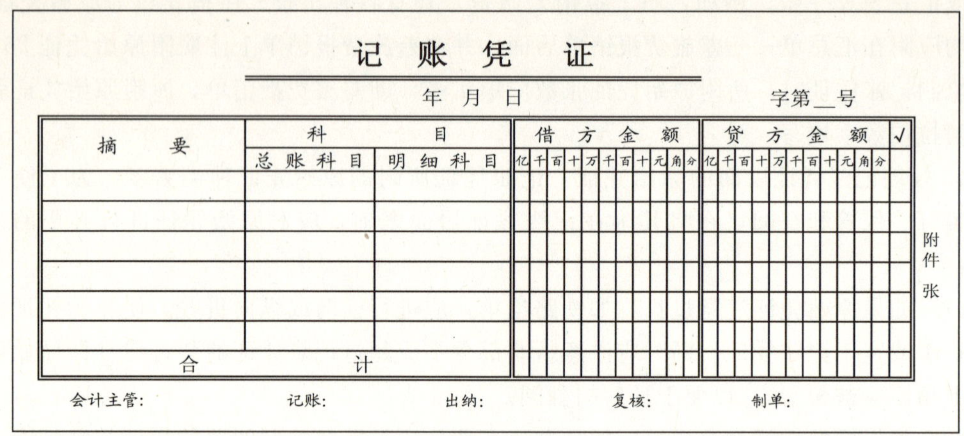

记 账 凭 证

年 月 日　　字第__号

摘要	科目		借方金额	贷方金额	√
	总账科目	明细科目	亿 千 百 十 万 千 百 十 元 角 分	亿 千 百 十 万 千 百 十 元 角 分	
合计					

附件 张

会计主管：　记账：　出纳：　复核：　制单：

图 1－46

【业务训练】

华盛股份有限公司 2012 年 12 月 31 日发生如下业务：

1. 出纳员李娜赔前一天短款 80 元。
2. 收到某商品包装物押金 1,000 元。
3. 收到职工姚红还回的借款 4,000 元。
4. 采购员李刚报销出差费用 950 元，以现金支付。
5. 向银行送存现金 2,340 元。

要求：编制现金收付记账凭证（如图 1－47 所示）。

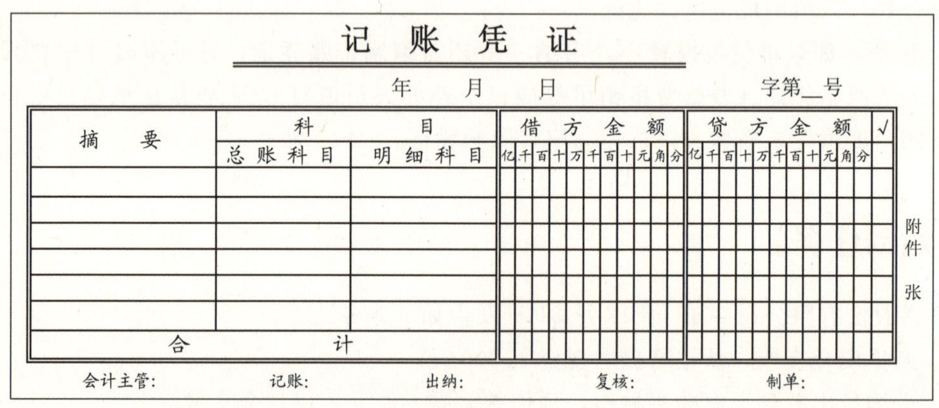

记 账 凭 证

年 月 日　　字第__号

摘要	科目		借方金额	贷方金额	√
	总账科目	明细科目	亿 千 百 十 万 千 百 十 元 角 分	亿 千 百 十 万 千 百 十 元 角 分	
合计					

附件 张

会计主管：　记账：　出纳：　复核：　制单：

图 1－47

【范例任务 2】

太湖机械股份有限公司张华预借差旅费 3,000 元（如图 1－48 所示），制单员填制记账凭证（如图 1－49 所示）。

借款申请单

2012年12月5日

借款单位	办公室张华		
用途	出差预借差旅费	现金付讫	
金额（大写）人民币叁仟元整			¥3,000
还款计划	2012年12月25日		
领导批准	刘正海	借款人签字（盖章）	张华

图1－48

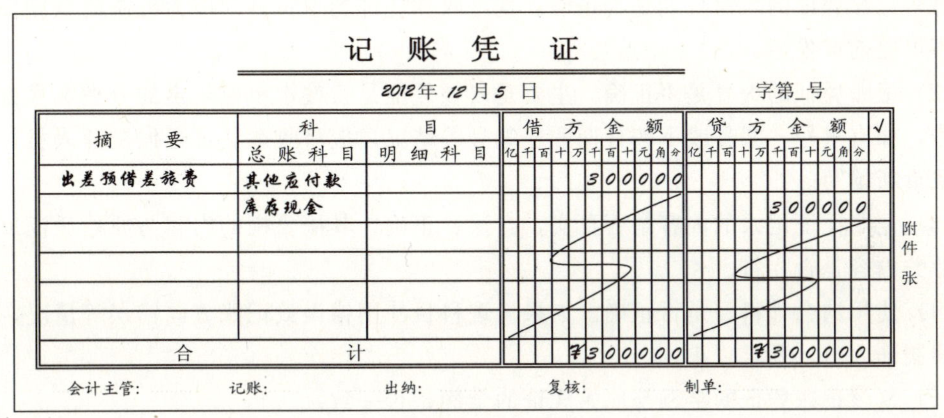

记　账　凭　证

2012年12月5日　　字第_号

摘　要	总账科目	明细科目	借方金额	贷方金额	√
出差预借差旅费	其他应付款		300000		
	库存现金			300000	
合　计			¥300000	¥300000	

附件　张

会计主管：　记账：　出纳：　复核：　制单：

图1－49

要求：审核现金收付记账凭证。

【业务操作】

审核结果：该记账凭证存在问题是：

（1）会计科目错误，借出差旅费应记入“其他应收款”科目。

（2）明细科目未反映，应在明细科目中注明“张华”。

（3）制单、出纳未签名（其他签名尚未到传递步骤）。

（4）记账凭证未填写编号。

（5）附件张数未填写。

【业务指导】

1. 出纳人员在复核原始凭证凭证时，应注意以下几点：

（1）记账凭证如出现红字时，实际经济业务应是现金收入的增加，但在处理时，为了避免混淆，出纳人员在凭证上加盖印章时，仍应加盖现金付讫章，以表示原经济业务付出的款项已全部退回。

（2）发生销货退回时，如数量较少，且退款金额在转账起点以下，需用现金退款时，必须取得对方的收款收据，不得以退货发货票代替收据编制记账凭证。

（3）从外单位取得的原始凭证如遗失，应取得原签发单位盖有公章的证明，并注明原始凭证的名称、金额、经济内容等，经单位负责人批准，方可代替原始凭证。如确实无法取得证明的，由当事人写出详细情况，由同行人证明，并由主管领导和财务负责人批准，方可代替原始凭证。

（4）“原始凭证分割单”可作为填制记账凭证的依据，但出纳人员需要对原始凭证分割单进行审查。

2. 出纳人员在复核记账凭证时，应注意以下几点：

（1）记账凭证的填写日期是否正确。现金收款凭证的填写日期应为编制收款凭证的当天，不得提前或推后。

（2）记账凭证的编号是否正确。主要是复核凭证是否按本单位规定的分类编号方法连续编号，如有重号、漏号或不按日期顺序编号等情况，应将收款凭证退回制证人员，予以更正或重新填写。

（3）记账凭证记录的内容是否真实、合法、正确，其摘要栏的内容与原始凭证反映的经济业务内容是否相符。

（4）使用的会计科目是否正确。如果发现科目使用错误或记账方向错误等情况，应立即退回制证人员，要求更正。

（5）复核记账凭证的金额与原始凭证的金额是否一致。

（6）复核记账凭证“附单据”栏的张数与所附原始凭证张数是否相符。

（7）记账凭证的出纳、制证、稽核、记账、会计主管栏目是否签名或盖章。如有漏签，要补签后再收款。

【活动任务】

太湖机械股份有限公司门市部销售铝锭材款项已经收讫，开出增值税专用发票（如图1—50所示），制单员填制记账凭证（如图1—51所示）。

要求：审核现金收付记账凭证。如果审核出该收款凭证存在的问题，请重新填制。

【业务训练】

华盛股份有限公司购买文件夹、计算器，取得普通发票（如图1—52所示）款项已通过现金付讫，制单员填制记账凭证（如图1—53所示）。

要求：审核现金收付记账凭证。

江苏增值税专用发票

记账联

开票日期：2012 年 12 月 12 日

购货单位	名　　称：无锡华晨机电设备有限公司 纳税人识别号：381300104082110 地 址、电 话：无锡东绛路8101777 开户行及账号：江苏银行北塘支行	密码区					
货物或应税劳务名称	规格型号	单 位	数 量	单 价	金 额	税率	税 额
铝型材		KG	692.8	22.22124	15394.87	17	2617.13
合　计（大写）	壹万捌仟零壹拾贰元整				（小写）18012.00		
销货单位	名　　称：太湖机械股份有限公司 纳税人识别号：370308888888888 地 址、电 话：太湖市中山路 开户行及账号：工行中心办	备注					

收款人：　赵可　　复核：李芳　　开票人：张婷婷　　销货单位：(章)

第一联　记账联　销货方记账凭证

图 1－50

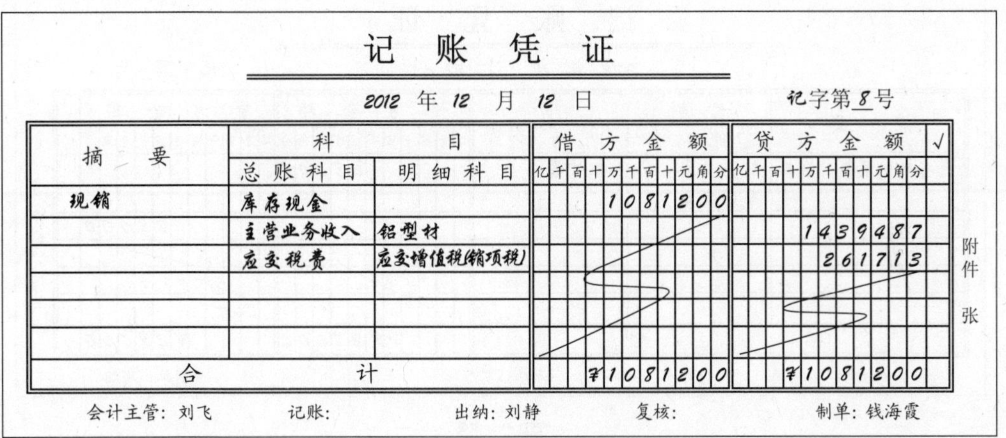

记　账　凭　证

2012 年 12 月 12 日　　　　记字第 8 号

摘　要	总账科目	明细科目	借方金额	贷方金额	√
现销	库存现金		1081200		
	主营业务收入	铝型材		1439487	
	应交税费	应交增值税(销项税)		261713	
合　计			¥1081200	¥1081200	

附件　张

会计主管：刘飞　　记账：　　出纳：刘静　　复核：　　制单：钱海霞

图 1－51

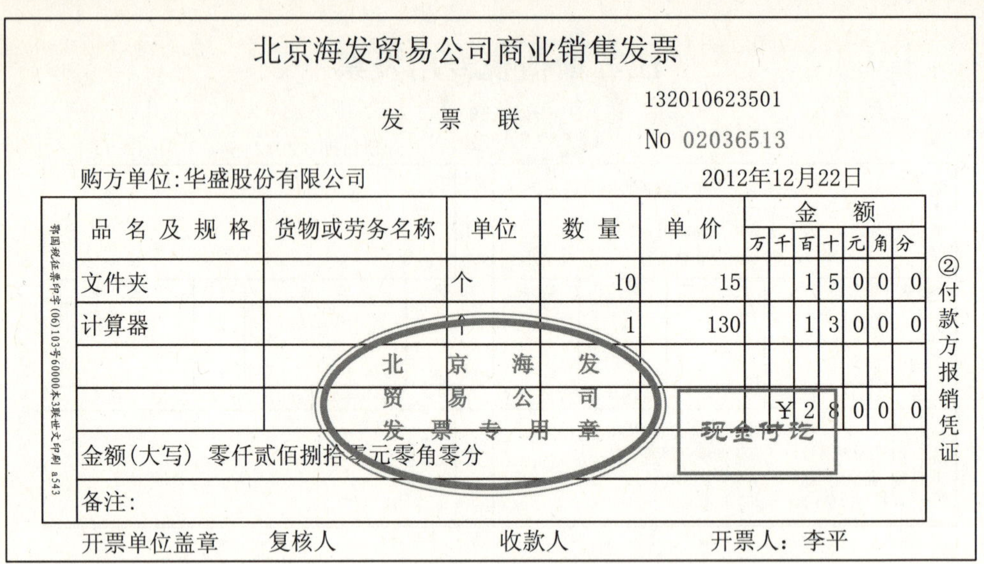

北京海发贸易公司商业销售发票

发　票　联

132010623501

No 02036513

购方单位:华盛股份有限公司　　2012年12月22日

品名及规格	货物或劳务名称	单位	数量	单价	金额
文件夹		个	10	15	150.00
计算器		个	1	130	130.00
					¥280.00
金额(大写) 零仟贰佰捌拾零元零角零分					
备注:					

开票单位盖章　复核人　收款人　开票人:李平

②付款方报销凭证

邯国税征票印字(06)103号60000本3联世文印刷 a543

图 1-52

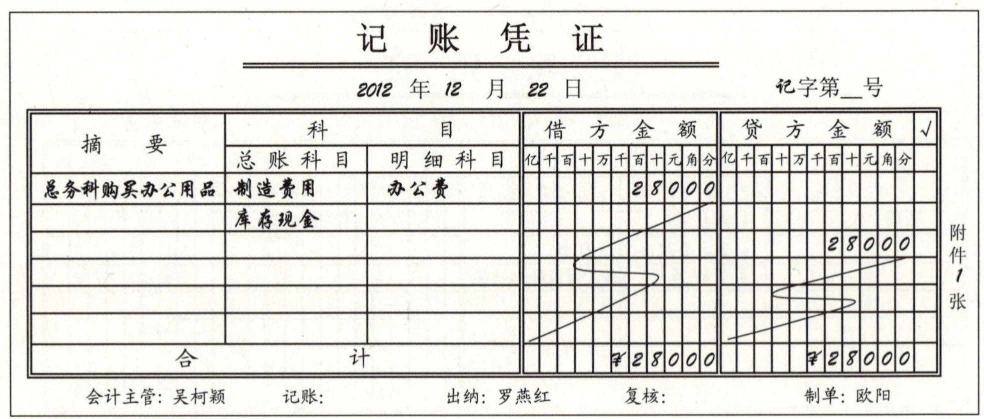

记　账　凭　证

2012 年 12 月 22 日　　记字第__号

摘要	总账科目	明细科目	借方金额	贷方金额	√
总务科购买办公用品	制造费用	办公费	28000		
	库存现金			28000	
合计			¥28000	¥28000	

附件 1 张

会计主管:吴柯颖　记账:　出纳:罗燕红　复核:　制单:欧阳

图 1-53

模块五 现金日记账登记

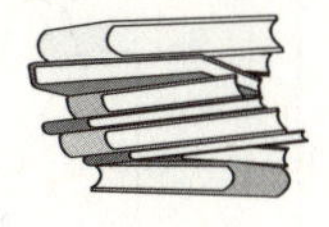

学习目标

1. 掌握规范的现金记账方法
2. 能正确规范地登账

工作任务

登记现金日记账

【知识导入】

1. 现金日记账的定义、格式及启用的要求

现金日记账是由出纳人员根据审核无误的现金收、付凭证和银行存款付款凭证，序时逐笔登记，用来反映现金的增减变动与结存情况的账簿。

任何一个单位，只要发生现金收、付业务，就必须设置现金日记账，有的单位除了人民币现金外，还存在多种外币，应按现金的种类设置现金日记账。由于现金日记账是一种特殊的明细账，为了加强现金管理，采用手工记账的单位，现金日记账必须采用订本式账簿。现金账簿的账页格式，有“三栏式”和“多栏式”两种。

2. 对账的定义及内容

所谓对账，就是对账簿记录的内容进行核对，使账证、账账和账实相符的过程。现金日记账的账证核对，主要是指现金日记账的记录与有关的收、付款凭证进行核对；其账账核对，则是指现金日记账与现金总分类账的期末余额进行核对；其账实核对，则是指现金日记账的余额与实际库存数额的核对。

【范例任务】

太湖机械股份有限公司 2012 年 11 月 30 日现金日记账余额 1,000 元，出纳员根据 12 月份发生现金收付业务（部分）登记现金日记账。

要求：启用现金日记账、登记期初余额、登记日记账并对账结账。

【业务流程】

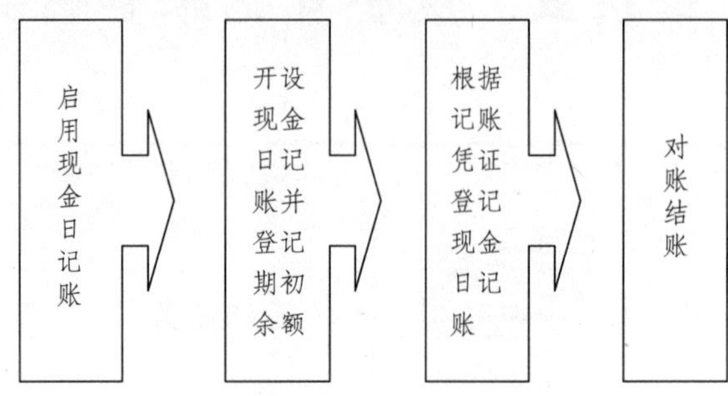

登记现金日记账业务流程图

【业务操作】

根据业务流程，具体的业务操作如下：

1. 启用现金日记账（如图 1－54 所示）。

账 簿 启 用 及 交 接 表

机构名称	太湖机械股份有限公司	印鉴
账簿名称	现金日记账 （第 12 册）	太湖机械股份有限公司 财务专用章
账簿编号	01	
账簿页数	本账簿共计 页（本账簿页数 检点人盖章 ）	
启用日期	公元 2012 年 01 月 01 日	

经管人员	负责人		主办会计		复核		记账	
	姓名	盖章	姓名	盖章	姓名	盖章	姓名	盖章
	刘飞	刘飞			李梅	李梅	刘静	刘静

接交记录	经管人员		接管				交出			
	职别	姓名	年	月	日	盖章	年	月	日	盖章

备注	

图 1－54

2．开设现金日记账（如图 1－55 所示）并登记期初余额。

现金日记账

2012		凭证		摘要	对方科目	借方										贷方										余额									
月	日	字	号数			千	百	十	万	千	百	十	元	角	分	千	百	十	万	千	百	十	元	角	分	千	百	十	万	千	百	十	元	角	分
	1			期初余额																										1	0	0	0	0	0

图 1－55

3．根据记账凭证（如图 1－56 至图 1－59 所示）登记现金日记账。

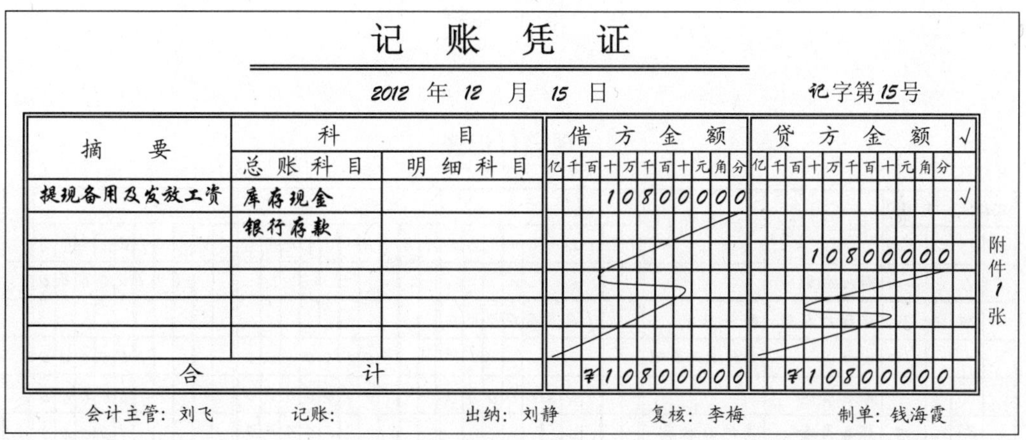

记　账　凭　证

2012 年 12 月 15 日　　记字第15号

摘要	科目		借方金额											贷方金额											√
	总账科目	明细科目	亿	千	百	十	万	千	百	十	元	角	分	亿	千	百	十	万	千	百	十	元	角	分	
提现备用及发放工资	库存现金					1	0	8	0	0	0	0	0												√
	银行存款																								
																	1	0	8	0	0	0	0	0	
合计					¥	1	0	8	0	0	0	0	0			¥	1	0	8	0	0	0	0	0	

附件 1 张

会计主管：刘飞　记账：　出纳：刘静　复核：李梅　制单：钱海霞

图 1－56

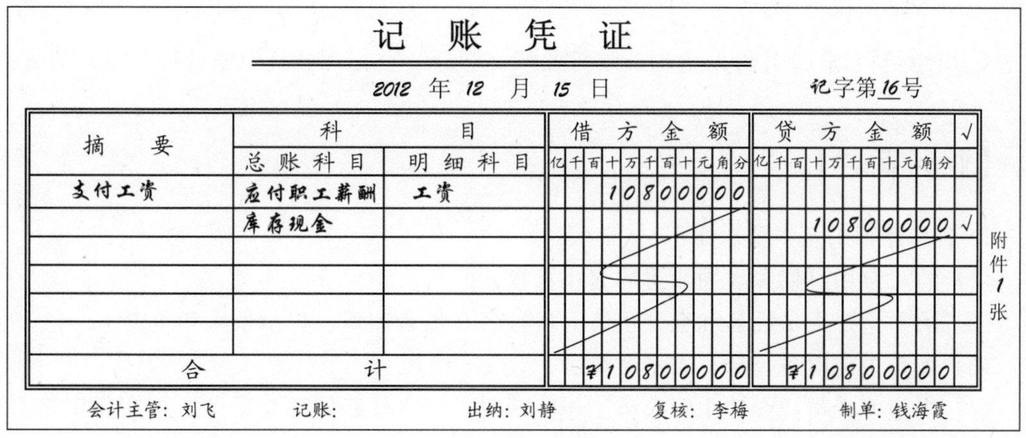

记　账　凭　证

2012 年 12 月 15 日　　记字第16号

摘要	科目		借方金额											贷方金额											√
	总账科目	明细科目	亿	千	百	十	万	千	百	十	元	角	分	亿	千	百	十	万	千	百	十	元	角	分	
支付工资	应付职工薪酬	工资				1	0	8	0	0	0	0	0												
	库存现金																1	0	8	0	0	0	0	0	√
合计					¥	1	0	8	0	0	0	0	0			¥	1	0	8	0	0	0	0	0	

附件 1 张

会计主管：刘飞　记账：　出纳：刘静　复核：李梅　制单：钱海霞

图 1－57

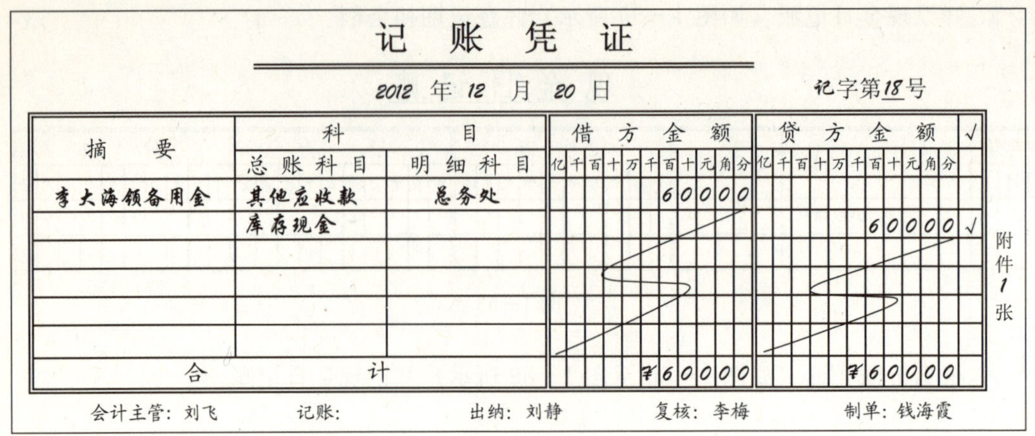

记 账 凭 证

2012 年 12 月 20 日　　记字第18号

摘要	总账科目	明细科目	借方金额（亿千百十万千百十元角分）	贷方金额（亿千百十万千百十元角分）	√
李大海领备用金	其他应收款	总务处	60000		
	库存现金			60000	√
合计			￥60000	￥60000	

附件 1 张

会计主管：刘飞　记账：　出纳：刘静　复核：李梅　制单：钱海霞

图 1－58

现金日记账

2012 月	日	凭证 字	号数	摘要	对方科目	借方（千百十万千百十元角分）	贷方（千百十万千百十元角分）	余额（千百十万千百十元角分）	√
12	1			期初余额				100000	
	15	记	15	从银行提现	银行存款	10800000			
			16	发放工资	应付职工薪酬		10800000	100000	
				本日合计		10800000	10800000	100000	
	20	记	18	领备用金	其他应收款		60000	40000	
				本日合计			60000	40000	

图 1－59

4. 出纳员根据 12 月份发生现金收付业务（部分）登记现金日记账进行对账、结账。

【业务指导】

1. 启用账簿的基本要求是：

（1）填写启用日期和启用账簿的起止页数。

（2）填写记账人员姓名和会计主管人员姓名并加盖印章，以示慎重和负责。

（3）加盖单位财务公章，以示严肃。

（4）当记账人员或会计主管人员工作变动时，应办好账簿移交手续，并在启用表上明确记录交接日期及接办人、监交人的姓名，并加盖公章。

2. 现金日记账通常由出纳人员根据审核后的现金收、付款凭证，逐日逐笔顺序登记。

登记现金日记账的总的要求是：

分工明确，专人负责，凭证齐全，内容完整，登记及时，账款相符，数字真实，表达准确，书写工整，摘要清楚，便于查阅，不重记，不漏记，不错记，按期结账；不拖延积压，按规定方法更正错账等。

登记现金日记账的具体要求是：

(1) 根据复核无误的收、付款记账凭证记账。现金出纳人员在办理收、付款时，应当对收款凭证和付款凭证进行仔细的复核，并以经过复核无误的收、付款记账凭证和其所附原始凭证作为登记现金日记账的依据。如果原始凭证上注明“代记账凭证”字样，经有关人员签章后，也可作为记账的依据。

(2) 所记载的内容必须同会计凭证相一致，不得随便增减。每一笔账都要记明记账凭证的日期、编号、摘要、金额和对应科目等。经济业务的摘要不能过于简略，应以能够清楚地表述业务内容为度，便于事后查对。日记账应逐笔分行记录，不得将收款凭证和付款凭证合并登记，也不得将收款付款相抵后以差额登记。登记完毕，应当逐项复核，复核无误后在记账凭证上的“账页”一栏内做出“过账”符号“√”，表示已经登记入账。

(3) 逐笔、序时登记日记账，做到日清月结。为了及时掌握现金收、付和结余情况，现金日记账必须当日账务当日记录，并于当日结出余额；有些现金收、付业务频繁的单位，还应随时结出余额，以掌握收、支计划的执行情况。

(4) 必须连续登记，不得跳行、隔页，不得随便更换账页和撕去账页。现金日记账采用订本式账簿，其账页不得以任何理由撕去，作废的账页也应留在账簿中。在一个会计年度内，账簿尚未用完时，不得以任何借口更换账簿或重抄账页。记账时必须按页次、行次、位次顺序登记，不得跳行或隔页登记，如不慎发生跳行、隔页时，应在空页或空行中间划线加以注销，或注明“此行空白”、“此页空白”字样，并由记账人员盖章，以示负责。

(5) 文字和数字必须整洁清晰，准确无误。在登记书写时，不要滥造简化字，不得使用同音异义字，不得写怪字体；摘要文字紧靠左线；数字要写在金额栏内，不得越格错位、参差不齐；文字、数字字体大小适中，紧靠下线书写，上面要留有适当空距，一般应占格宽的二分之一，以备按规定的方法改错。记录金额时，如为没有角分的整数，应分别在角分栏内写上“0”，不得省略不写，或以“—”号代替。阿拉伯数字一般可自左向右适当倾斜，以使账簿记录整齐、清晰。为防止字迹模糊，墨迹未干时不要翻动账页；夏天记账时，可在手臂下垫一块软质布或纸板等书写，以防汗浸。

(6) 使用钢笔，以蓝、黑色墨水书写，不得使用圆珠笔（银行复写账簿除外）或铅笔书写。但按照红字冲账凭证冲销错误记录及会计制度中规定用红字登记的业务可以用红色墨水记账。

(7) 每一账页记完后，必须按规定转页。为便于计算了解日记账中连续记录的累计数额，并使前后账页的合计数据相互衔接，在每一账页登记完毕结转下页时，应结出本页发生额合计数及余额，写在本页最后一行和下页第一行的有关栏内，并在摘要栏注明“过次页”和“承前页”字样。也可以在本页最后一行用铅笔字结出发生额合计数和余额，核对无误后，用蓝、黑色墨水在下页第一行写出上页的发生额合计数及余额，在摘要栏内写上“承前页”字样，不再在本页最后一行写“过次页”的发生额和余额。

(8) 现金日记账必须逐日结出余额，每月月末必须按规定结账。现金日记账不得出现贷方余额（或红字余额）。

（9）记录发生错误时，必须按规定方法更正。为了提供在法律上有证明效力的核算资料，保证日记账的合法性，账簿记录不得随意涂改，严禁刮、擦、挖、补，或使用化学药物清除字迹。发现差错必须根据差错的具体情况采用划线更正、红字更正、补充登记等方法更正。

3. 对账。

（1）现金日记账与现金收付款凭证核对。收、付款凭证是登记现金日记账的依据，账目和凭证应该是完全一致的。但是，在记账过程中，由于工作粗心等原因，往往会发生重记、漏记、记错方向或记错数字等情况。账证核对要按照业务发生的先后顺序一笔一笔地进行。检查的项目主要是：核对凭证编号；复查记账凭证与原始凭证，看两者是否完全相符；查对账证金额与方向的一致性；检查如发现差错，要立即按规定方法更正，确保账证完全一致。

（2）现金日记账与现金总分类账的核对。现金日记账是根据收、付款凭证逐笔登记的，现金总分类账是根据收、付款凭证汇总登记的，记账的依据是相同的，记录的结果应该完全一致。但是，由于两种账簿是由不同人员分别记账，而且总账一般是汇总登记，在汇总和登记过程中，都有可能发生差错；日记账是一笔一笔地记的，记录的次数很多，也难免发生差错。因此，出纳应定期出具"出纳报告单"与总账会计进行核对。平时要经常核对两账的余额，每月终了结账后，总分类账各个科目的借方发生额、贷方发生额和余额都已试算平衡，一定要将总分类账中现金本月借方发生额、贷方发生额以及月末余额分别同现金日记账的本月收入（借方）合计数、本月支出（贷方）合计数和余额相互核对，查看账账之间是否完全相符。如果不符，先应查出差错出在哪一方，如果借方发生额出现差错，应查找现金收款凭证、银行存款付款凭证（提取现金业务）和现金收入一方的账目；反之则应查找现金付款凭证和现金付出一方的账目。找出错误后应立即按规定的方法加以更正，做到账账相符。

（3）现金日记账与库存现金的核对。出纳人员在每天业务终了以后，应自行清查账款是否相符。首先结出当天现金日记账的账面余额，再盘点库存现金的实有数，看两者是否完全相符。在实际工作中，凡是有当天来不及登记的现金收、付款凭证的，均应按"库存现金实有数＋未记账的付款凭证金额－未记账的收款凭证金额＝现金日记账账存余额"的公式进行核对。反复核对仍不相符的，即说明当日记账或实际现金收、付有误。在这种情况下，出纳人员一方面应向会计负责人报告，另一方面应对当天办理的收、付款业务逐笔回忆，争取尽快找出差错的原因。

4. 结账。

（1）办理月结，出纳员应在现金账户本月份最后一笔记录下面划一通栏红线，表示本月结束；然后，在红线下结算出本月发生额和贷方发生额以及月末余额（无月末余额的，可在"借或贷"栏内注明"平"字并在余额栏内填"0"符号），并在"摘要"栏内注明"本月合计"字样；最后，再在"摘要"栏下面划一通栏红线，表示完成月结工作。

（2）办理季结，出纳员应在现金账户本季度最后一个月的月结下面划一通栏红线，表示本季度结束；然后，在红线下结算出本季度借方发生额和贷方发生额以及季末余额，并在“摘要”栏内注明“本季合计”字样；最后，再在“摘要”栏下面划一通栏红线，表示完成季结工作。

(3) 办理年结，应在现金日记账的最后一个季度的季结下面划一通栏红线，表示本年度结束；然后，在红线下面结算出全年 12 个月份的月结发生额或 4 个季度的季结发生额，并在“摘要”栏内注明“本年合计”字样；并在合计数下划通栏双红线，表示完成年结工作。需要更换新账时，应在进行年结的同时，在新账中现金账户的第一行“摘要”栏内注明“上年结转”或“年初余额”字样，并将上年的年末余额以同方向记入新账中的余额栏内，新旧账有关账户余额的转记事项不编制记账凭证。

【活动任务】

华盛股份有限公司 12 月 31 日发生有关现金收付业务如下：

1. 开出现金支票，提取现金 42,000 元，会计分录为：

借：库存现金	42,000	
贷：银行存款		42,000

2. 零售 A 产品 10 件，会计分录为：

借：库存现金	3,510	
贷：主营业务收入		3,000
应交税费——应交增值税（销项税额）		510

3. 收到某单位租用设备租金 400 元，会计分录为：

借：库存现金	400	
贷：其他业务收入		400

4. 发放工资 42,000 元，会计分录为：

借：应付职工薪酬	42,000	
贷：库存现金		42,000

5. 销售科领用备用金 400 元，会计分录为：

借：其他应收款——备用金（销售科）	400	
贷：库存现金		400

6. 出纳员李娜赔前一天短款 40 元，会计分录为：

借：库存现金	40	
贷：其他应收款——现金短款		40

7. 收到某商品包装物押金 600 元，会计分录为：

借：库存现金	600	
贷：其他应付款——包装物押金		600

8. 收到职工姚红还回的借款 400 元，会计分录为：

借：库存现金	400	

贷：其他应收款——职工借款（姚红） 400

9. 销售科李刚报销差旅费，会计分录为：

借：管理费用 950

贷：库存现金 950

10. 向银行送存现金 4,510 元，会计分录为：

借：银行存款 4,510

贷：库存现金 4,510

要求：登记现金日记账（如图 1—60 所示）并结账。

现 金 日 记 账

2012		凭证		摘要	对方科目	借方										贷方										余额										✓
月	日	字	号数			千	百	十	万	千	百	十	元	角	分	千	百	十	万	千	百	十	元	角	分	千	百	十	万	千	百	十	元	角	分	
				承前页																										1	2	0	0	0	0	

图 1—60

【业务精要】

1. 逐笔登记、逐日结出余额。并非所有的账簿都要进行日清月结，一般情况下，现金和银行存款日记账都要做到“日清月结”，其他总账、明细账只需“月结”即可。

2. 在办理结账时，为了避免计算错误，出纳员可以采用铅笔填写发生额和余额然后进行复核，复核无误后再正式用钢笔填写，这样可以保证结账工作的质量。

【业务训练】

华盛股份有限公司 2012 年 12 月 1 日库存现金期初余额 4,251 元，并于 12 月发生如下业务：

1. 1 日，收到小额零星货款 18,000 元，出纳开具收款收据。

2.2 日，出纳填制现金缴款单，缴存小额货款 18,000 元。

3.2 日，出纳开具现金支票 10,000 元取现备用，根据支票存根记账。

4.4 日，支付综合管理办公室报销办公费 860 元。

5.28 日，支付总经办报销差旅费 1,280 元。

6.31 日，结转本月合计。

要求：登记 12 月库存现金日记账（如图 1－61 所示）。

现金日记账

2012		凭证		摘要	对方科目	借方										贷方										余额										√
月	日	字	号数			千	百	十	万	千	百	十	元	角	分	千	百	十	万	千	百	十	元	角	分	千	百	十	万	千	百	十	元	角	分	

图 1－61

模块六　现金清查

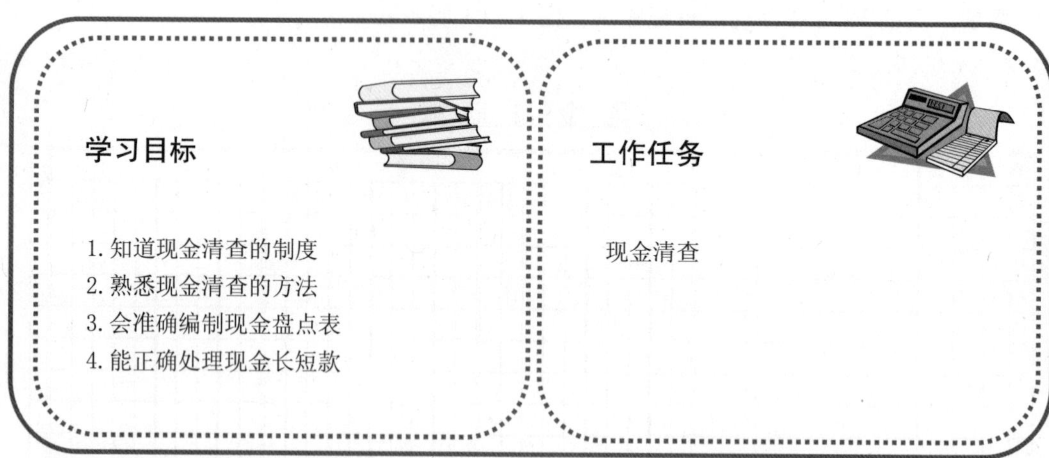

【知识导入】

1. 现金清查采用实地盘点法。

2. 出纳人员应根据当日现金日记账的账面余额自行盘点核对，做到日清月结，账款相符；同时，企业还应组织清查人员对库存现金进行定期或不定期清查，确定库存现金的实有数，并与现金日记账的账面余额核对，以查明账实是否相符和盈亏情况。

【范例任务】

太湖机械股份有限公司 2012 年 12 月 25 日由清查小组人员王芳对库存现金进行清点，实有数额为 1,980 元，账面数为 2,030 元，短款 50 元。

要求：完成盘点并填制相应的凭证。

【业务操作】

1. 由清查小组人员王芳对库存现金进行清点，实有数额为 1,980 元。（在进行现金清查时，为了明确经济责任，出纳人员必须在场，在清查过程中不能用白条抵库，也就是不能用不具有法律效力的借条、收据等抵充库存现金。）

2. 将库存现金实有数额与现金日记账余额进行核对，发现短款 50 元。

3. 根据清查结果编制“现金清查盘点报告表”（如表 1－5 所示）。（现金盘点后，应根据盘点的结果和现金日记账核对的情况，填制“现金盘点报告表”。现金盘点报告表是重要的原始凭证，应由盘点人员和出纳人员共同签章方能生效。）

表 1－5　　现金清查盘点报告表

2012 年　12 月　25 日

单位名称：太湖机械股份有限公司

实存金额	账面金额	盘亏情况		备　注
		盘盈数	盘亏数	
1,980	2,030		50	

盘点人：王芳　　　　出纳：刘静

4. 报批准前，根据"现金盘点报告表"上确定的短缺数，调整账面价值，编制记账凭证（如图 1－62 所示）。

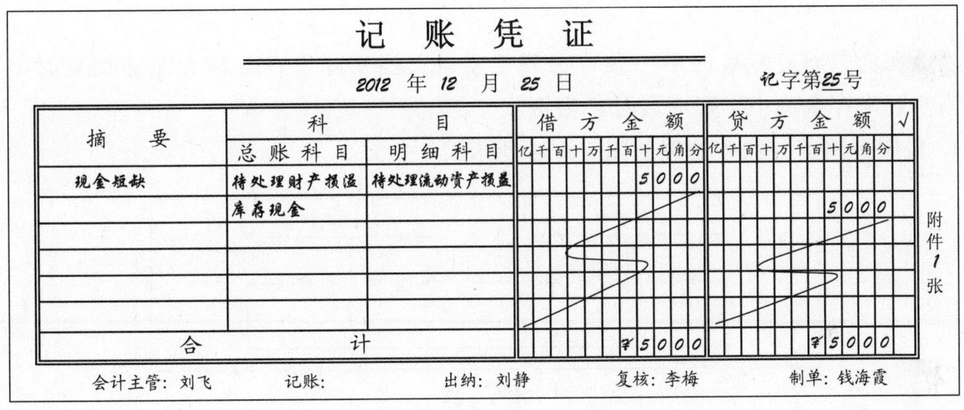

记　账　凭　证

2012 年 12 月 25 日　　记字第25号

摘　要	总账科目	明细科目	借方金额	贷方金额	√
现金短缺	待处理财产损溢	待处理流动资产损益	5000		
	库存现金			5000	
合　计			¥5000	¥5000	

附件 1 张

会计主管：刘飞　　记账：　　出纳：刘静　　复核：李梅　　制单：钱海霞

图 1－62

5. 12 月 29 日，报经批准后根据"现金盘点报告表"（如表 1－6 所示）上批准的处理意见，由出纳的赔偿款 50 元，尚未收到，编制记账凭证（如图 1－63 所示）。

表 1－6　　现金盘点报告表

2012 年 12 月 29 日

单位名称：太湖机械股份有限公司

实存金额	账面金额	盘亏情况		备　注
		盘盈数	盘亏数	
1,980	2,030		50	
处理意见：由出纳人员赔偿				

主管　　　　会计　　　　出纳：刘静

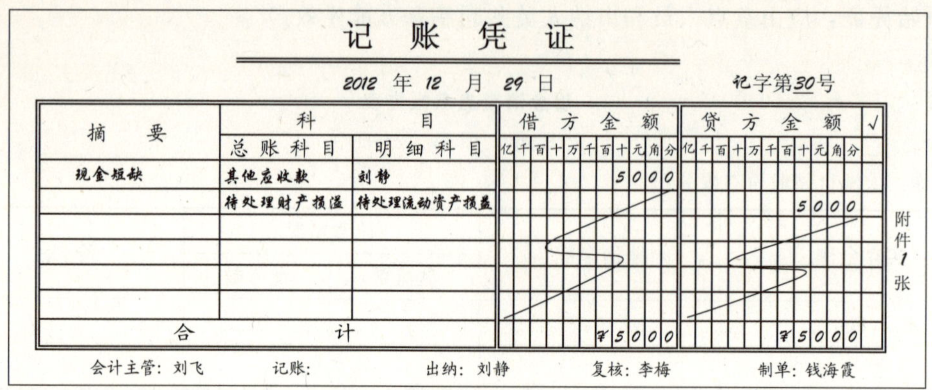

记账凭证

2012 年 12 月 29 日　　　记字第30号

摘要	总账科目	明细科目	借方金额	贷方金额	√
现金短缺	其他应收款	刘静	5000		
	待处理财产损溢	待处理流动资产损益		5000	
合计			¥5000	¥5000	

附件 1 张

会计主管：刘飞　记账：　出纳：刘静　复核：李梅　制单：钱海霞

图 1－63

【业务指导】

一、长款、短款的含义

现金账面数与实际数的不一致称为现金溢缺。当实际库存金额大于账面数时，为长款；当实际库存金额小于账面数时，为短款。

1. 查明原因前（账务处理如图 1－64 所示）：

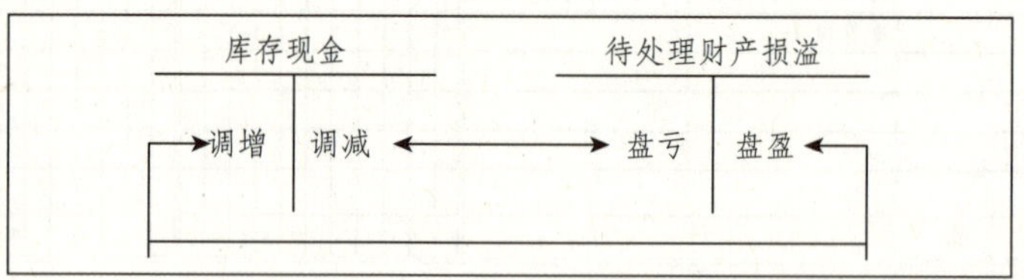

图 1－64

2. 查明原因后（账务处理如图 1－65 所示）：

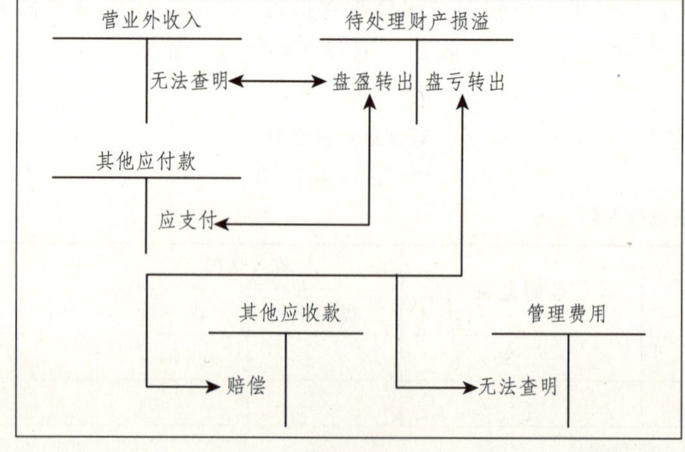

图 1－65

二、现金的短款、长款的账务处理

（一）在未查明原因前，应进行如下的账务处理：

1. 属于现金短缺，按实际短缺金额：

借：待处理财产损溢——待处理流动资产损溢

　　贷：库存现金

2. 属于现金溢余，按实际溢余金额：

借：库存现金

　　贷：待处理财产损溢——待处理流动资产损溢

（二）待查明溢缺原因后，应按不同情况做如下处理：

1. 若为现金短缺：

（1）属于应由责任人赔偿的部分：

借：其他应收款——个人

　　贷：待处理财产损溢——待处理流动资产损溢

（2）属于应由保险公司赔偿的部分：

借：其他应收款——应收保险赔款

　　贷：待处理财产损溢——待处理流动资产损溢

（3）属于无法查明的其他原因，根据管理权限，经批准后处理：

借：管理费用

　　贷：待处理财产损溢——待处理流动资产损溢

2. 若为现金溢余：

（1）属于应支付给有关人员或单位：

借：待处理财产损溢——待处理流动资产损溢

　　贷：其他应付款——应付现金溢余（人员或单位）

（2）属于无法查明原因的溢余部分，经批准后：

借：待处理财产损溢——待处理流动资产损溢

　　贷：营业外收入

【活动任务】

太湖机械股份有限公司 2012 年 11 月 15 日由清查小组人员王芳对库存现金进行清点，实有数额为 2,080 元，账面数 2,030 元，长款 50 元。

要求：按以下流程完成盘点并填制相应的凭证。

1. 由清查小组人员王芳对库存现金进行清点，实有数额为 2,080 元。

2. 将库存现金实有数额与现金日记账余额进行核对，发现长款 50 元。

3. 根据清查结果编制“现金清查盘点报告表”（如表 1－7 所示）。

表 1－7

现金清查盘点报告表

年　月　日

单位名称：

实存金额	账面金额	盘亏情况		备　注
		盘盈数	盘亏数	

盘点人：　　　　　　　　　　　　　　　　出纳：

4. 报批准前，根据“现金盘点报告表”上确定的溢余数，调整账面价值，编制记账凭证（如图 1－66 所示）。

记　账　凭　证

年　月　日　　　　字第__号

摘　要	科目		借方金额											贷方金额											√
	总账科目	明细科目	亿	千	百	十	万	千	百	十	元	角	分	亿	千	百	十	万	千	百	十	元	角	分	
合计																									

附件　张

会计主管：　　记账：　　出纳：　　复核：　　制单：

图 1－66

5. 11 月 19 日，报经批准后根据“现金盘点报告表”（见表 1－8）上批准的处理意见，无法查明原因转作营业外收入，编制记账凭证（见图 1－67）。

表 1－8

现金盘点报告表

年　月　日

单位名称：

实存金额	账面金额	盘亏情况		备　注
		盘盈数	盘亏数	
处理意见：				

主管　　　　　　　　会计　　　　　　　　出纳：

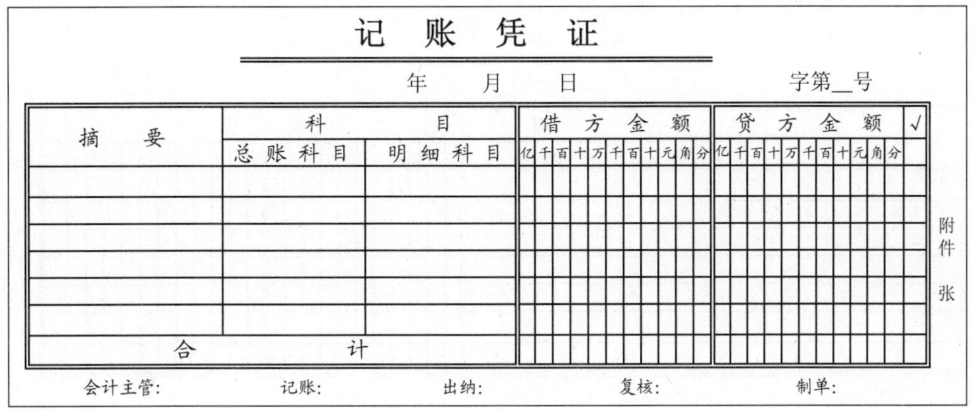

图 1－67

【业务精要】

由有关领导和专业人员组成清查小组，定期或不定期地对库存现金情况进行清查盘点，重点放在账款是否相符、有无白条抵库、有无私借公款、有无挪用公款、有无账外资金等违纪违法行为上。一般来说，现金清查多采用突击盘点方法，不预先通知出纳员，以防预先做手脚，盘点时间最好在一天业务没有开始之前或一天业务结束后，由出纳员将截止清查时现金收付账项全部登记入账，并结出账面余额。这样可以避免干扰正常的业务。清查时出纳员应始终在场，并给予积极的配合。清查结束后，应由清查人填制“现金清查盘点报告表”，填列账存、实存以及溢余或短缺金额，并说明原因，上报有关部门或负责人进行处理。

【业务训练】

1. 华盛股份有限公司 2012 年 10 月 10 日由清查小组人员李华对库存现金进行清查，账面数为 4,150 元，实际盘点数为 4,350 元，发现现金长款 200 元。经过反复查找，仍无法查明原因。

要求： 按以下流程完成盘点并填制相应的凭证（如表 1－9、表 1－10 及图 1－68、图 1－69 所示）。

表 1－9　　现金清查盘点报告表

年　月　日

单位名称：

实存金额	账面金额	盘亏情况		备　注
		盘盈数	盘亏数	

盘点人：　　　　出纳：

记 账 凭 证

年 月 日 字第__号

摘 要	科 目		借方金额											贷方金额											√
	总账科目	明细科目	亿	千	百	十	万	千	百	十	元	角	分	亿	千	百	十	万	千	百	十	元	角	分	
合 计																									

附件 张

会计主管： 记账： 出纳： 复核： 制单：

图 1－68

表 1－10

现金盘点报告表

单位名称： 年 月 日

实存金额	账面金额	盘亏情况		备 注
		盘盈数	盘亏数	
处理意见：				

主管 会计 出纳：

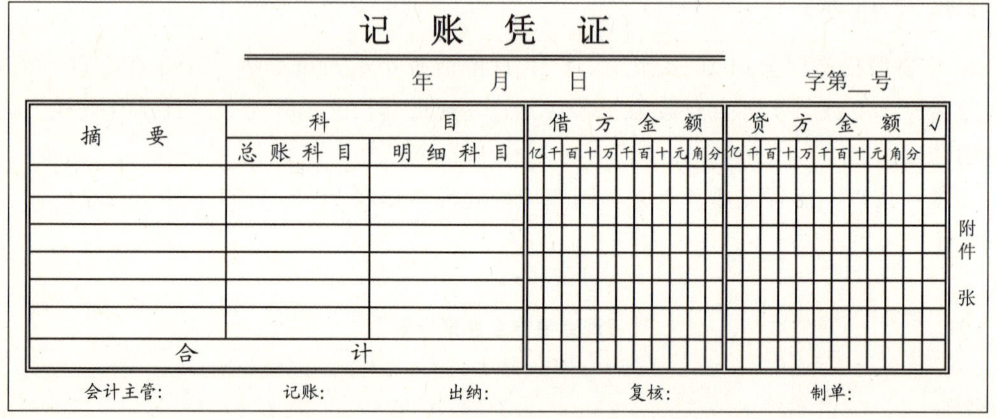

记 账 凭 证

年 月 日 字第__号

摘 要	科 目		借方金额											贷方金额											√
	总账科目	明细科目	亿	千	百	十	万	千	百	十	元	角	分	亿	千	百	十	万	千	百	十	元	角	分	
合 计																									

附件 张

会计主管： 记账： 出纳： 复核： 制单：

图 1－69

2. 华盛股份有限公司 2012 年 12 月 10 日由清查小组人员李华对库存现金进行清查，账面数为 2,940 元，实际盘点数为 2,790 元，发现现金短款 150 元。经过反复查找，仍无法查明原因。

要求：按以下流程完成盘点并填制相应的凭证（如表 1－11、表 1－12 及图 1－70、

图 1－71 所示）。

表 1－11　　　　　　　　　　**现金清查盘点报告表**

单位名称：　　　　　　　　　　　年　月　日

实存金额	账面金额	盘亏情况		备　注
		盘盈数	盘亏数	

盘点人：　　　　　　　　　　　　　　　　　　　　　出纳：

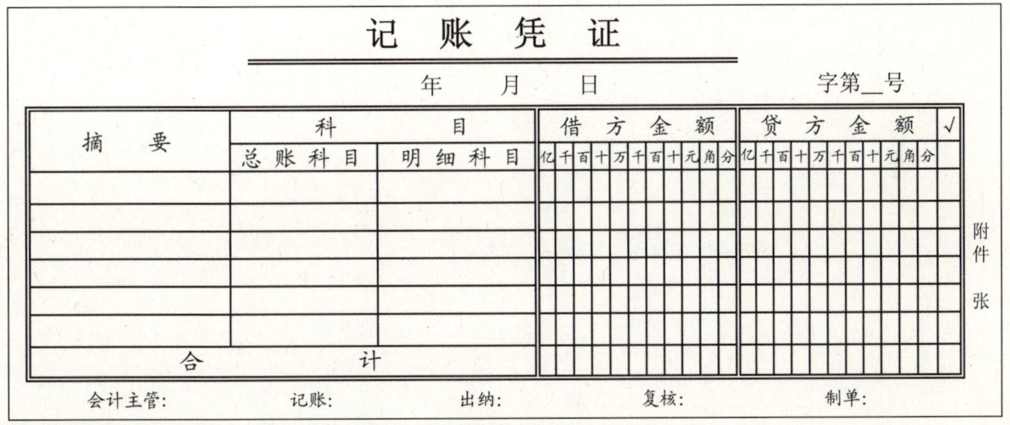

记　账　凭　证

年　　月　　日　　　　　　字第__号

摘　要	科　目		借方金额	贷方金额	√
	总账科目	明细科目	亿千百十万千百十元角分	亿千百十万千百十元角分	
合　计					

附件　张

会计主管：　　记账：　　出纳：　　复核：　　制单：

图 1－70

表 1－12　　　　　　　　　　**现金盘点报告表**

单位名称：　　　　　　　　　　　年　月　日

实存金额	账面金额	盘亏情况		备　注
		盘盈数	盘亏数	
处理意见：				

主管　　　　　　　　　　　　会计　　　　　　　　　　　　出纳：

记 账 凭 证

年　月　日　　　　字第__号

摘要	科目		借方金额											贷方金额											√
	总账科目	明细科目	亿	千	百	十	万	千	百	十	元	角	分	亿	千	百	十	万	千	百	十	元	角	分	
合计																									

附件　张

会计主管:　　记账:　　出纳:　　复核:　　制单:

图 1－71

项目二　银行转账结算业务

出纳工作的另一个工作重心就是银行业务，在本项目中我们主要来学习银行账户、银行结算方式、银行账簿在使用过程中常见的问题、处理方法以及在日常结算时要注意的事项。

项目 目标与要求

最终目标：熟练操作银行结算业务

促成目标：

1. 熟悉银行开户业务制度规范
2. 熟练办理银行支票业务
3. 熟练办理银行本票业务
4. 熟练办理银行汇票业务
5. 熟练办理商业汇票业务
6. 熟练办理汇兑业务
7. 熟练办理委托收款业务
8. 熟练办理托收承付业务
9. 简单了解企业网上银行基本业务功能（选学）
10. 熟练编制银行存款日记账
11. 熟练进行银行对账，编制银行存款余额调节

项目 工作任务

1. 办理银行开户业务
2. 办理银行支票业务
3. 办理银行本票业务
4. 办理银行汇票业务

5. 办理商业汇票业务
6. 办理汇兑业务
7. 办理委托收款业务
8. 办理托收承付业务
9. 了解企业网上银行基本业务功能（选学）
10. 编制银行存款日记账
11. 编制银行存款余额调节表

任务书

项目模块	工作任务
模块 1　银行开户	银行开户业务
模块 2　支票结算	银行支票业务的办理
模块 3　银行本票结算	银行本票业务的办理
模块 4　银行汇票结算	银行汇票业务的办理
模块 5　商业汇票结算	商业汇票业务的办理
模块 6　汇兑结算	汇兑业务的办理
模块 7　委托收款结算	委托收款业务的办理
模块 8　托收承付结算	托收承付业务的办理
模块 9　网上银行结算	企业网上银行基本业务的了解
模块 10　银行存款日记账登记	银行存款日记账的登记
模块 11　银行存款核对	银行存款的核对

模块一　银行开户

学习目标

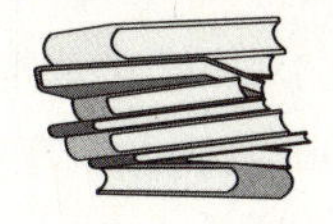

1. 熟悉银行开户的工作流程和相关规定
2. 了解银行开户的制度规范

工作任务

熟练办理银行开户业务

【知识导入】

银行账户，又称“银行存款账户”，或称“存款账户”，是指存款人在中国境内银行开立的人民币存款、支取、转账结算和申请贷款的户头。根据《银行账户管理办法》，银行账户按照资金的不同性质、用途和管理要求，可分为基本存款账户、一般存款账户、临时存款账户和专用存款账户。

1. 银行账户管理原则

根据《银行账户管理办法》的规定，银行账户管理遵守以下基本原则：

（1）一个基本账户原则。即存款人只能在银行开立一个基本存款账户，不能多头开立基本存款账户。存款人在银行开立基本存款账户，实行由中国人民银行当地分支机构核发开户许可制度。

（2）自愿选择原则。即存款人可以自主选择银行开立账户，银行也可以自愿选择存款人开立账户。任何单位和个人不得强制干预存款人和银行开立或使用账户。

（3）存款保密原则。即银行必须依法为存款人保密，维护存款人资金的自主支配权。除国家法律规定和国务院授权中国人民银行总行的监督项目外，银行不得代任何单位和个人查询、冻结、扣划存款人账户内存款。

2. 使用银行账户必须遵守银行的规定

（1）认真贯彻执行国家的政策法令，遵守银行信贷结算和现金管理规定。银行检查时，开户单位应提供账户使用情况的有关资料。

（2）各单位在银行开立的账户只供本单位业务经营范围内的资金收付，不得出租、出借或转让给其他单位或个人使用。

（3）各种收支凭证必须如实填明款项来源用途，不许套取现金。

（4）各单位在银行的账户必须有足够的资金保证支付，不准签发中头或远期支票，不允许套取银行信用。

（5）银行在办理结算过程中，必须严格执行银行结算办法的规定，及时办理结算凭证，不准延误、积压结算凭证，不准挪用、截留客户和他行的结算资金；不准拒绝受理客户和他行的正常业务。

3. 存款人违反银行账户管理行为的处罚

根据《银行账户管理办法》和《违反银行结算制度处罚规定》，开户银行违反规定，对未持有开户许可证或已开立基本存款账户的存款人开立基本存款账户以及强拉单位开户的，要限期撤销，并对其处以 5,000 元至 10,000 元罚款。开户银行违反规定，对一般存款人账户的存款人支付现金或从单位开立、撤销账户之日起 7 日内未向人民银行申报的，对其处以 2,000 元至 5,000 元罚款。

4. 基本存款账户、一般存款账户、临时存款账户和专用存款账户

基本存款账户是指存款人办理日常转账结算和现金收付的账户。存款人的工资、奖金等现金的支取，只能通过本账户办理。

基本存款账户开立所需的证明文件有：开户许可证、当地工商行政管理机关核发的《企业法人营业执照》或《营业执照》、中央或地方编制委员会、人事、民政等部门的批文、军队军以上、武警总队财务部门的开户证明、单位对附设机构同意开户的证明、驻地有权部门对外地常设机构的批文、承包双方签订的承包协议、个人居民身份证和户口簿。

一般存款账户是指存款人在基本存款账户以外的银行借款转存、与基本存款账户的存款人不在同一地点的附属非独立核算单位开立的账户。存款人可以通过本账户办理转账结算和现金缴存，但不能办理现金支取。

临时存款账户是指存款人因临时经营活动需要开立的账户。存款人可以通过该账户办理转账结算和根据国家现金管理规定办理现金收付。

专用存款账户是指存款人因特定用途需要开立的账户。

【范例任务】

上海夏雨文化传播有限公司六盘水分公司相关资料如下：

单位名称：上海夏雨文化传播有限公司六盘水分公司

公司地址：上海市沧海路 11 号

单位电话：021－85451125

法人代表：夏衍容

营业执照登记号：310111522218045

要求：完成上海夏雨公司基本存款账户开户处理。

【业务流程】

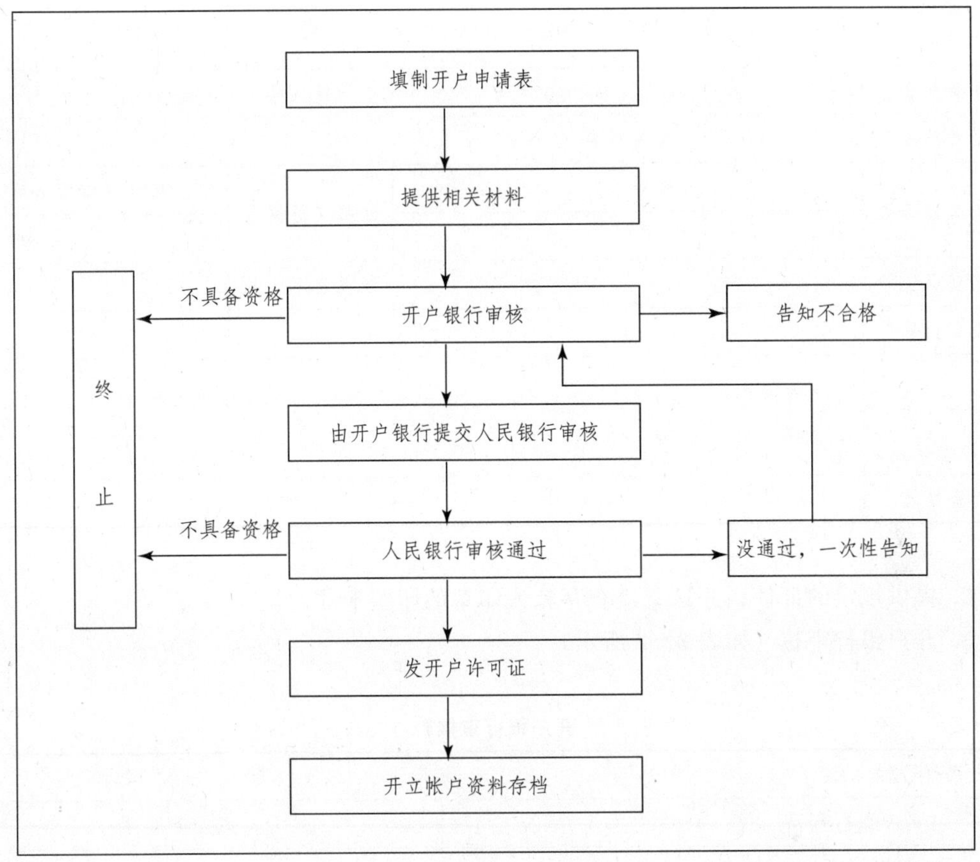

基本存款账户开户程序

【业务操作】

1. 填制开户申请书（如表 2—1 所示）。

表 2—1　开立单位银行结算账户申请书

<table>
<tr><td>存款人名称</td><td colspan="2">上海夏雨文化传播有限公司六盘水分公司</td><td>电　话</td><td>021—85451125</td></tr>
<tr><td>地　址</td><td colspan="2">上海市沧海路 11 号</td><td>邮　编</td><td></td></tr>
<tr><td>存款人类别</td><td colspan="2"></td><td>组织机构代码</td><td></td></tr>
<tr><td rowspan="3">法定代表人（ ）
单位负责人（ ）</td><td>姓　名</td><td colspan="3">夏衍容</td></tr>
<tr><td>证件种类</td><td colspan="3">身份证</td></tr>
<tr><td>证件号码</td><td colspan="3">320211800909001</td></tr>
</table>

续表

行业分类	A（ ）B（ ）C（ ）D（ ）E（ ）F（ ）G（ ）H（ ）I（ ）J（ ） K（ ）L（ ）M（ ）N（ ）O（ ）P（ ）Q（ ）R（ ）S（ ）T（ ）		
注册资金		地区代码	
经营范围	文化教育		
证明文件种类	营业执照	证明文件编号	31011152221805
国税登记证号		地税登记证号	
关联企业			
账户性质	基本存款账户（√）　一般存款账户（ ） 专用存款账户（ ）　临时存款账户（ ）		
资金性质		有效日期　年　月　日	

2. 提供规定的证件，并送交盖有存款人印章的印鉴卡片。

3. 开户银行审核（如表 2－2 所示）。

表 2－2　　开户银行审核表

开户银行名称			
开户银行代码		账　号	
基本存款账户开户登记证核准号		开户日期	
本存款人申请开立银行结算账户，并承诺所提供的开户资料真实、有效，如有伪造、欺诈，承担法律责任。 存款人（签章） 年　月　日		开户银行审核意见： 开户银行（签章）： 年　月　日	

4. 开户银行审核同意后，将申请材料送交中国人民银行当地分支机构审核。

5. 审核无误后，核发开户许可证（如图 2－1 所示）。

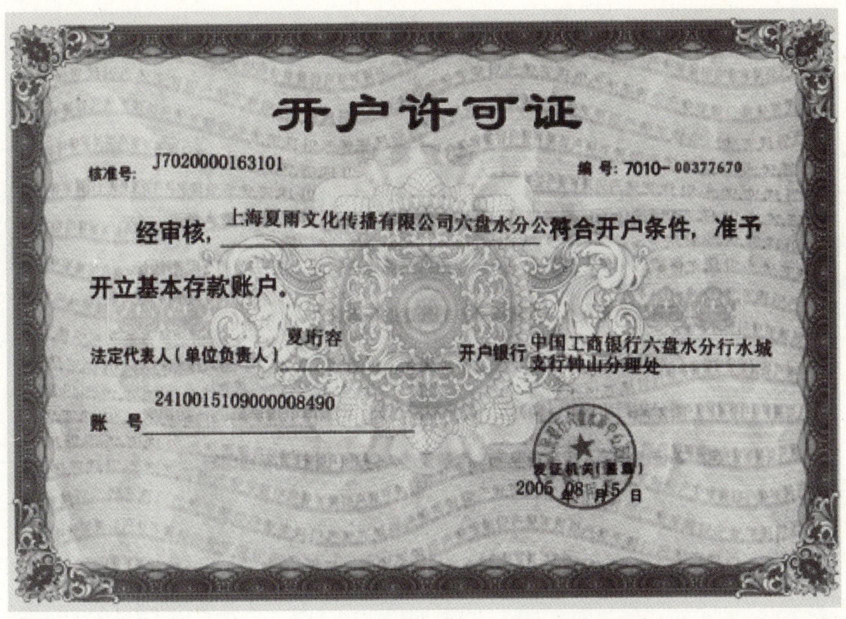

开户许可证

核准号：J7020000163101　　编号：7010-00377670

经审核，上海夏雨文化传播有限公司六盘水分公司符合开户条件，准予开立基本存款账户。

法定代表人（单位负责人）夏珩容　　开户银行 中国工商银行六盘水分行水城支行钟山分理处

账　号 2410015109000008490

发证机关（盖章）

2006年08月15日

图 2－1

6. 退回开户证明，即可开立账户。

【业务指导】

1. 开户申请书的填写。开户申请书一式三联，第一联由中国人民银行当地分支机构留存，第二联由开户银行留存，第三联由存款人保管，待销户时做重新开户的证明。印鉴卡一式两张，一张开户银行留存，一张开户单位留存。

开户许可证一式两本（正、副本），正本由开户单位留存，副本由开户银行存查。

2. 各单位预留银行印鉴的印章遗失时，应当出具公函，填写“更换印鉴申请书”，由开户银行办理更换印鉴手续。遗失个人名章的由开户单位备函证明，遗失单位公章的由上级主管单位备函证明。经银行同意后按规定办法更换印鉴，并在新印鉴卡上注明情况。

【活动任务】

成达实业股份有限公司相关资料如下：

单位名称：成达实业股份有限公司

单位地址、电话：无锡市滨湖区翠微路 200 号（85221052）

营业执照登记号：110106802215046

法人代表：王忠明

要求：完成成达实业股份有限公司的基本存款账户开户申请（如表 2－3 所示）。

表 2－3　　开立单位银行结算账户申请书

<table>
<tr><td>存款人名称</td><td colspan="2"></td><td>电　话</td><td></td></tr>
<tr><td>地　　址</td><td colspan="2"></td><td>邮　编</td><td></td></tr>
<tr><td>存款人类别</td><td colspan="2"></td><td>组织机构代码</td><td></td></tr>
<tr><td rowspan="3">法定代表人（ ）
单位负责人（ ）</td><td>姓　名</td><td colspan="3"></td></tr>
<tr><td>证件种类</td><td colspan="3"></td></tr>
<tr><td>证件号码</td><td colspan="3"></td></tr>
<tr><td>行业分类</td><td colspan="4">A（ ）B（ ）C（ ）D（ ）E（ ）F（ ）G（ ）H（ ）I（ ）J（ ）
K（ ）L（ ）M（ ）N（ ）O（ ）P（ ）Q（ ）R（ ）S（ ）T（ ）</td></tr>
<tr><td>注册资金</td><td colspan="2"></td><td>地区代码</td><td></td></tr>
<tr><td>经营范围</td><td colspan="2"></td><td></td><td></td></tr>
<tr><td rowspan="2">证明文件种类</td><td colspan="2"></td><td rowspan="2">证明文件编号</td><td></td></tr>
<tr><td colspan="2"></td><td></td></tr>
<tr><td>国税登记证号</td><td colspan="2"></td><td>地税登记证号</td><td></td></tr>
<tr><td>关联企业</td><td colspan="2"></td><td></td><td></td></tr>
<tr><td>账户性质</td><td colspan="4">基本存款账户（√）　　一般存款账户（ ）
专用存款账户（ ）　　临时存款账户（ ）</td></tr>
<tr><td>资金性质</td><td colspan="2"></td><td colspan="2">有效日期　　年　月　日</td></tr>
</table>

【业务精要】

1. 四种账户之间的关系（如表 2－4 所示）。

表 2－4　　四种账户之间的关系表

账户	是否需经中国人民银行核准	能否存入现金	能否支取现金
基本存款账户	核准	可以	可以
一般存款账户	备案	可以	不能
专用存款账户	(1) 预算单位专用存款账户、QFII 专用存款账户：核准	不同账户规定不同	不同账户规定不同
	(2) 其他：备案		
临时存款账户	核准（因注册验资和增资验资的除外）	可以	可以

2. 印鉴卡片上填写的户名必须与单位名称一致，同时要加盖开户单位公章、单位负

责人或财务机构负责人、出纳人员三颗图章。它是单位与银行事先约定的一种具有法律效力的付款依据，银行在为单位办理结算业务时，依据开户单位在印鉴卡片上预留的印鉴审核支付凭证的真伪。如果支付凭证上加盖的印章与预留的印鉴不符，银行就可以拒绝办理付款业务，以保障开户单位款项的安全。

3. 连续在一年以上没有发生收付活动的账户，开户银行经过调查认为该账户无须继续保留即可通知开户单位来银行办理销户手续，开户单位接通知后一个月内必须办理，逾期不办理可视为自动销户，存款有余额的将作为银行收益。

【知识拓展】

1. 一般存款账户的开设

一般存款账户设置的条件和所需证明文件根据《银行账户管理办法》的规定，下列情况的存款人可以申请开立一般存款账户，并须提供相应的证明文件：①在基本存款账户以外的银行取得借款的单位和个人可以申请开立该账户，并须向开户银行出具借款合同或借款借据；②与基本存款账户的存款人不在同一地点的附属非独立核算单位可以申请开立该账户，并须向开户银行出具基本存款账户的存款人同意其附属的非独立核算单位开户的证明。

2. 临时存款账户的开设

临时存款账户设置的条件和所需的证明文件。根据《银行账户管理办法》的规定，下列存款人可以申请开立临时存款账户，并须提供相应的证明文件：①外地临时机构可以申请开立该账户，并须出具当地工商行政管理机关核发的临时执照；②临时经营活动需要的单位和个人可以申请开立该账户，并须出具当地有权部门同意设立外来临时机构的批件。

3. 专用存款账户的开设

特定用途的资金范围包括：基本建设的资金；更新改造的资金；其他特定用途，需要专户管理的资金。

所需提供的证明文件。存款人须向开户银行出具下列证明文件之一：①经有权部门批准立项的文件；②国家有关文件的规定。

【业务训练】

天安实业公司相关资料如下：

单位名称：天安实业有限公司

单位地址、电话：无锡市滨湖区建军路302号（85143221）

营业执照登记号：210103202217015

法人代表：李向飞

要求：完成天安实业公司的基本存款账户开户申请（如表2—5所示）。

表 2－5　　　　　　　　开立单位银行结算账户申请书

存款人名称			电　话	
地　　址			邮　编	
存款人类别			组织机构代码	
法定代表人（　） 单位负责人（　）	姓　　名			
	证件种类			
	证件号码			
行业分类	A（　）B（　）C（　）D（　）E（　）F（　）G（　）H（　）I（　）J（　） K（　）L（　）M（　）N（　）O（　）P（　）Q（　）R（　）S（　）T（　）			
注册资金			地区代码	
经营范围				
证明文件种类			证明文件编号	
国税登记证号			地税登记证号	
关联企业				
账户性质	基本存款账户（√） 专用存款账户（　）		一般存款账户（　） 临时存款账户（　）	
资金性质			有效日期　　年　月　日	

模块二　支票结算

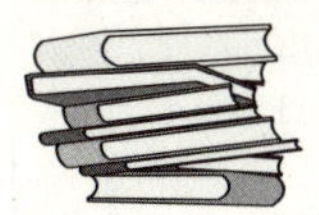

学习目标

1. 熟知支票业务制度和业务规程
2. 熟知支票的格式和填写要点

工作任务

1. 熟练签发支票
2. 收到支票到银行办理支票结算业务
3. 转账支票的背书转让

【知识导入】

支票是出票人签发的，委托办理存款业务的银行或其他金融机构，在见票时无条件支付确定的金额给收款人或者持票人的票据。通俗点说，支票就是存款人开出的付款通知。根据支票使用特点分为现金支票与转账支票。

【范例任务】

无锡金星公司 2012 年 12 月 5 日签发现金支票，提取 4,500 元补足现金库存限额。2012 年 12 月 8 日向轩嘉工厂购买材料，价款 40,000 元，增值税 6,800 元，价税合计以转账支票支付。

无锡金星公司相关资料如下：

单位地址、电话：无锡市湖滨路 45 号（85214415）

纳税识别号：32210097734112

开户行及账号：工商银行无锡滨湖支行（65837538585908）

法人代表：万平

无锡轩嘉工厂相关资料如下：

单位地址、电话：无锡市城南路 11 号（85113311）

纳税识别号：73219703110201

开户行及账号：建设银行无锡城南支行（85938473229477）

法人代表：金山

要求：完成现金支票与转账支票的签发及账务处理。

【业务流程】

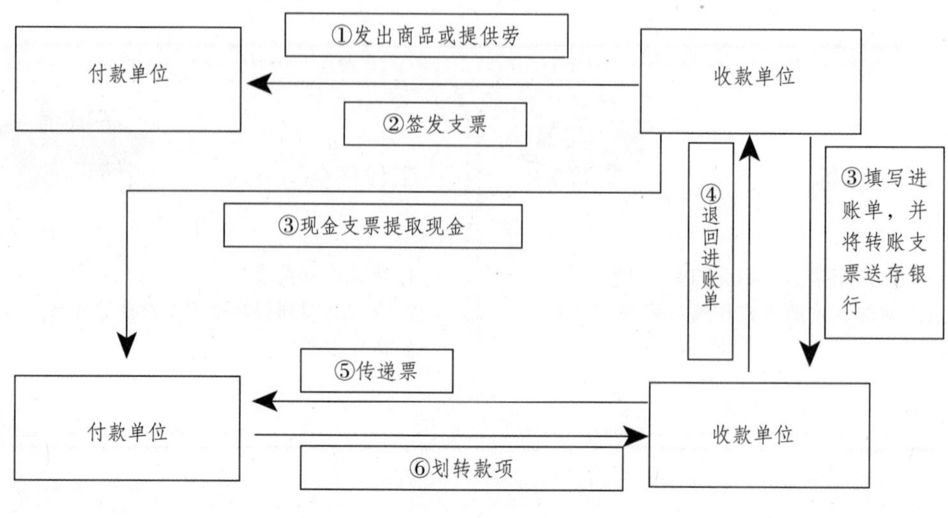

支票结算程序

【业务操作】

一、现金支票结算

1. 金星公司用现金支票提取现金时：企业签发现金支票并加盖银行预留印鉴（如图2—2所示）后，到开户银行提取现金。

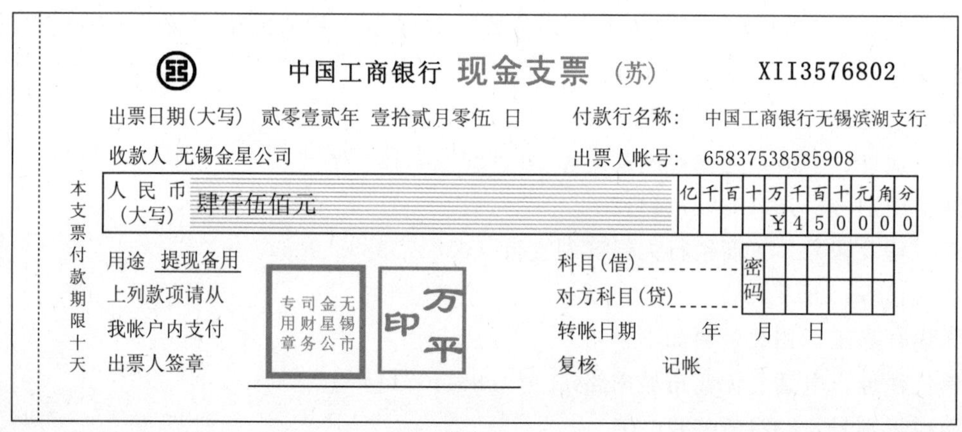
中国工商银行 现金支票（苏） XII3576802

出票日期(大写) 贰零壹贰年 壹拾贰月零伍 日 付款行名称：中国工商银行无锡滨湖支行

收款人 无锡金星公司 出票人帐号：65837538585908

本支票付款期限十天

人民币（大写）	亿	千	百	十	万	千	百	十	元	角	分
肆仟伍佰元					¥	4	5	0	0	0	0

用途 提现备用 科目(借)

上列款项请从 对方科目(贷)

我帐户内支付 转帐日期 年 月 日

出票人签章 复核 记帐

专用章 财务 金星 无锡 公司 市　万平 印

密码

图2—2

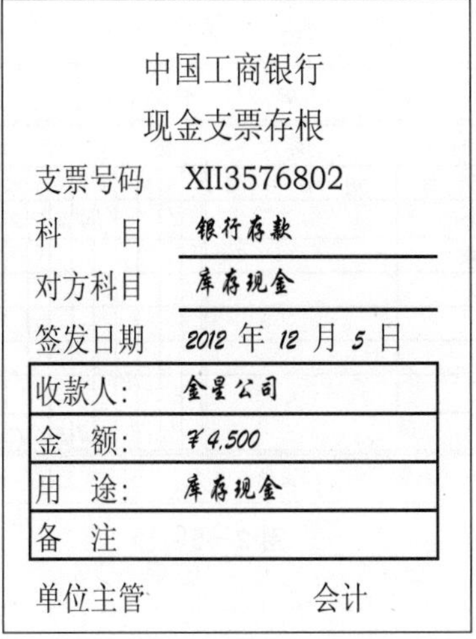

中国工商银行
现金支票存根

支票号码　XII3576802
科　　目　银行存款
对方科目　库存现金
签发日期　2012 年 12 月 5 日

收款人：	金星公司
金　额：	￥4,500
用　途：	库存现金
备　注	

单位主管　　　　会计

图 2－3

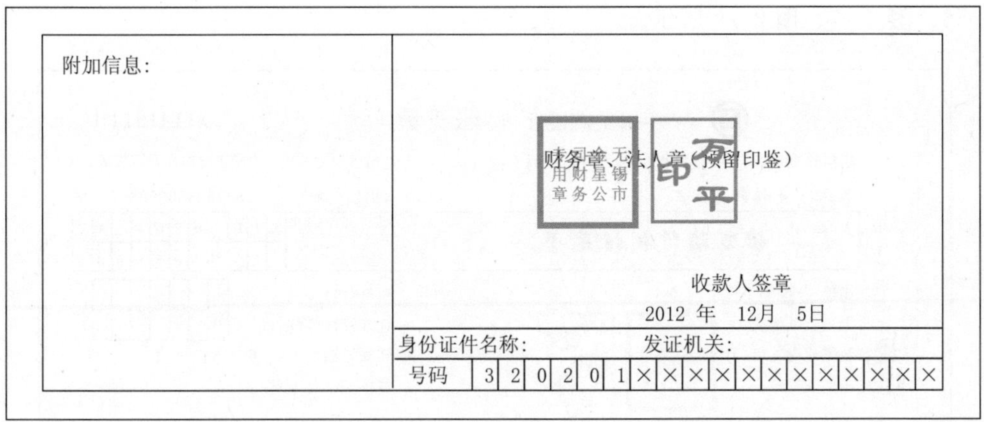

附加信息：

财务章、法人章（预留印鉴）

收款人签章
2012 年　12月　5日

身份证件名称：　　　　发证机关：

号码	3	2	0	2	0	1	×	×	×	×	×	×	×	×	×	×	×	×

图 2－4

2. 企业用现金支票向外单位或个人支付现金时：企业签发现金支票并加盖银行预留印鉴（如图 2－3、图 2－4 所示）和注明收款人后交收款人，收款人持现金支票到付款单位开户银行提取现金，并按照银行的要求交验有关证件。在这种结算程序下，具体内容为：

（1）付款人开出现金支票给收款人。

（2）收款人持现金支票向付款人开户银行提取现金。

3. 金星公司提现账务处理（如图 2－5 所示）。

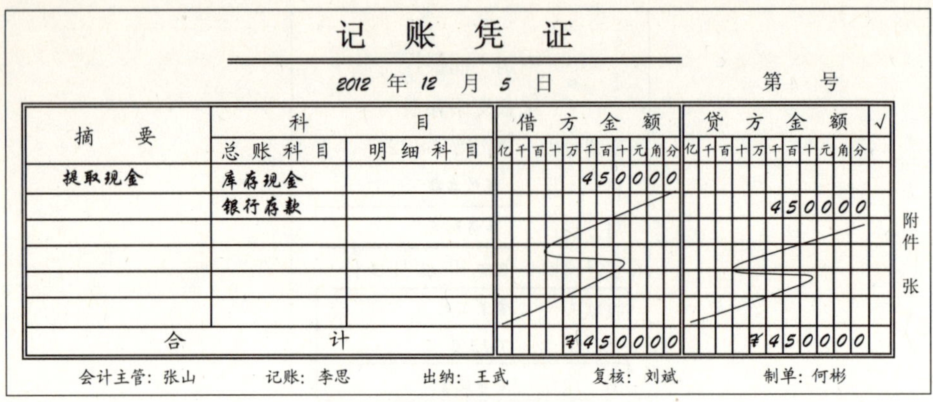

记 账 凭 证

2012 年 12 月 5 日　　　　第　号

摘要	总账科目	明细科目	借方金额	贷方金额	√
提取现金	库存现金		450000		
	银行存款			450000	
合计			¥450000	¥450000	

附件　张

会计主管：张山　记账：李思　出纳：王武　复核：刘斌　制单：何彬

图 2-5

二、转账支票结算

1. 金星公司在 2012 年 12 月 8 日向轩嘉工厂购买 A 材料 50 吨，每吨 800 元，交易双方都是一般纳税人。金星公司按应支付的款项签发转账支票给轩嘉工厂，相关原始凭证如图 2-6、图 2-7、图 2-8 所示。

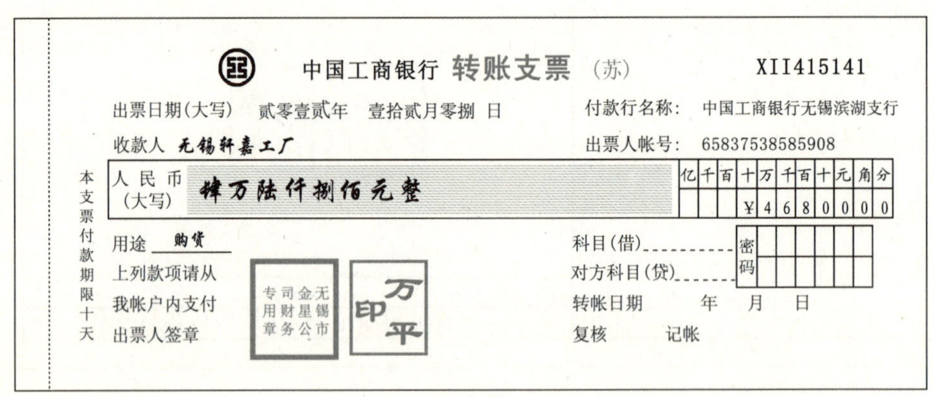

中国工商银行 转账支票（苏）　XII415141

出票日期(大写)　贰零壹贰年　壹拾贰月零捌 日　　付款行名称：中国工商银行无锡滨湖支行

收款人 无锡轩嘉工厂　　出票人帐号：65837538585908

本支票付款期限十天

人民币(大写)　肆万陆仟捌佰元整　　¥4680000

用途 购货　　科目(借)

上列款项请从　　对方科目(贷)

我帐户内支付　　转帐日期　年　月　日

出票人签章　无锡市金星公司财务专用章　万平印　　复核　记帐

图 2-6

中国工商银行

转账支票存根

支票号码　XII415141

科　目　银行存款

对方科目

签发日期　2012 年　12 月 8 日

收款人：轩嘉工厂
金　额：¥46,800.00
用　途：购货
备　注

单位主管　　会计：

图 2-7

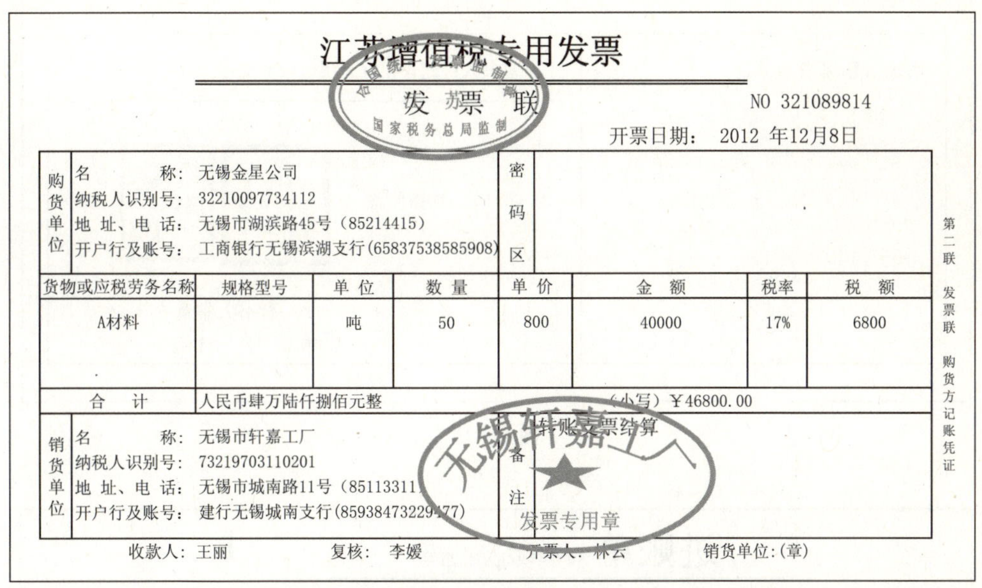

江苏增值税专用发票

发　票　联

NO 321089814

开票日期：2012 年12月8日

购货单位	名　称：无锡金星公司 纳税人识别号：32210097734112 地 址、电 话：无锡市湖滨路45号（85214415） 开户行及账号：工商银行无锡滨湖支行(65837538585908)			密码区			
货物或应税劳务名称	规格型号	单 位	数 量	单 价	金 额	税率	税 额
A材料		吨	50	800	40000	17%	6800
合　计	人民币肆万陆仟捌佰元整			（小写）￥46800.00			
销货单位	名　称：无锡市轩嘉工厂 纳税人识别号：73219703110201 地 址、电 话：无锡市城南路11号（85113311） 开户行及账号：建行无锡城南支行(85938473229477)			备注	转账支票结算		

收款人：王丽　　复核：李媛　　开票人：林云　　销货单位：(章)

第二联 发票联 购货方记账凭证

无锡轩嘉工厂 发票专用章

全国统一发票监制章 国家税务总局监制

图 2－8

付款方金星公司依据支票存根和增值税发票的发票联做账务处理（如图 2－9 所示）。

记　账　凭　证

2012 年 12 月 5 日　　　　第　　号

摘　要	总账科目	明细科目	借方金额	贷方金额	√
购买原材料	在途物资		4000000		
	应交税费	应交增值税（进项税额）	680000	4680000	
	银行存款				
合　计			￥4680000	￥4680000	

附件　张

会计主管：张山　　记账：李思　　出纳：王武　　复核：刘斌　　制单：何彬

图 2－9

2. 轩嘉工厂审查无误后，填制一式两联进账单连同支票（支票后注意背书）（如图 2－10 所示）一并送交本单位开户银行，经银行审查无误后，在进账单回单上加盖银行印章（如图 2－11 所示），退回收款人，作为收款人入账的凭据，进账单另一联和支票银行留存，作为划转款项和记账凭据。

收款方轩嘉工厂依据进账单和增值税发票的记账联做账务处理（如图 2－12 所示）。

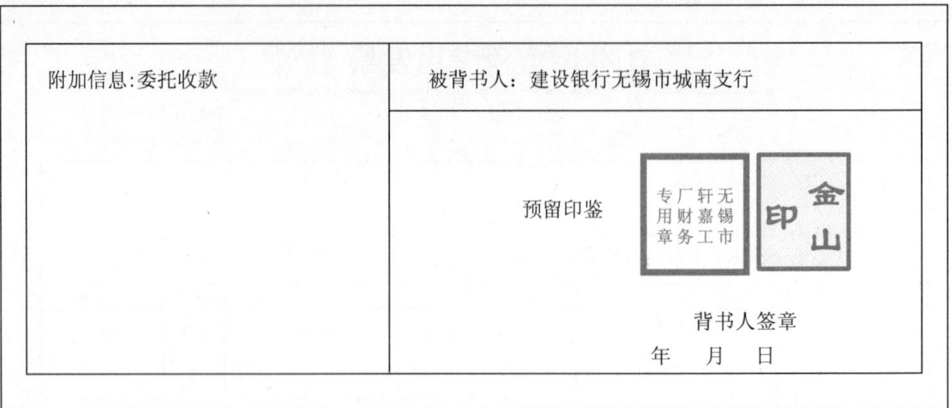

附加信息:委托收款	被背书人：建设银行无锡市城南支行
	预留印鉴 无锡市轩嘉工厂财务专用章 金山印 背书人签章 年 月 日

图 2－10

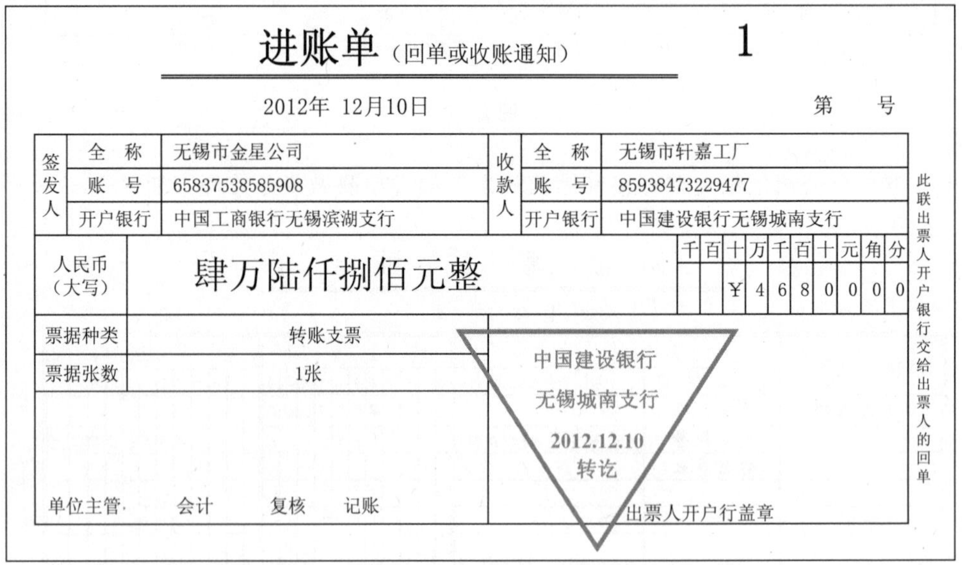

进账单（回单或收账通知） 1

2012年 12月10日　　　第　号

签发人	全　称	无锡市金星公司	收款人	全　称	无锡市轩嘉工厂
	账　号	65837538585908		账　号	85938473229477
	开户银行	中国工商银行无锡滨湖支行		开户银行	中国建设银行无锡城南支行
人民币（大写）	肆万陆仟捌佰元整			千百十万千百十元角分	¥4680000
票据种类	转账支票		中国建设银行无锡城南支行 2012.12.10 转讫		
票据张数	1张				
单位主管　会计　复核　记账			出票人开户行盖章		

此联出票人开户银行交给出票人的回单

图 2－11

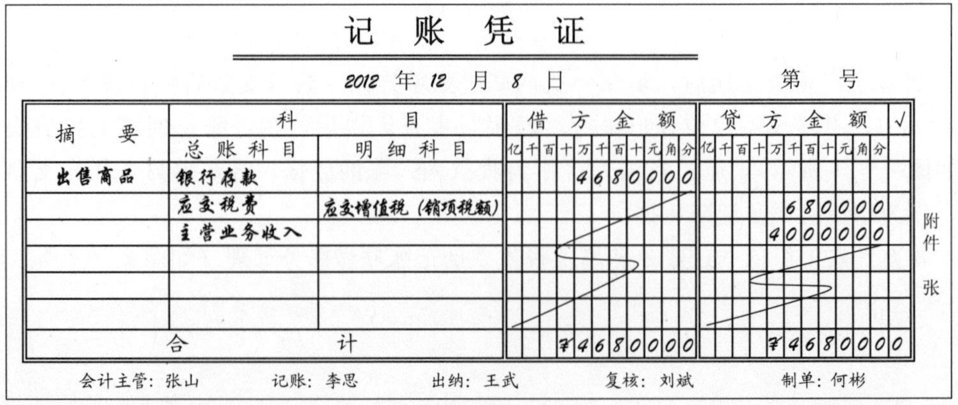

记　账　凭　证

2012 年 12 月 8 日　　　第　号

摘　要	总账科目	明细科目	借方金额	贷方金额	√
出售商品	银行存款		4680000		
	应交税费	应交增值税（销项税额）		680000	
	主营业务收入			4000000	
合　计			¥4680000	¥4680000	

附件　张

会计主管：张山　记账：李思　出纳：王武　复核：刘斌　制单：何彬

图 2－12

【业务指导】

1. 支票一律记名。

2. 支票金额起点为 100 元。

3. 支票付款期为 10 天（背书转让地区的转账支票付款期为 10 天。从签发的次日算起，到期日遇节假日顺延）。

4. 签发支票应使用墨汁或碳素墨水填写，金额按规定填写、被涂改冒领的，由签发人负责。支票大小写金额和收款人不得更改，其他内容如有更改，必须由签发人加盖银行预留印鉴之一证明。

5. 签发人必须在银行账户余额内按照规定向收款人签发支票。对签发空头支票或印章与预留印鉴不符的支票，银行除退票外并按票面金额处以 5%但不低于 1,000 元的罚款。对屡次签发的，银行根据情节给予警告、通报批评、直至停止其向收款人签发支票。

6. 收款人应当受理的转账支票连同填制的进账单送交开户银行，他行支票银行通过“票据交换”收妥后入账。收款人凭现金支票支取现金，须在支票背面背书，持票到签发人的开户银行支取现金，并按照银行的需要交验证件。

7. 支票的持票人应当自支票出票日起 10 日内提示付款，异地使用的支票，其提示付款的期限由中国人民银行另行规定。目前，我国支票主要在城市票据交换范围内使用和流通，故在同城范围内，支票的提示期间为 10 天。超过提示付款期限的，依照《票据法》的规定，付款人可以不予付款，但是付款人不予付款的，出票人仍应当对持票人承担票据责任。

8. 已签发的现金支票遗失，可以向银行申请挂失。挂失前已经支付，银行不予受理。已签发的转账支票遗失，银行不受理挂失，可请求收款人协助防范。

9. 存款人领用支票，必须填写“支票领用单并加签银行预留印签。账户结清时，必须将全部剩余空白支票交回银行注销。

【活动任务】

成达实业股份有限公司以下资料：

开户银行：中国工商银行无锡桃园支行

纳税识别号：44118523440123

账号：4563510100888122489

1. 2012 年 1 月 4 日，成达股份向天安实业购买 B 材料 50 吨，单价 300 元，双方都是一般纳税人，签发转账支票支付价款 17,550 元。

要求：完成增值税专用发票的填写、成达实业股份有限公司的转账支票签发及账务处理（如图 1－13 至图 2－18 所示）。

中国工商银行 转账支票 (苏) XII415142

本支票付款期限十天	
	出票日期(大写) 年 月 日　　付款行名称:
	收款人　　出票人帐号:
	人民币(大写) ｜ 亿 千 百 十 万 千 百 十 元 角 分
	用途 ______　　科目(借) --------　密码
	上列款项请从　　对方科目(贷) ------
	我帐户内支付　　转帐日期 年 月 日
	出票人签章　　复核 记帐

图 2－13

中国工商银行

转账支票存根

支票号码 XII415142

科 目

对方科目

签发日期 年 月 日

收款人:
金 额:
用 途:
备 注

单位主管 会计:

图 2－14

江苏增值税专用发票

发 票 联

全国统一发票监制章 江苏 国家税务总局监制

NO 431589881

开票日期: 年 月 日

购货单位	名 称: 纳税人识别号: 地 址、电 话: 开户行及账号:				密码区			
货物或应税劳务名称	规格型号	单 位	数 量		单 价	金 额	税率	税 额
合 计	人民币					(小写)		
销货单位	名 称: 纳税人识别号: 地 址、电 话: 开户行及账号:				备注			

第二联 发票联 购货方记账凭证

收款人: 王丽　　复核:　　开票人:　　销货单位:(章)

图 2－15

记 账 凭 证					
年 月 日				银字第__号	
摘 要	科 目		借 方 金 额	贷 方 金 额	√
	总账科目	明细科目	亿千百十万千百十元角分	亿千百十万千百十元角分	
合 计					

附件 张

会计主管: 记账: 出纳: 复核: 制单:

图 2－16

天安实业：

进账单（回单或收账通知） 1

年 月 日 第 号

签发人	全 称		收款人	全 称	
	账 号			账 号	
	开户银行			开户银行	
人民币（大写）					千百十万千百十元角分
票据种类					
票据张数					
单位主管 会计 复核 记账			出票人开户行盖章		

此联出票人开户银行交给出票人的回单

图 2－17

记 账 凭 证					
年 月 日				第 号	
摘 要	科 目		借 方 金 额	贷 方 金 额	√
	总账科目	明细科目	亿千百十万千百十元角分	亿千百十万千百十元角分	
合 计					

附件 张

会计主管: 记账: 出纳: 复核: 制单:

图 2－18

【知识拓展】

1. 支票的背书转让

背书人应当在票据背面的背书栏依次背书。使用统一格式的粘单，粘附于票据凭证上规定的粘接处。粘单上的第一记载人，应当在票据和粘单的粘接处签章。

2. 支票退票处理

银行对于其收到的不符合有关规定的支票，将按规定给予退票。银行将出具“退票理由书”与支票和进账单一并退给签发人或收款人。如银行退票是由于签发人签发空头支票或者签发不符合规范的支票（如缺乏印鉴、密码、账号、密码错误，印鉴不符，账号账户不符)，银行将按规定对签发人给予处罚。

【业务训练】

请根据天安实业有限公司以下资料：

开户银行：中国工商银行无锡新北支行

账号：3563530300888311569

1.2012 年 2 月 20 日，天安实业有限公司业务部王明报销差旅费 1,985.00 元，签发现金支票提取现金支付。

要求：完成天安实业有限公司的现金支票签发及账务处理（如图 2—19 至图 2—22 所示)。

中国工商银行 现金支票 (苏)　　XII3576802

本支票付款期限十天

出票日期(大写)　　年　　月　　日　　付款行名称:

收款人　　出票人帐号:

人民币（大写）	亿	千	百	十	万	千	百	十	元	角	分

用途　　科目(借)　　密码

上列款项请从　　对方科目(贷)

我帐户内支付　　转帐日期　　年　　月　　日

出票人签章　　复核　　记帐

图 2—19

中国工商银行
现金支票存根

支票号码　XII3576802
科　　目 ________
对方科目 ________
签发日期　　年　月　日

收款人:
金　额:
用　途:
备　注

单位主管　　　　会计

图 2－20

差旅费报销单

年 月 日　　　　单据张数 8 张

姓名: 王明　　　部门: 业务部　　出差事由　深圳出差

出发日期		到达日期		起止地点	车船或飞机费	火车费	市内车费	住宿费	公出补助			其他	合计
月	日	月	日						标准	天数	金额		
12	6	12	6	无锡－深圳		278.00	55.00	320.00	50.00	4	200.00		853.00
12	10	12	10	深圳－无锡	1132.00								1132.00
													￥1985.00
合计人民币(大写)													
备注:													

审核: 沈春　　　部门主管: 王飞　　　财务主管: 林芳

图 2－21

记 账 凭 证

年　　月　　日　　　　第__号

摘　要	科目		借方金额											贷方金额											√
	总账科目	明细科目	亿	千	百	十	万	千	百	十	元	角	分	亿	千	百	十	万	千	百	十	元	角	分	
合　　计																									

附件　张

会计主管:　　记账:　　出纳:　　复核:　　制单:

图 2－22

2.2012 年 1 月 13 日，天安实业有限公司支付无锡电信局 2011 年 12 月份电话费 1,058.65 元，填制转账凭证。

要求：完成天安实业有限公司的转账支票签发及账务处理（如图 2—23 至图 2—25 所示）。

中国工商银行 转账支票 （苏） XII415143

本支票付款期限十天

出票日期(大写) 年 月 日 付款行名称:

收款人 出票人帐号:

人民币（大写）	亿	千	百	十	万	千	百	十	元	角	分

用途______ 科目(借)__________

上列款项请从 对方科目(贷)__________

我帐户内支付 转帐日期 年 月 日

出票人签章 复核 记帐

密码

图 2—23

中国工商银行

转账支票存根

支票号码 XII415143

科 目 ______

对方科目 ______

签发日期 年 月 日

收款人:
金 额:
用 途:
备 注:

单位主管 会计:

图 2—24

记 账 凭 证

年 月 日 第__号

摘 要	科目 总账科目	科目 明细科目	借方金额 亿	千	百	十	万	千	百	十	元	角	分	贷方金额 亿	千	百	十	万	千	百	十	元	角	分	√
合 计																									

附件 张

会计主管: 记账: 出纳: 复核: 制单:

图 2—25

模块三　银行本票结算

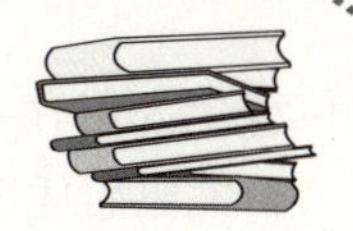

学习目标

1. 熟知银行本票业务制度和业务规程
2. 熟知银行本票的格式和审核要点

工作任务

1. 熟练签发银行本票
2. 持银行本票进行结算

【知识导入】

本票是出票人签发的、承诺自己在见票时无条件支付确定金额给收款人或持票人的票据。本票按其出票人身份为标准，可以分为银行本票和商业本票。银行或其他金融机构，为出票人签发的，为银行本票。银行或其他金融机构以外的法人或自然人为出票人签发的，为商业本票。

【范例任务】

金星公司 2012 年 1 月 10 日向轩嘉工厂 A 购买材料，采用银行本票方式结算，材料价款 30,000 元，增值税 5,100 元，金星公司会计人员将款项 35,100 元交存银行，由银行签发一张银行本票办理结算。

要求：完成金星公司的银行本票签发及账务处理。

【业务流程】

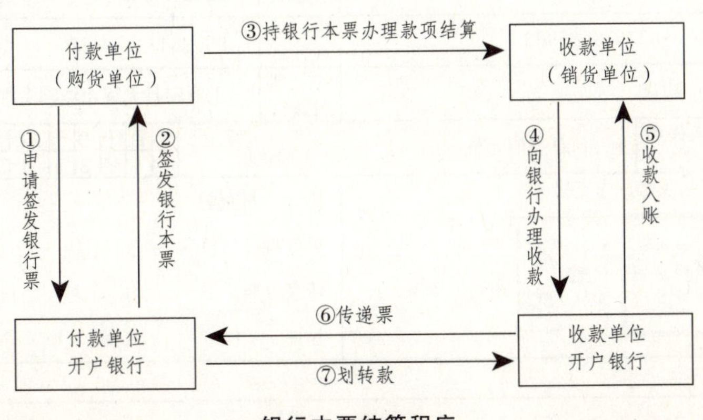

银行本票结算程序

【业务操作】

1. 金星公司申请办理银行本票。

申请人办理银行本票，应向银行填写一式三联“银行本票申请书”，其格式由人民银行各分行确定的印制，详细填明收款人名称、申请人名称、支付金额、申请日期等事项并签章。申请人和收款人均为个人需要支取现金的，应在“支付现金栏”先填明“现金”字样，再填写支付金额。

银行本票申请书一式三联，第一联由签发单位或个人留存，第二联由签发行办理本票的付款凭证，第三联由签发行办理本票的收款凭证（相关原始凭证见图2—26、图2—27）。

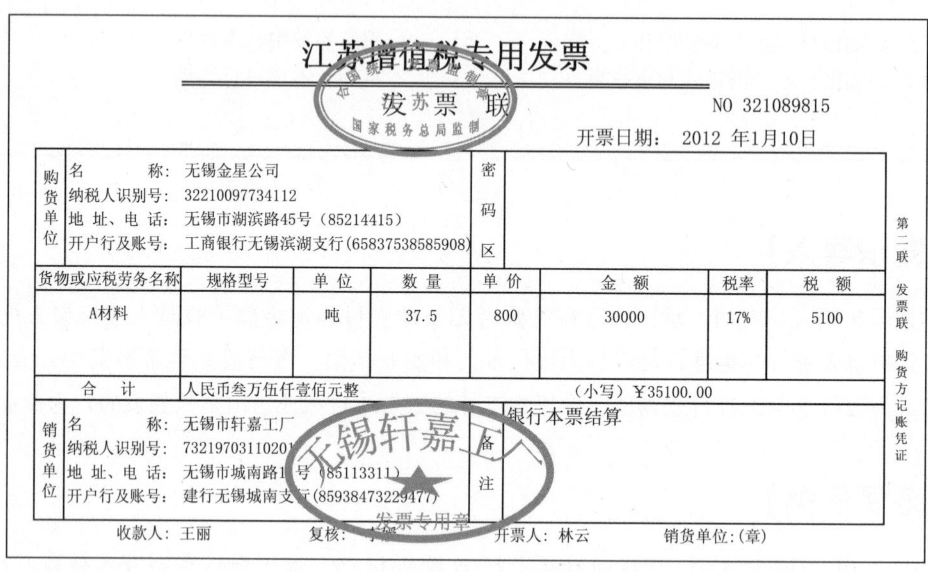

江苏增值税专用发票

发票联

NO 321089815

开票日期： 2012 年1月10日

购货单位	名称：无锡金星公司 纳税人识别号：32210097734112 地址、电话：无锡市湖滨路45号（85214415） 开户行及账号：工商银行无锡滨湖支行(65837538585908)	密码区					
货物或应税劳务名称	规格型号	单位	数量	单价	金额	税率	税额
A材料		吨	37.5	800	30000	17%	5100
合计	人民币叁万伍仟壹佰元整				（小写）￥35100.00		
销货单位	名称：无锡市轩嘉工厂 纳税人识别号：7321970311020 地址、电话：无锡市城南路1号（85113311） 开户行及账号：建行无锡城南支行(85938473229477)	备注	银行本票结算				

收款人：王丽　复核：　开票人：林云　销货单位:(章)

第二联 发票联 购货方记账凭证

图 2－26

工商银行　银行本票申请书（第二联）

申请日期　2012年 1 月 10日　第　号

申请人	无锡市金星有限公司	收款人	无锡市轩嘉工厂
账号或住址	65837538585908	账号或住址	85938473229477
用途	购货	代理付款行	工商银行无锡市滨湖支行
汇票金额	人民币（大写）叁万伍仟壹佰元整	千百十万千百十元角分	￥3 5 1 0 0 0 0
上列款项请从我账户内支付 无锡金星公司财务专用章　万平印 申请人盖章		科目(借) 对方科目(贷) 转账日期　年　月　日 复核　记账	

此联为银行借方凭证

图 2－27

2. 银行本票的签发。

银行受理银行本票申请书，在办好转账或收妥现金后，签发银行本票。申请人和收款人均为个人需要支取现金的，在银行本票上划去“转账”字样，加盖印章，不定额银行本票用压数机压印金额，将银行本票交给申请人（相关原始凭证见图 2—28）。

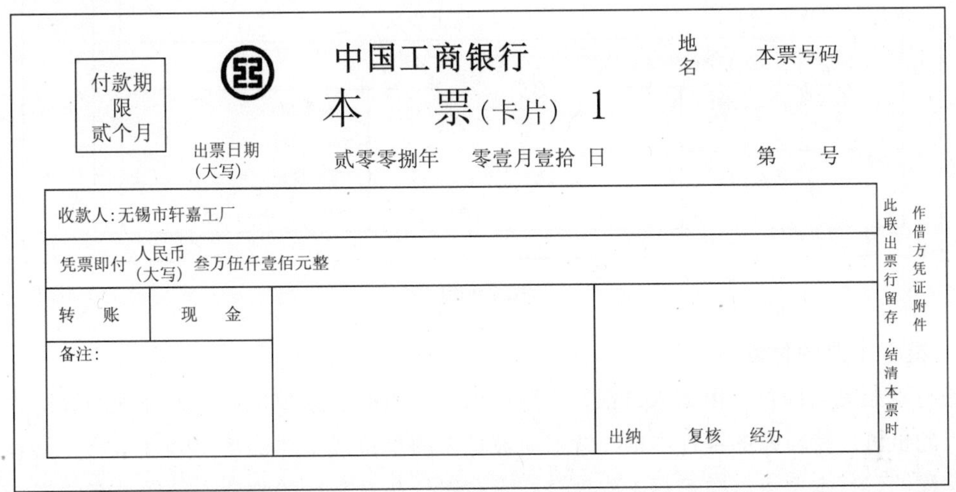
付款期限 贰个月

中国工商银行

本　票（卡片） 1

地名　　本票号码

出票日期（大写）　贰零零捌年　零壹月壹拾 日　　第　号

收款人：无锡市轩嘉工厂

凭票即付　人民币（大写）　叁万伍仟壹佰元整

转　账　　现　金

备注：

出纳　复核　经办

此联出票行留存，结清本票时作借方凭证附件

图 2－28

金星公司依据银行本票申请书做账务处理（如图 2—29 所示）。

记　账　凭　证

2012 年 1 月 10 日　　　　第　号

摘　要	总账科目	明细科目	借方金额	贷方金额	√
申请银行本票	其他货币资金	银行本票存款	3510000		
	银行存款			3510000	
合　计			￥3510000	￥3510000	

附件　张

会计主管：张山　记账：李思　出纳：王武　复核：刘斌　制单：何彬

图 2－29

3. 收款人接受银行本票后，要审查的内容（如图 2—30 所示）。

收款人或被背书人是否确为本单位或本人；银行本票是否在付款期限内；必须记载的事项是否齐全，签发的内容是否符合规定，有无涂改，印章是否清晰、有效；出票人签章是否符合规定，不定额银行本票是否有压数机压印的出票金额，并与大写出票金额一致；出票金额、出票日期、收款人名称是否更改，更改的其他记载事项是否由原记载人签章证明；持票人身份查验，摘录身份证号码。

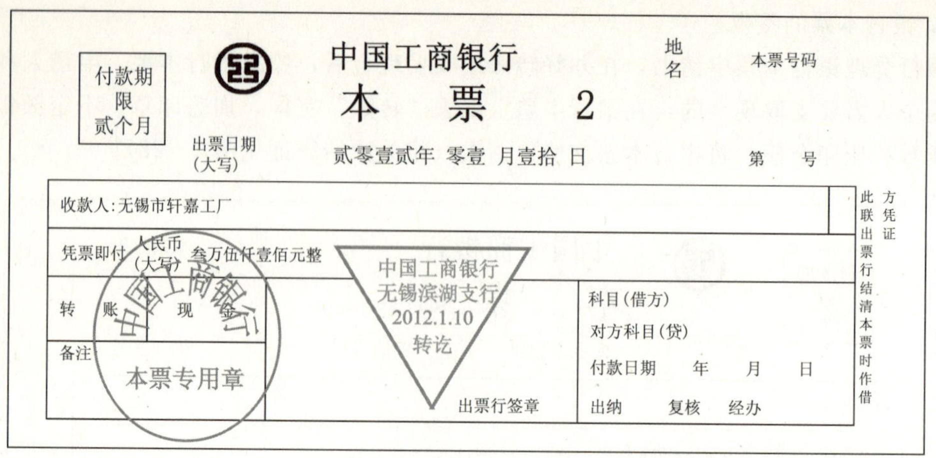

付款期限贰个月

中国工商银行

本　票　2

地名　　本票号码

出票日期（大写）　贰零壹贰年　零壹　月壹拾　日　　第　号

收款人：无锡市轩嘉工厂

凭票即付　人民币（大写）　叁万伍仟壹佰元整

转账　　现金

备注

中国工商银行 本票专用章

中国工商银行 无锡滨湖支行 2012.1.10 转讫

出票行签章

科目（借方）

对方科目（贷）

付款日期　年　月　日

出纳　复核　经办

此联出票行结清本票时作借方凭证

图 2－30

4. 银行本票的付款。

银行本票见票即付。申请人持银行本票可以向填明的收款单位或个人办理结算。收款人为个人的也可以持转账的银行本票经背书向被背书的单位或个体经济户办理结算。具有“现金”字样的银行本票可以向银行支取现金。未在银行开立账户的收款人，凭具有“现金”字样的银行本票向银行支取现金，应在银行本票背面签字或盖章，并向银行交验有关证件。

兑付银行在接到收款人或被背书人交来的本票和两联进账单时，应审查本票是否真实，本票上的收款人或被背书人名称是否为该收款人，背书是否连续，内容是否符合规定，是否在付款期内，印章是否齐全，金额是否为压数机压印，大小写金额是否一致，进账单与本票是否相符等，确认无误后，办理兑付手续。如是转账支取的，应在第一联进账单上加盖转讫章作收款通知交给收款人或被背书人，第二联进账单作收入传票。如是现金支取的，由收款人填制一联支款凭条，经审查本票上填明收款人姓名和具有“现金”字样，并查验收款人的身份证后，办理现金支付手续。

付款方金星公司依据增值税发票的发票联做账务处理（如图 2－31 所示）。

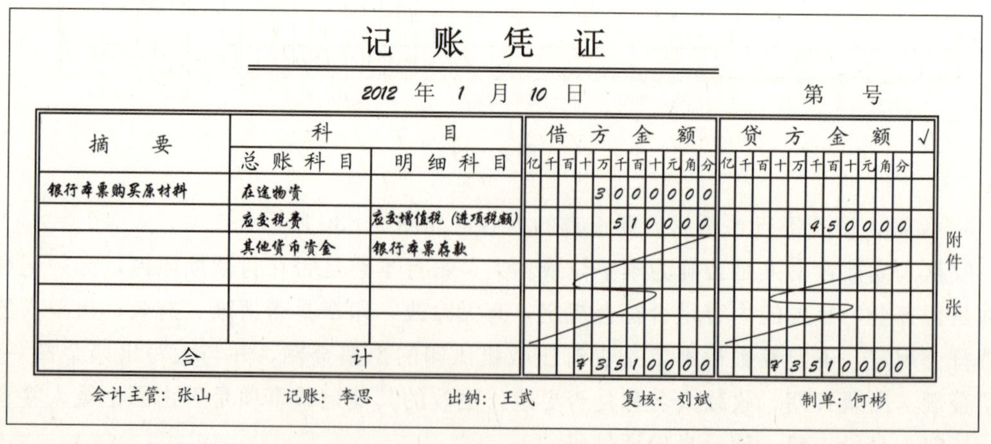

记　账　凭　证

2012 年 1 月 10 日　　　　第　号

摘要	总账科目	明细科目	借方金额	贷方金额	√
银行本票购买原材料	在途物资		3000000		
	应交税费	应交增值税（进项税额）	510000	450000	
	其他货币资金	银行本票存款			
合计			¥3510000	¥3510000	

附件　张

会计主管：张山　记账：李思　出纳：王武　复核：刘斌　制单：何彬

图 2－31

收款方轩嘉工厂依据进账单和增值税发票的记账联做账务处理（见图2—32至图2—34）。

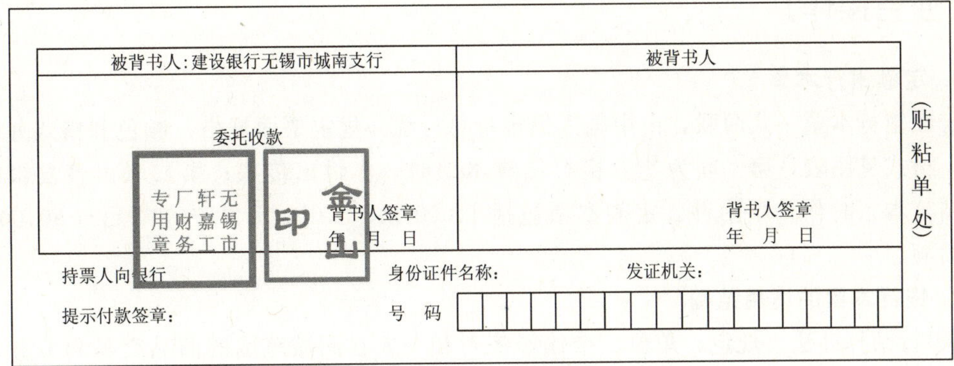

被背书人：建设银行无锡市城南支行	被背书人
委托收款 轩嘉工厂财务专用章　金山印 背书人签章 年　月　日	背书人签章 年　月　日

（贴粘单处）

持票人向银行　　身份证件名称：　　发证机关：

提示付款签章：　　号　码

图2—32

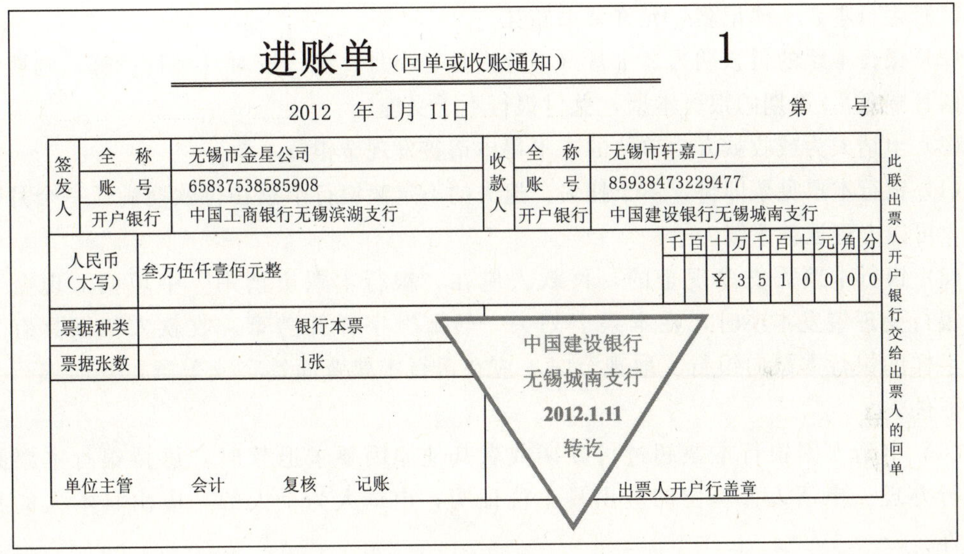

进账单（回单或收账通知）　1

2012　年　1月　11日　　　　第　号

签发人	全　称	无锡市金星公司	收款人	全　称	无锡市轩嘉工厂
	账　号	65837538585908		账　号	85938473229477
	开户银行	中国工商银行无锡滨湖支行		开户银行	中国建设银行无锡城南支行
人民币（大写）	叁万伍仟壹佰元整			千百十万千百十元角分	￥3510000
票据种类	银行本票				
票据张数	1张				
单位主管　会计　复核　记账			中国建设银行无锡城南支行 2012.1.11 转讫 出票人开户行盖章		

此联出票人开户银行交给出票人的回单

图2—33

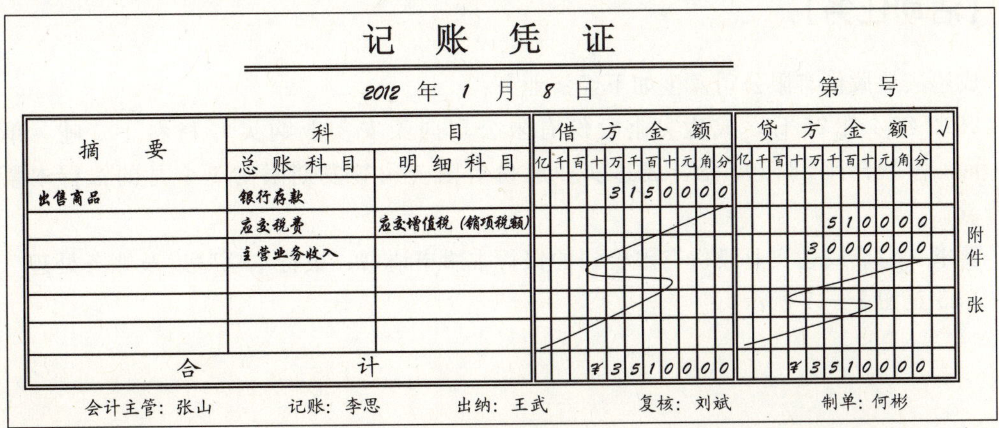

记　账　凭　证

2012 年 1 月 8 日　　　　第　号

摘　要	总账科目	明细科目	借方金额	贷方金额	√
出售商品	银行存款		3150000		
	应交税费	应交增值税（销项税额）		510000	
	主营业务收入			3000000	
合　计			￥3510000	￥3510000	

附件　张

会计主管：张山　　记账：李思　　出纳：王武　　复核：刘斌　　制单：何彬

图2—34

【业务操作】

1. 定额银行本票

定额银行本票一式两联，由中国人民银行总行统一规定票面规格、颜色和格式并统一印刷，格式见图表，第一联为签发银行结算本票时，作付出传票；第二联由签发银行留存，结算本票时作传票附件。定额本票包括1,000元、5,000元、10,000元与50,000元四种面额。

2. 银行本票的适用范围

《银行结算办法》规定，单位、个体经济者和个人在同城范围的商品交易和劳务供应以及其他款项的结算均可以使用银行本票。

3. 银行本票结算的基本规定

（1）银行本票一律记名，允许背书转让。

（2）银行本票的付款期为2个月（不分大月、小月，统一按对月对日计算；到期日遇到节假日顺延）。逾期的银行本票，兑付银行不予受理。

（3）申请人为或收款人为单位的，不得申请签发现金银行本票。

（4）银行本票见票即付，不予挂失。遗失的不定额银行本票在付款期满后一个月确未冒领，可以办理退款手续。

（5）银行本票需支取现金的，付款人应在“银行本票申请书”中填明“现金”字样，银行受理签发本票时，在本票上划去“转账”字样并盖章。收款人依据具有“现金”字样的银行本票向银行支取现金时，应在银行本票背面签字或盖章，并向银行交验有关证件。

（6）申请人因银行本票超过付款期或者其他原因要求退款时，可持银行本票到签发银行办理。申请人为单位的应出具单位证明；申请人为个人的，应出具本人的身份证证件。

【活动任务】

成达实业股份有限公司发生如下经济业务：

2012年4月25日，成达实业股份有限公司向天安实业购买C材料100吨，单价500元，价款合计58,500元，成达实业股份有限公司签发期限为1个月的银行本票结算货款。

要求：完成成达实业股份有限公司的银行本票申请书、银行本票签发及账务处理（如图2—35至图2—37所示）。

工商银行　银行本票申请书（第二联）

申请日期　　年　月　日　　　　第　　号

申请人		收款人	
账　号 或住址		账　号 或住址	
用　途		代　理 付款行	
汇票金额	人民币 （大写）		千 百 十 万 千 百 十 元 角 分
上列款项请从我账户内支付 申请人盖章		科　　目（借） 对方科目（贷） 转账日期　　年　月　日 复核　　　记账	

此联为银行借方凭证

图 2－35

天安实业：

进账单（回单或收账通知）　　**1**

年　月　日　　　　第　　号

签发人	全　称		收款人	全　称	
	账　号			账　号	
	开户银行			开户银行	
人民币 （大写）					千 百 十 万 千 百 十 元 角 分
票据种类					
票据张数					
单位主管　会计　复核　记账			出票人开户行盖章		

此联出票人开户银行交给出票人的回单

图 2－36

记　账　凭　证

年　月　日　　　　第__号

摘　要	科　目		借方金额	贷方金额	√
	总账科目	明细科目	亿 千 百 十 万 千 百 十 元 角 分	亿 千 百 十 万 千 百 十 元 角 分	
合　计					

会计主管：　记账：　出纳：　复核：　制单：

图 2－37

【知识拓展】

1. 银行本票的退票

银行本票结算方式是指申请人将款项交存银行，由银行签发银行本票给申请人，申请人凭票办理转账结算或支取现金，银行承诺自己在见票时无条件支付确定金额给付款人或者持票人的结算方式。银行本票是应客户请求而签发，以代替现金流通，节约现金使用，缓冲货币投放压力。单位和个人在同一票据交换区域需要支付各种款项均可以使用银行本票。

银行本票的出票人是经中国人民银行当地分支机构批准办理本票业务的银行机构。因此银行本票是以银行信用为基础的，属于银行票据，在这一点上不同于商业汇票和支票，具有较高的信誉，企事业单位和个人都较乐意接受。

2. 银行本票的转让

银行本票一律记名，允许背书转让，其转让同汇票转让一样，须记名背书并交付票据。记名背书，应记载在本票的背面或粘单上，由背书人签章、记明被背书人名称和背书日期。如背书未记明日期的，视为在本票到期日之前，粘单上的第一记载人应在本票和粘单的粘接处盖章。

本票的背书转让，必须为票据的全额，对本票金额的一部分所作的背书或者将本票金额分别转让给两人以上的背书无效。背书必须连续，即银行本票上的任意一个被背书人就是紧随其后的背书人，并连续不断。背书不得附有条件，如附有条件的，其条件视为没有记载。

如本票的签发人在其正面记明“不准转让”字样的，该本票不得转让。背书人亦可记明“不准转让”字样，以禁止再转让，如其后手再背书并将本票转让他人，原背书人对其后的被背书人不负保证付款的责任。已经拒绝付款的本票和已逾付款期的本票，不得再背书转让。

【业务训练】

天安实业有限公司发生如下经济业务：

2012 年 10 月 25 日，天安实业有限公司向北京思文电器城购买中央空调价值 117000 元，天安实业有限公司签发期限为壹个月的银行本票结算货款。

要求：完成天安实业有限公司的银行本票申请及账务处理（如图 2－38、图 2－39 所示）。

工商银行 银行本票申请书（第二联）

申请日期 年 月 日 第 号

申请人		收款人	
账 号 或住址		账 号 或住址	
用 途		代 理 付款行	
汇票金额	人民币 （大写）	千 百 十 万 千 百 十 元 角 分	
上列款项请从我账户内支付 申请人盖章		科 目（借） 对方科目（贷） 转账日期 年 月 日 复核 记账	

此联为银行借方凭证

图 2－38

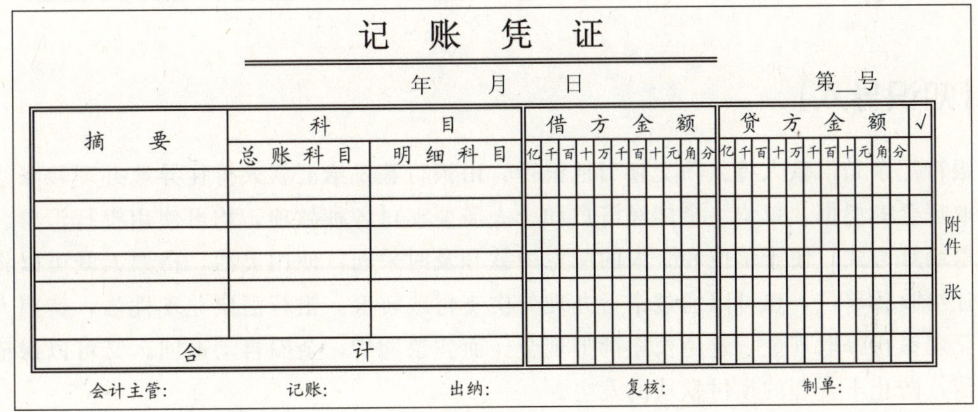

记 账 凭 证

年 月 日 第__号

摘 要	科目		借方金额											贷方金额											√
	总账科目	明细科目	亿	千	百	十	万	千	百	十	元	角	分	亿	千	百	十	万	千	百	十	元	角	分	
合 计																									

附件 张

会计主管: 记账: 出纳: 复核: 制单:

图 2－39

模块四　银行汇票结算

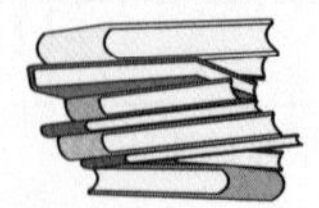

学习目标

1. 熟知银行汇票业务制度和业务规程
2. 熟知银行汇票的格式和审核要点

工作任务

1. 熟练办理银行汇票签发业务
2. 持银行汇票办理结算业务
3. 银行汇票的背书转让及退票

【知识导入】

银行汇票是汇款人将款项交存当地银行，由银行签发给汇款人持往异地办理转账结算或支取现金的票据。单位、个体经济户和个人需要支付各种款项，均可使用银行汇票。银行汇票结算方式，便于单位和个人的应急用款和及时采购，使用灵活，持票人既可以将汇票转让给收款单位，也可以通过银行办理分次支付或转汇。银行汇票兑现性强，持票人可以到兑现银行提取现金，避免长途携带现金。而凭票购货，余额自动退回，又可以保证钱货两清，防止不合理的预付款项的发生。

【范例任务】

金星公司 2012 年 1 月 8 日向上海市轩嘉工厂购买 A 材料，采用银行汇票结算方式，金星公司将款项 20,000 元交给银行，银行签发一张票面金额为 20,000 元的银行汇票，双方实际结算金额为 11,700 元，数量 12.5 吨，单价 800 元。多余款项自动退回公司银行账户。

要求：完成金星公司的银行申请书、银行汇票签发、结算及账务处理。

【业务流程】

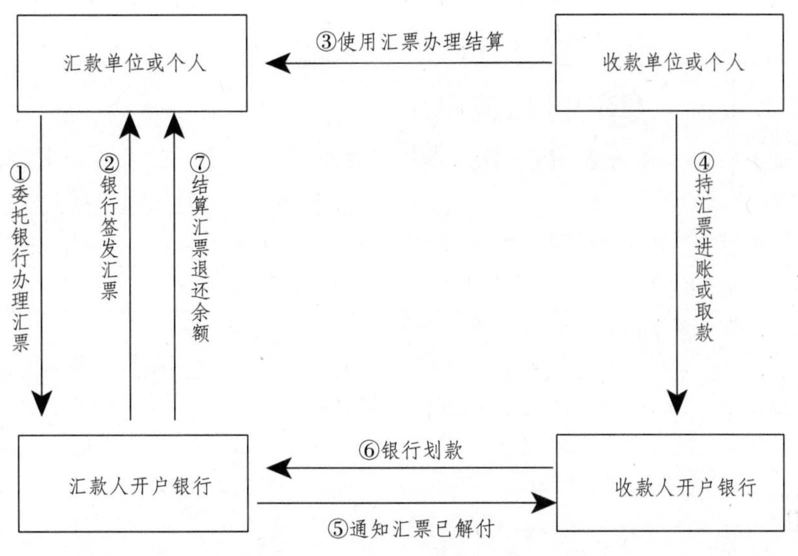

银行汇票结算程序

【业务操作】

1. 金星公司申办银行汇票（如图 2－40 所示）。汇款人办理银行汇票时，应先填写一式三联的“银行汇票申请书”，送银行申请办理签发汇票。第一联为存根联，有申请人留用，第二联为借方凭证，第三联为贷方凭证，第二、三联交银行（若申请人在签发银行开立账户的应在申请书第二联上加盖预留银行印鉴；若缴现办理的，则注销第二联）。

工商银行　银行汇票申请书（第二联）

申请日期　2012 年 1 月 8 日　　　　第　　号

申请人	无锡市金星公司	收款人	上海市轩嘉工厂
账　号或住址	65837538585908	账　号或住址	85938473229477
用　途	购货	代　理付款行	工商银行上海市滨湖支行
汇票金额	人民币（大写）贰万元整	千百十万千百十元角分	¥2000000
上列款项请从我账户内支付 专用章 无锡市金星公司财务（印）　印 万平 申请人盖章		科　目(借) 对方科目(贷) 转账日期　年　月　日 复核　记账	

此联为银行借方凭证

图 2－40

2. 银行汇票（如图 2－41 所示）。银行受理“银行汇票申请书”后，收妥款项，签发一式四联的银行汇票，将第二联汇票和第三联解讫通知等交给汇款人。申请人或收款人为单位的，不得在“银行汇票申请书”上填明“现金”字样。

付款期限
壹 个 月

中国工商银行
银行汇票（卡片） 1

汇票号码
第 号

出票日期（大写） 贰零壹贰年 零 壹 月 零捌 日　代理付款行：　行号

收款人：上海市轩嘉工厂　账号:85938473229477

出票金额 人民币（大写） 贰万元整

实际结算金额	人民币（大写）	千	百	十	万	千	百	十	元	角	分
				¥	2	0	0	0	0	0	0

申 请 人：无锡市金星有限公司　账号或住址：65837538585908

出 票 行：工商银行滨湖支行

备　注：

复核　经办

科目（借）
对方科目（贷）
销账日期　年　月　日
复核　记账

此联出票行结清汇票时作汇出汇款借方凭证

图 2－41

金星公司依据银行汇票申请书做账务处理（如图 2－42 所示）。

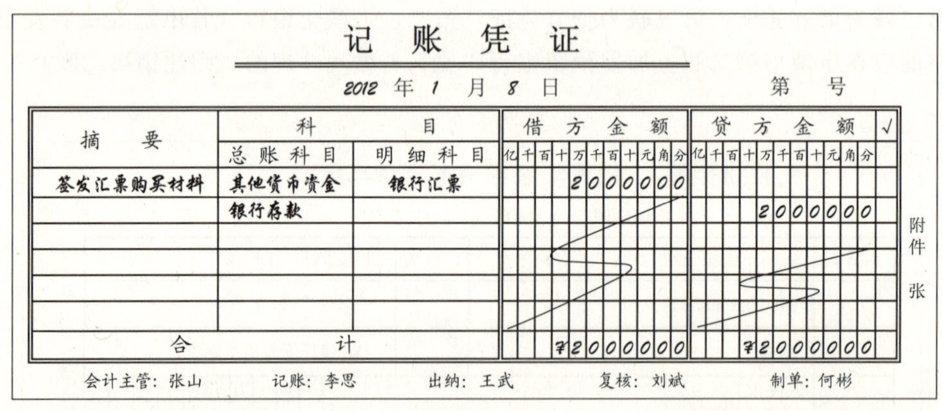

记 账 凭 证

2012 年 1 月 8 日　第 号

摘要	总账科目	明细科目	借方金额	贷方金额	√
签发汇票购买材料	其他货币资金	银行汇票	2000000		
	银行存款			2000000	
合计			¥2000000	¥2000000	

附件 张

会计主管：张山　记账：李思　出纳：王武　复核：刘斌　制单：何彬

图 2－42

3. 持票结算。汇款人在汇款金额内，根据实际需要的款项办理汇票结算，并将实际结算金额和多余金额准确、清晰地填入银行汇票和解汇通知的有关栏内，交给收款人（如图 2－43 至图 2－45 所示）。

上海增值税专用发票

发 票 联

NO 457128610

开票日期：2012 年1月8日

		密码区
购货单位	名　　称：无锡金星公司 纳税人识别号：32210097734112 地 址、电 话：无锡市湖滨路45号（85214415） 开户行及账号：工商银行无锡滨湖支行(65837538585908)	

货物或应税劳务名称	规格型号	单位	数量	单价	金额	税率	税额
A材料		吨	12.5	800	10000	17%	1700
合　计	人民币 壹万壹仟柒佰元整				（小写）￥11700.00		

		备注
销货单位	名　　称：上海市轩嘉工厂 纳税人识别号：73219703110201 地 址、电 话：上海市城南路11号（85113311） 开户行及账号：建行上海城南支行(85938473229477)	银行汇票结算

收款人：王丽　　复核：李媛　　开票人：林云　　销货单位：(章)

（印章：全国统一发票监制章 上海 国家税务总局监制；上海市轩嘉工厂 发票专用章）

图 2－43

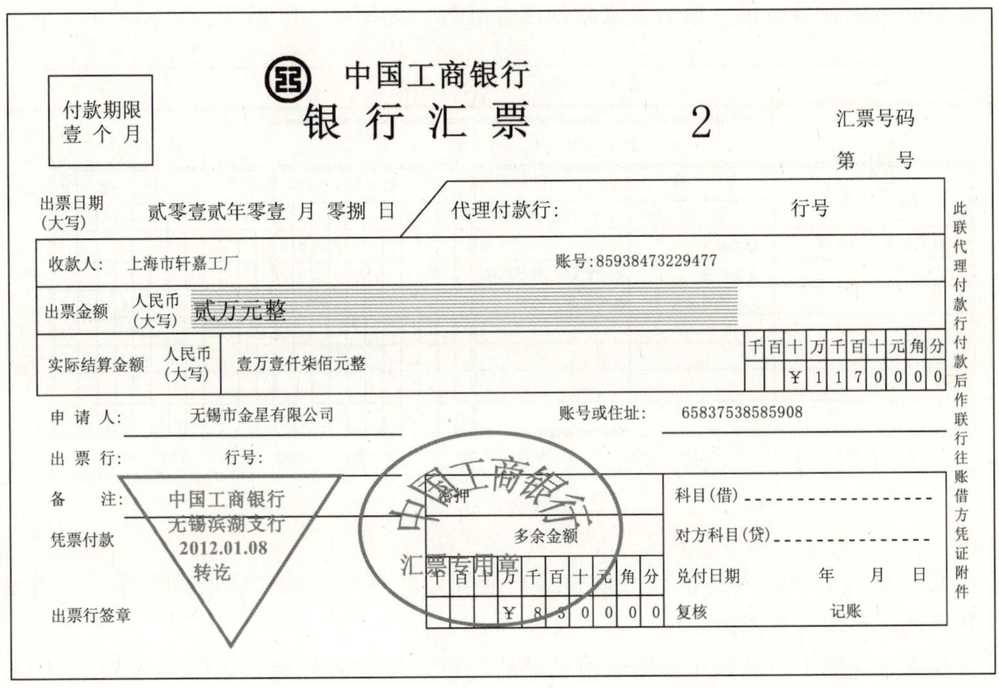
中国工商银行

银行汇票　2

付款期限 壹个月

汇票号码

第　　号

出票日期（大写）：贰零壹贰年零壹 月 零捌 日　　代理付款行：　　行号：

收款人：上海市轩嘉工厂　　账号:85938473229477

出票金额 人民币（大写）：贰万元整

实际结算金额 人民币（大写）：壹万壹仟柒佰元整

千	百	十	万	千	百	十	元	角	分
		￥	1	1	7	0	0	0	0

申 请 人：无锡市金星有限公司　　账号或住址：65837538585908

出 票 行：　　行号：

备　注：

凭票付款

出票行签章

（印章：中国工商银行 无锡滨湖支行 2012.01.08 转讫）

密押

多余金额

千	百	十	万	千	百	十	元	角	分
		￥	8	3	0	0	0	0	0

（印章：中国工商银行 汇票专用章）

科目（借）

对方科目（贷）

兑付日期　　年　月　日

复核　　记账

此联代理付款行付款后作联行往账借方凭证附件

图 2－44

中国工商银行

银行汇票（解讫通知） 3

付款期限 壹个月

汇票号码

第　号

出票日期（大写）	贰零壹贰年零壹月零捌　日	代理付款行：	行号
收款人：	上海市轩嘉工厂	账号：85938473229477	
出票金额	人民币（大写）贰万元整		
实际结算金额	人民币（大写）壹万壹仟柒佰元整	千百十万千百十元角分	¥1170000
申请人：	无锡市金星有限公司	账号或住址：	65837538585908
出票行：	行号：		
备注：		密押	科目（借）
代理付款行盖章		多余金额 千百十万千百十元角分 830000	对方科目（贷）
			转账日期　年　月　日
复核　经办			复核　记账

此联代理付款行兑付后随报单寄出票行，由出票行作多余额贷方凭证

图 2－45

金星公司依据增值税发票的发票联做账务处理（如图 2—46 所示）。

记 账 凭 证

2012 年 1 月 8 日　　　　第　号

摘要	总账科目	明细科目	借方金额	贷方金额	√
实际采购原材料金额	在途物资		1000000		
	应交税费	应交增值税（进项税额）	170000		
	其他货币资金	银行汇票		1170000	
合计			¥1170000	¥1170000	

附件　张

会计主管：张山　记账：李思　出纳：王武　复核：刘斌　制单：何彬

图 2－46

4. 送存银行。收款人持银行汇票和解汇通知，并填写一式二联的进账单，一并送本单位开户银行办理入账手续。

将收款方轩嘉工厂进账单和增值税发票的记账联做账务处理（如图 2—47 至图 2—49 所示）。

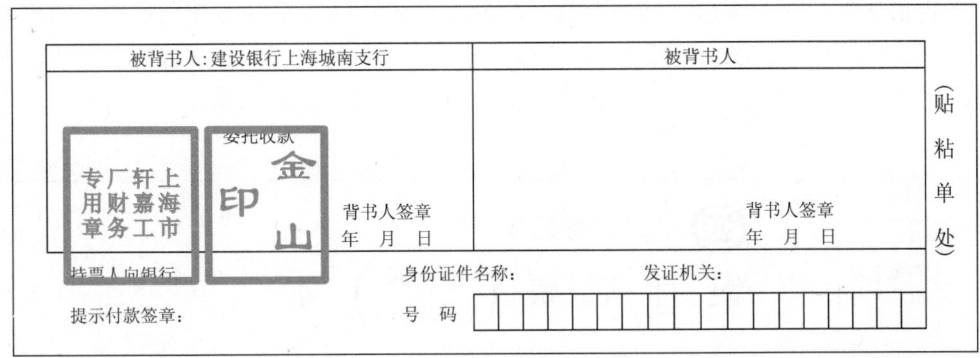

被背书人：建设银行上海城南支行	被背书人
专用章　厂财务　轩嘉工　上海市；委托收款　印　金山；背书人签章　年　月　日	背书人签章　年　月　日

（贴粘单处）

持票人向银行提示付款签章：　身份证件名称：　发证机关：　号码

图 2－47

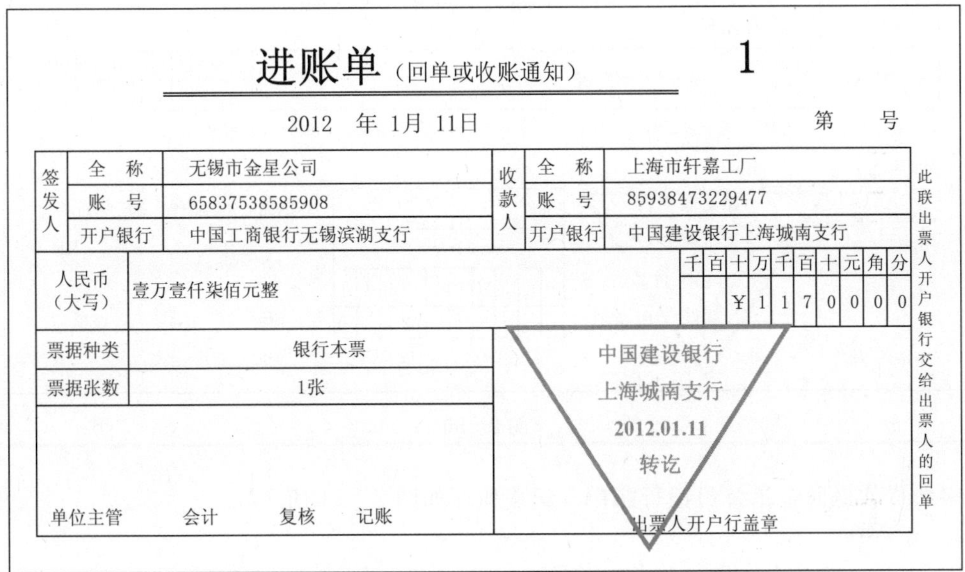

进账单（回单或收账通知）　1

2012　年 1月 11日　　第　号

签发人	全　称	无锡市金星公司	收款人	全　称	上海市轩嘉工厂
	账　号	65837538585908		账　号	85938473229477
	开户银行	中国工商银行无锡滨湖支行		开户银行	中国建设银行上海城南支行

人民币（大写）	壹万壹仟柒佰元整	千	百	十	万	千	百	十	元	角	分
				¥	1	1	7	0	0	0	0

票据种类	银行本票
票据张数	1张

单位主管　会计　复核　记账

中国建设银行 上海城南支行 2012.01.11 转讫

出票人开户行盖章

此联出票人开户银行交给出票人的回单

图 2－48

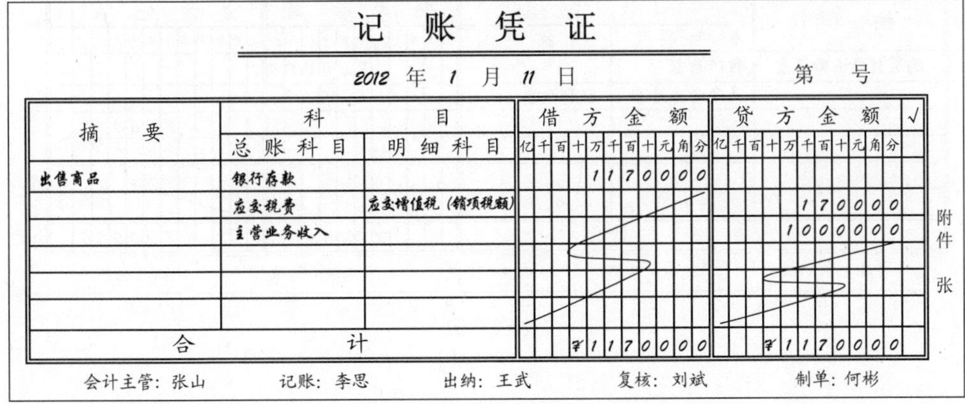

记　账　凭　证

2012 年 1 月 11 日　　第　号

摘要	总账科目	明细科目	借方金额	贷方金额	√
出售商品	银行存款		1170000		
	应交税费	应交增值税（销项税额）		170000	
	主营业务收入			1000000	
合　计			¥1170000	¥1170000	

附件　张

会计主管：张山　记账：李思　出纳：王武　复核：刘斌　制单：何彬

图 2－49

5. 内部清算，划拨款项，结清余款。收款人按实际结算金额办理入账后，银行与汇票人开户银行办理内部清算，汇款人开户银行接到有关银行汇票凭证（如图 2－50 所示），经划转支付实际结算款项后，将多余款项转给汇款人，并通知原汇款人。

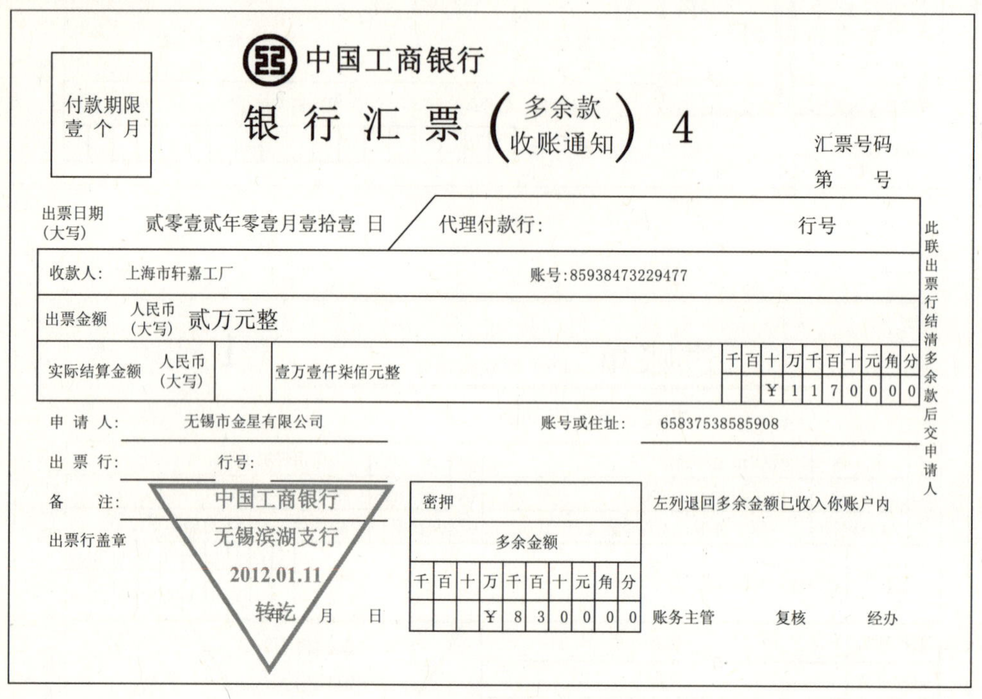

付款期限 壹个月

中国工商银行

银行汇票（多余款收账通知） 4

汇票号码 第 号

出票日期（大写） 贰零壹贰年零壹月壹拾壹 日　代理付款行：　行号

收款人：上海市轩嘉工厂　账号：85938473229477

出票金额 人民币（大写） 贰万元整

实际结算金额 人民币（大写） 壹万壹仟柒佰元整

千	百	十	万	千	百	十	元	角	分
		¥	1	1	7	0	0	0	0

申请人：无锡市金星有限公司　账号或住址：65837538585908

出票行：　行号：

备注：

出票行盖章　年　月　日

中国工商银行 无锡滨湖支行 2012.01.11 转讫

密押

多余金额

千	百	十	万	千	百	十	元	角	分
			¥	8	3	0	0	0	0

左列退回多余金额已收入你账户内

账务主管　复核　经办

此联出票行结清多余款后交申请人

图 2－50

多余货款退回金星公司银行账户（记账凭证如图 2－51 所示）。

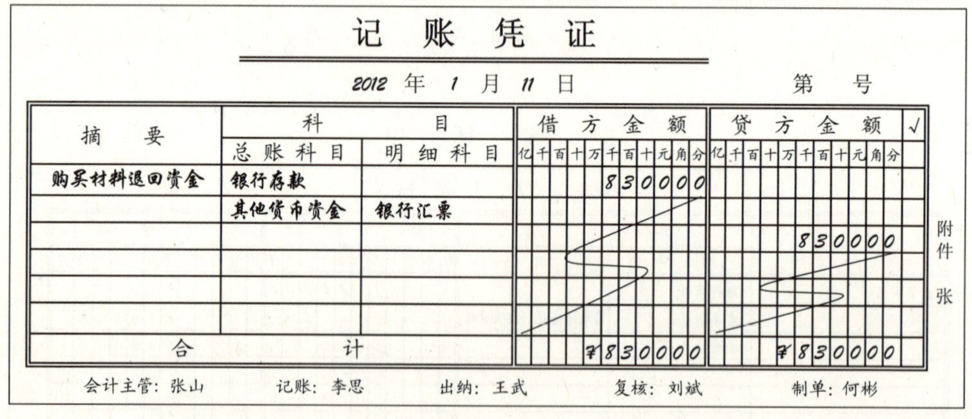

记 账 凭 证

2012 年 1 月 11 日　第 号

摘要	总账科目	明细科目	借方金额	贷方金额	√
购买材料退回资金	银行存款		830000		
	其他货币资金	银行汇票		830000	
合计			¥830000	¥830000	

附件 张

会计主管：张山　记账：李思　出纳：王武　复核：刘斌　制单：何彬

图 2－51

【业务指导】

1. 银行汇票一律记名，汇款金额起点为 500 元。

2. 银行汇票的付款期为 1 个月（从签发日起算，不分大月、小月，统一按照次月的对应日计算，到期日遇到节假日则顺延）。逾期的汇票，兑付银行不予受理，原汇款人只能向签发行请求退款。

3. 汇款人申请办理银行汇票，应向签发银行填写“银行汇票委托书”，详细填明兑付地点、收款单位名称、用途和金额等项内容。

4. 签发银行受理银行汇票委托书时，收妥款项后再据以签发银行汇票。对需要支取现金的，在汇票“汇款金额”栏先填写“现金”字样，然后填写汇款金额，并加盖规定的印章。同时用压数机压印汇款金额，将汇票和解讫通知交给汇款人。汇款人持银行汇票可以向填明的收款单位办理结算手续。

5. 银行汇票和解讫通知必须由收款人或被背书人同时提交兑付银行，两者缺一不可。收款人在银行开有账户的可在汇票背面加盖预留银行印章，并填写进账单，连同汇票、解讫通知交开户银行办理转账。未在银行开立账户的在交验证件后可支取现金，但是银行汇票上必须有签发银行按规定填明的“现金”字样才能办理。未填明“现金”字样而实际上又需要支取现金的，由兑付银行按照现金管理规定审查支付。

6. 收款人持银行汇票向银行支取款项时，如需分次支取，应以收款人的姓名开立临时存款户办理支付，临时存款户只付不收，付完清户，不计利息。

7. 银行汇票可以转汇。在办理兑付后可委托兑付银行办理信（电）汇结算，亦可以重新签发银行汇票。但是，转汇的收款人和用途，必须是原收款人和用途，兑付银行必须在信（电）汇凭证或银行汇票上加盖“转汇”戳记。已转汇的银行汇票，必须全额兑付。

8. 汇票可以背书转让。汇票反面有背书栏，有填写被背书人和背书人的地方。汇票反面有记载收款人的证件的地方。被背书人在收受汇票时应审查：汇票未逾期，日期金额等填写无误，银行汇票和解讫通知齐全相符，汇款人或背书人证件无误，背书人证件上的姓名与其背书相符。审查完毕后将实际结算金额和多余金额填入汇票和解讫通知。

9. 因银行汇票超过付款期或其他原因要求退款时，可持银行汇票和解讫通知到签发银行办理退汇。

10. 如果不慎遗失了填明“现金”字样的银行汇票，持票人应当立即向兑付银行或签发银行请求挂失。在银行受理挂失之前，其中也包括对方银行在收到挂失通知之前，如果已被冒领，银行概不负责。如果遗失了填明收款单位或者个体经济户名称的汇票，银行不予挂失，可以直接通知收款单位或个体经济户、兑付银行、签发银行，请其协助防范。遗失的银行汇票在其付款期满 1 个月后，确认未被冒领，可以办理退款手续。

11. 已承兑的商业汇票、支票、填明现金字样和代理付款人的银行汇票以及填明现金字样的银行本票丧失，可以由失票人通知付款人或者代理付款人挂失止付，但是转账银行汇票是不能够挂失止付的。

【活动任务】

成达实业股份有限公司发生如下经济业务：

2012 年 9 月 6 日，成达实业股份有限公司向开户银行申请签发金额为 58,500.00 元的银行汇票一份结清与福州长富贸易公司往来款项。

2012 年 9 月 6 日，银行同意签发成达实业股份有限公司向开户银行申请签发金额为 50,000.00 元的银行汇票一份。

实际结算 58,500.00 元。

要求：完成成达实业股份有限公司的银行申请书及账务处理（如图 2－52 至图 2－55 所示）。

工商银行　银行汇票申请书（第二联）

申请日期　　年　月　日　　　　　　第　　号

申请人		收款人	
账　号 或住址		账　号 或住址	
用　途		代　理 付款行	

汇票金额	人民币 （大写）	千	百	十	万	千	百	十	元	角	分

上列款项请从我账户内支付 申请人盖章	科　目(借) 对方科目(贷) 转账日期　　年　月　日 复核　　　记账

此联为银行借方凭证

图 2－52

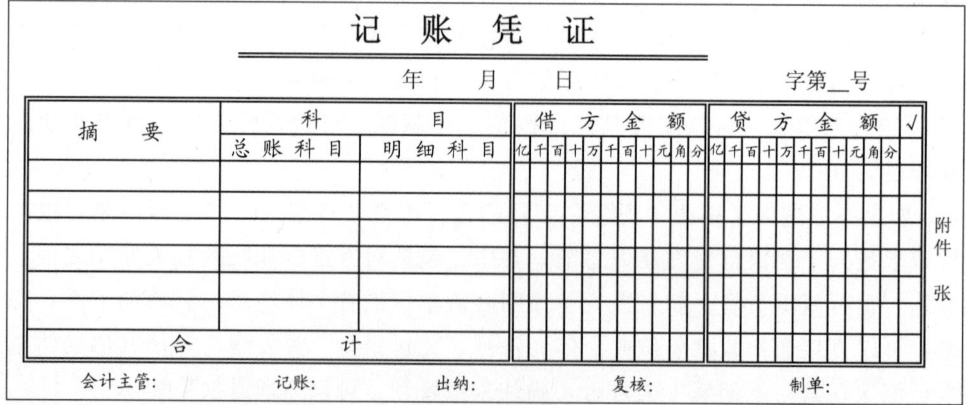

记　账　凭　证

年　月　日　　　　字第__号

摘　要	科目：总账科目	科目：明细科目	借方金额：亿	千	百	十	万	千	百	十	元	角	分	贷方金额：亿	千	百	十	万	千	百	十	元	角	分	√
合　计																									

附件　张

会计主管：　　记账：　　出纳：　　复核：　　制单：

图 2－53

记　账　凭　证

年　　月　　日　　　　　　字第__号

摘要	科目		借方金额											贷方金额											√
	总账科目	明细科目	亿	千	百	十	万	千	百	十	元	角	分	亿	千	百	十	万	千	百	十	元	角	分	
合计																									

附件　张

会计主管:　　记账:　　出纳:　　复核:　　制单:

图 2－54

记　账　凭　证

年　　月　　日　　　　　　字第__号

摘要	科目		借方金额											贷方金额											√
	总账科目	明细科目	亿	千	百	十	万	千	百	十	元	角	分	亿	千	百	十	万	千	百	十	元	角	分	
合计																									

附件　张

会计主管:　　记账:　　出纳:　　复核:　　制单:

图 2－55

【业务精要】

1. 银行汇票必须记载的事项

表明“银行汇票”的字样；无条件支付的承诺；确定的金额；付款人名称；收款人名称；出票日期；出票人签章。欠缺记载上述规定事项之一的银行汇票无效。

2. 银行汇票的适用范围

单位和个人需要支付各种款项均可使用银行汇票。银行汇票的适用范围限于中国人民银行和各专业银行参加“全国联行往来”的银行机构办理。在不能签发银行汇票的银行开户的汇款人需要使用银行汇票，应将款项转交附近签发银行汇票的银行办理。

3. 银行汇票的管理

为了防止由于对银行汇票管理不善而给企业带来经济损失，使用汇票的企业应当建立健全银行汇票的内部管理制度，加强对汇票的管理和控制。汇票的具体管理措施主要包括以下几方面：

(1) 汇票的管理由财务部门指定专人保管。

(3) 领用汇票时，一般必须填制专门的“汇票领用单”，说明领用汇票的用途、日期、金额，由经办人员签章，经有关领导批准。

（4）使用或保管汇票的人员必须根据经领导批准的“汇票领用单”使用和保管汇票，同时应在汇票签发登记簿上加以登记。

（5）建立、健全汇票使用和报账制度。

（6）一旦发生遗失汇票的情况，立即向银行办理挂失或者请求银行协助。

【业务训练】

提供天安实业有限公司资料如下：

2012 年 10 月 10 日，为购买苏州港后电力有限公司发行的企业债券，天安实业有限公司向开户银行申请签发金额为 200,000.00 元的银行汇票。

2012 年 10 月 10 日，开户银行同意签发天安实业有限公司申请的金额为 200,000.00 元的银行汇票。

实际结算金额 18 万元整。

要求：完成天安实业有限公司的银行汇票申请书、结算及账务处理（如图 2－56 至图 2－59 所示）。

工商银行　银行汇票申请书（第二联）

申请日期　　年　　月　　日　　　　第　　号

申请人		收款人	
账号或住址		账号或住址	
用途		代理付款行	
汇票金额	人民币（大写）	千百十万千百十元角分	
上列款项请从我账户内支付 申请人盖章		科目（借） 对方科目（贷） 转账日期　年　月　日 复核　　记账	

此联为银行借方凭证

图 2－56

记　账　凭　证

年　　月　　日　　　　字第__号

摘要	科目		借方金额	贷方金额	√
	总账科目	明细科目	亿千百十万千百十元角分	亿千百十万千百十元角分	
合计					

附件　张

会计主管：　　记账：　　出纳：　　复核：　　制单：

图 2－57

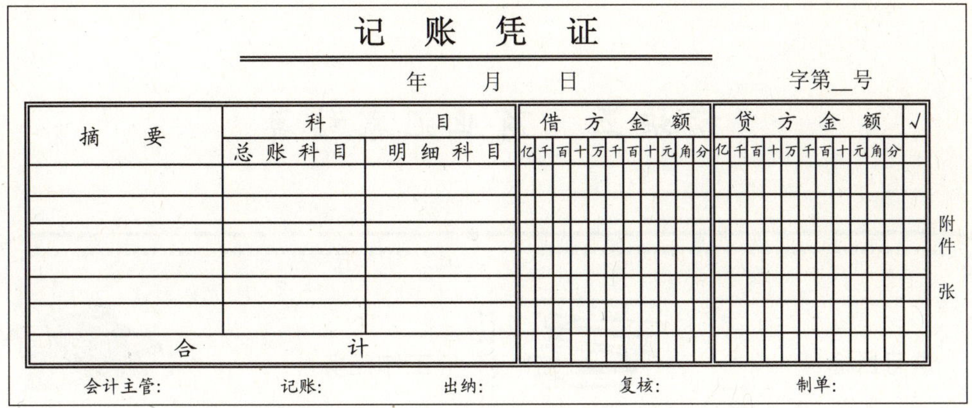

记　账　凭　证

年　　月　　日　　　　　　字第__号

摘要	科目		借方金额											贷方金额											√
	总账科目	明细科目	亿	千	百	十	万	千	百	十	元	角	分	亿	千	百	十	万	千	百	十	元	角	分	
合计																									

附件　张

会计主管:　　记账:　　出纳:　　复核:　　制单:

图 2－58

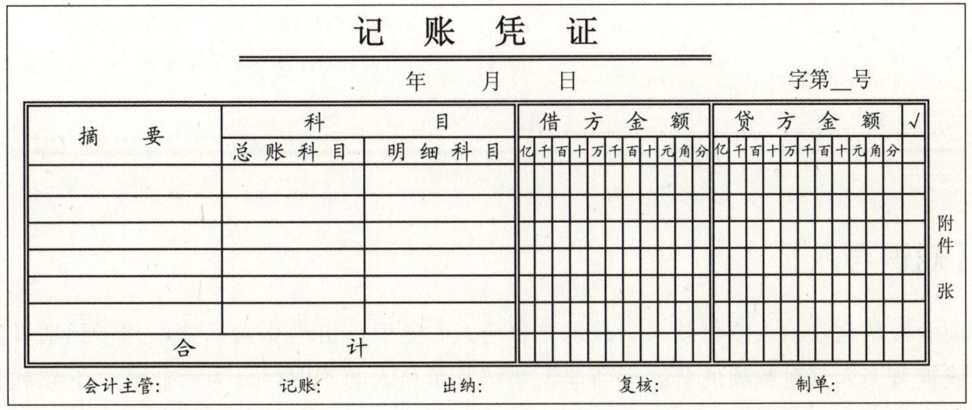

记　账　凭　证

年　　月　　日　　　　　　字第__号

摘要	科目		借方金额											贷方金额											√
	总账科目	明细科目	亿	千	百	十	万	千	百	十	元	角	分	亿	千	百	十	万	千	百	十	元	角	分	
合计																									

附件　张

会计主管:　　记账:　　出纳:　　复核:　　制单:

图 2－59

模块五　商业汇票结算

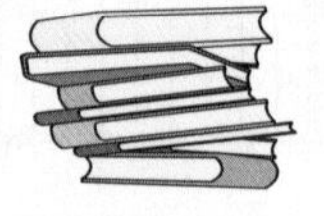

学习目标

1. 熟知商业汇票业务制度和业务规程
2. 熟知商业汇票的格式和签发填写要点

工作任务

1. 熟练办理商业汇票签发业务
2. 熟练办理商业承兑汇票承兑业务
3. 熟练办理银行承兑汇票贴现业务
4. 持商业汇票办理结算业务

【知识导入】

商业汇票是收款人或付款人（或承兑申请人）签发，由承兑人承兑，并于到期日向收款人或被背书人支付款项的票据。商业汇票按其承兑人的不同，分为商业承兑汇票和银行承兑汇票两种。商业承兑汇票按双方约定签发。由收款人签发的商业承兑汇票，应交付款人承兑；由付款人签发的商业承兑汇票，应经本人承兑。银行承兑汇票是由收款人或承兑申请人签发，并由承兑申请人向开户银行申请，经银行审查同意承兑的票据。

商业汇票适用于在银行开立账户的法人之间根据购销合同先发货后收款或延期付款的商品交易，无论是同城还是异地，其款项结算均可使用商业汇票结算方式。

【范例任务】

1. 金星公司 2012 年 1 月 15 日向轩嘉工厂购买材料，价款 60,000 元，增值税 10,200 元，金星公司当即签发一张商业汇票，票面金额 70,200 元，交给对方，该汇票付款期限 3 个月，到期后，轩嘉工厂向金星公司委托收款，金星公司支付款项。

轩嘉工厂于 2012 年 1 月 20 日持面值为 70,200 元，到期日为 4 月 15 号的不带息商业承兑汇票到开户行办理贴现，月贴现率为 3‰。

2. 金星公司 2012 年 1 月 16 日向轩嘉工厂购买材料，价款 50,000 元，增值税 8,500 元，当即签发一张商业汇票，期限 5 个月，并交给开户银行承兑，缴纳承兑手续费 25 元，承兑后将汇票交给对方，金星公司到期付款。

要求：完成金星公司商业汇票的签发及相关账务处理。

【业务流程】

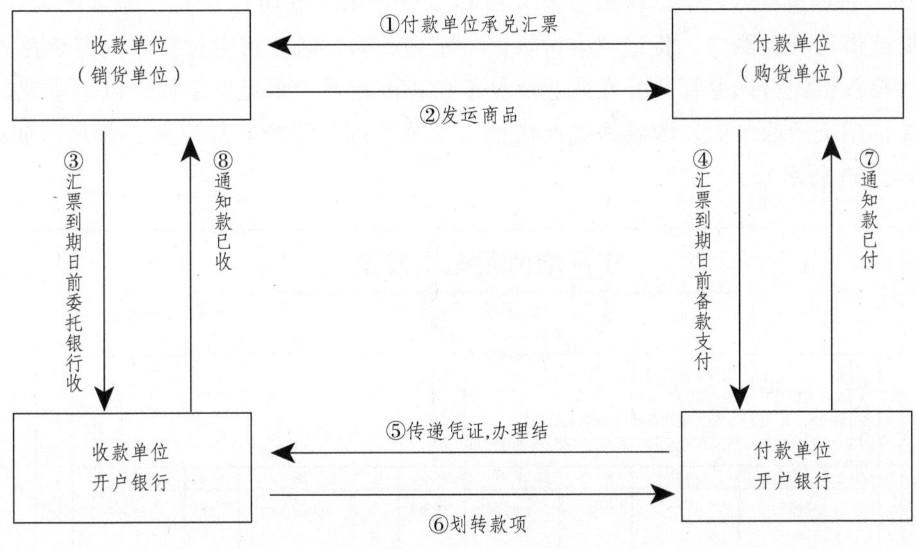

商业承兑汇票结算程序

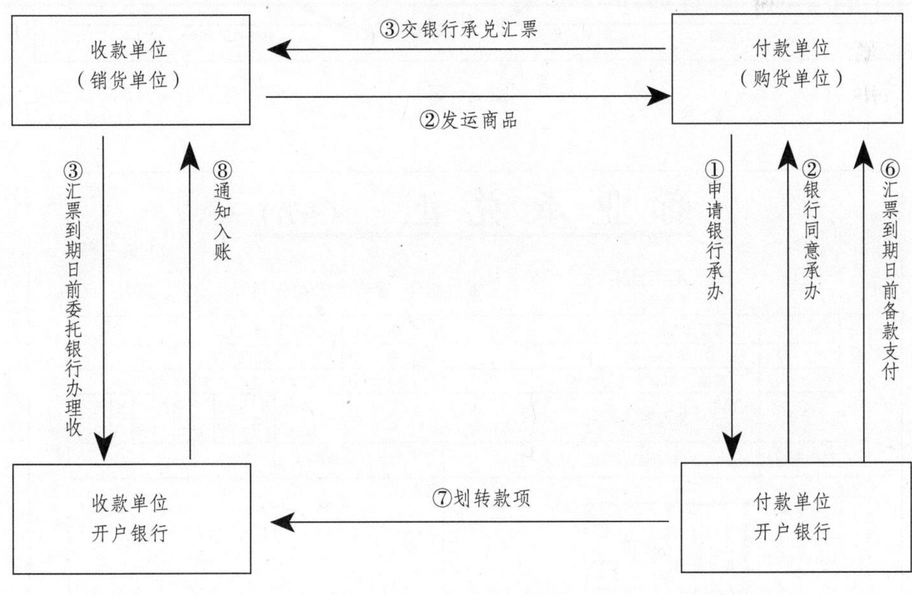

银行承兑汇票结算程序

【业务操作】

一、金星公司签发商业承兑汇票

1. 签发和承兑商业承兑汇票。商业承兑汇票一式三联，可由收款人签发，也可由付款人签发，汇票签发后，第三联由签发人留存备查，第一联由付款人（即承兑人）留存，付款人据此借记有关账户，贷记“应付票据”账户。第二联汇票由付款人（即承兑人）在承兑栏加盖预留银行印鉴章，并在商业承兑汇票正面签署“承兑”字样，以示承兑后，将商业承兑汇票交给收款人。收款人据此借记“应收票据”账户，贷记有关账户（如图 2—60 至图 2—63 所示）。

江苏增值税专用发票

发票联　（国家税务总局监制）

NO 321089816

开票日期： 2012 年1月15日

购货单位	名　　称：无锡金星公司 纳税人识别号：32210097734112 地 址、电 话：无锡市湖滨路45号（85214415） 开户行及账号：工商银行无锡滨湖支行(65837538585908)			密码区			
货物或应税劳务名称	规格型号	单 位	数 量	单 价	金 额	税率	税 额
A材料		吨	75	800	60000	17%	10200
合 计	人民币 柒万零贰佰元整				(小写) ￥70200.00		
销货单位	名　　称：无锡市轩嘉工厂 纳税人识别号：73219703110201 地 址、电 话：无锡市城南路11号（85113311） 开户行及账号：建行无锡城南支行(85938473229477)			备注	无锡轩嘉工厂 发票专用章		

收款人：王丽　　复核： 李媛　　开票人：林云　　销货单位:(章)

第二联 发票联 购货方记账凭证

图 2—60

商 业 承 兑 汇　（卡片）

1　　汇票号码

出票日期（大写）　贰零壹贰年 零壹月壹拾伍日　　第　号

付款人	全 称	无锡市金星公司		收款人	全 称	无锡市轩嘉工厂	
	账 号	65837538585908			账 号	85938473229477	
	开户银行	工商银行滨湖支行	行号		开户银行	建设银行城南支行	行号
出票金额	人民币（大写）	柒万零贰佰元整				千百十万千百十元角分	¥72000000
汇票到期日	贰零壹贰年零肆月壹拾伍日			交易合同号码			
无锡市金星公司财务专用章　万平印 出票人签章				备注：			

此联承兑人留存

图 2—61

商业承兑汇票 2

汇票号码

出票日期（大写）　贰零壹贰年 零壹月壹拾伍 日　　第　　号

付款人	全　称	无锡市金星公司		收款人	全　称	无锡市轩嘉工厂	
	账　号	65837538585908			账　号	85938473229477	
	开户银行	工商银行滨湖支行	行号		开户银行	建设银行城南支行	行号
出票金额	人民币（大写）	柒万零贰佰元整				千百十万千百十元角分	¥7220000
汇票到期日	贰零壹贰年零肆月壹拾伍日			交易合同号码			

本汇票已经承兑，到期无条件支付票款

无锡市金星公司财务专用章　万平印

承兑人签章

兑日期　2008年　1 月 15

本汇票请予以承兑于到期日付款

无锡市金星公司财务专用章　万平印

出票人签章

此联持票人开户行随委托收款凭证寄付款人开户行作借方凭证附件

图 2－62

商业承兑汇票（存根） 3

汇票号码

出票日期（大写）　贰零壹贰年 零壹月壹拾伍日　　第　　号

付款人	全　称	无锡市金星公司		收款人	全　称	无锡市轩嘉工厂	
	账　号	65837538585908			账　号	85938473229477	
	开户银行	工商银行滨湖支行	行号		开户银行	建设银行城南支行	行号
出票金额	人民币（大写）	柒万零贰佰元整				千百十万千百十元角分	¥7020000
汇票到期日	贰零壹贰年零肆月壹拾伍日			交易合同号码			

备注：

此联出票人存根

图 2－63

金星公司签发商业承兑汇票账务处理（如图 2－64 所示）。

记　账　凭　证

2012 年 1 月 15 日　　第　　号

摘　要	总账科目	明细科目	借方金额	贷方金额	√
商业汇票购买原材料	在途物资		6000000		
	应交税费	应交增值税（进项税额）	1020000		
	应付票据	商业承兑汇票		7020000	
合　计			¥7020000	¥7020000	

附件　张

会计主管：张山　　记账：李思　　出纳：王武　　复核：刘斌　　制单：何彬

图 2－64

轩嘉工厂销售商品收到商业汇票的账务处理（如图 2—65 所示）。

记 账 凭 证

2012 年 1 月 15 日　　　　第　　号

摘要	科目：总账科目	科目：明细科目	借方金额（亿千百十万千百十元角分）	贷方金额（亿千百十万千百十元角分）	√
销售商品收商业汇票	应付票据	商业承兑汇票	7020000		
	应交税费	应交增值税（销项税额）		1020000	
	主营业务收入			6000000	
合计			¥7020000	¥7020000	

附件　张

会计主管：张山　记账：李思　出纳：王武　复核：刘斌　制单：何彬

图 2—65

2. 委托收款。收款人或被背书人将要到期的商业承兑汇票送交开户银行办理收款手续，收款一般采取的是委托收款方式（如图 2—66 所示）。

3. 到期兑付。付款人应于商业承兑汇票到期日前积极筹措款项，于到期日前将票款足额交存其开户银行，付款人开户银行收到传来的委托收款凭证和商业承兑汇票后，将款项划给收款人或被背书人（如图 2—67 所示）。付款方借记“应付票据”账户，贷记“银行存款”账户；收款方借记“银行存款”账户，贷记“应收票据”账户。

第　　号

委电　**委托收款** 凭证（回　单）　1　委托号码

委托日期　2012 年4月15日

付款人	全称	无锡市金星公司	收款人	全称	无锡市轩嘉工厂
	账号或地址	65837538585908		账号	85938473229477
	开户银行	工商银行滨湖支行		开户银行	建设银行城南支行　行号
委收金额	人民币（大写）	柒万零贰佰元整		千百十万千百十元角分	7020000
款项内容		委托收款凭据名称		附寄单证张数	
备注：电划		款项收妥日期　年　月　日		收款人开户银行盖章　月　日	

此联收款人开户银行给收款人的回单

单位主管　会计　复核　记账

图 2—66

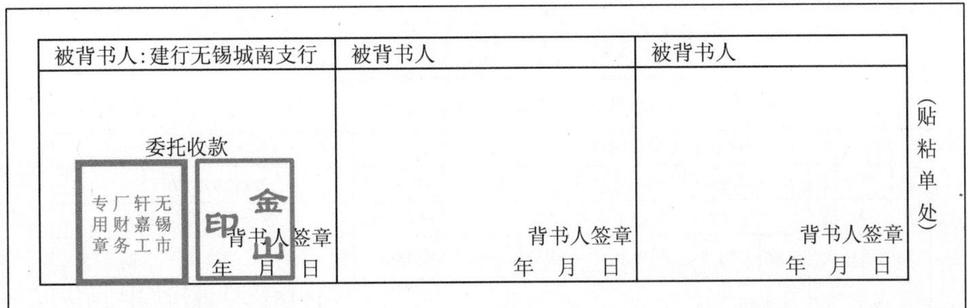

被背书人:建行无锡城南支行	被背书人	被背书人	
委托收款 专用章 轩嘉工厂财务 无锡市 金山印 背书人签章 年　月　日	背书人签章 年　月　日	背书人签章 年　月　日	(贴粘单处)

图 2－67

金星公司到期支付款项（如图 2－68 所示）。

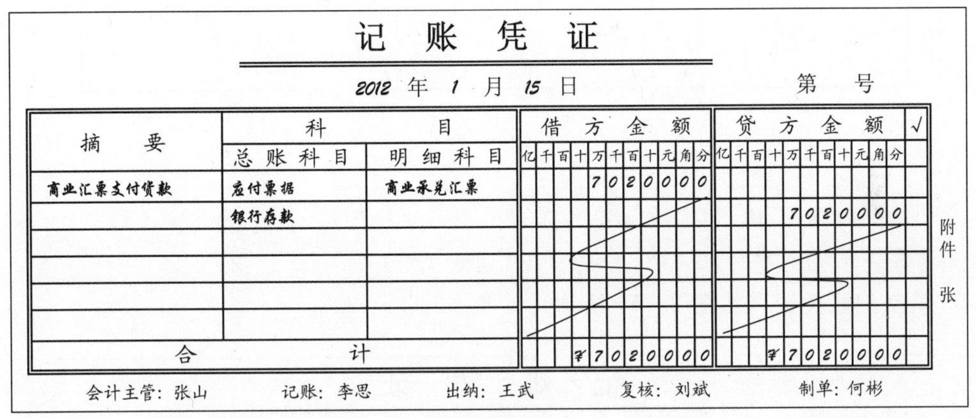

记　账　凭　证

2012 年 1 月 15 日　　　　第　号

摘　要	总账科目	明细科目	借方金额（亿千百十万千百十元角分）	贷方金额（亿千百十万千百十元角分）	√
商业汇票支付货款	应付票据	商业承兑汇票	7020000		
	银行存款			7020000	
合　计			￥7020000	￥7020000	

附件　张

会计主管：张山　记账：李思　出纳：王武　复核：刘斌　制单：何彬

图 2－68

若轩嘉工厂持有商业承兑汇票到期收到款项时，如图 2－69 所示。

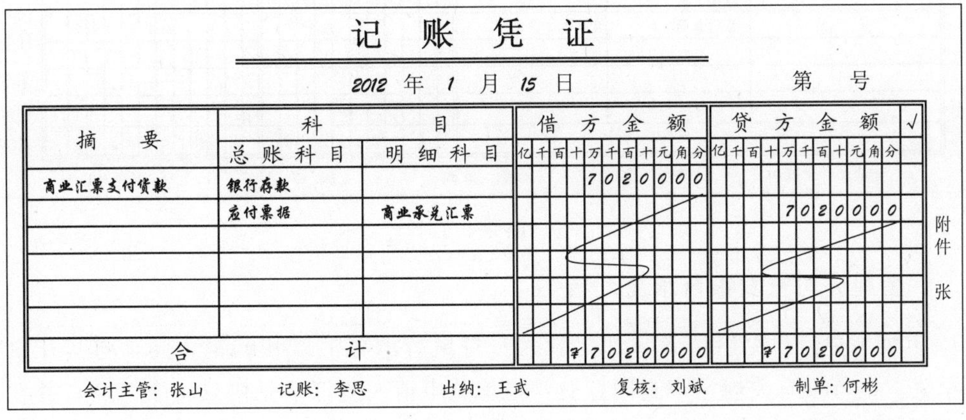

记　账　凭　证

2012 年 1 月 15 日　　　　第　号

摘　要	总账科目	明细科目	借方金额（亿千百十万千百十元角分）	贷方金额（亿千百十万千百十元角分）	√
商业汇票支付货款	银行存款		7020000		
	应付票据	商业承兑汇票		7020000	
合　计			￥7020000	￥7020000	

附件　张

会计主管：张山　记账：李思　出纳：王武　复核：刘斌　制单：何彬

图 2－69

4. 轩嘉工厂贴现。填制一式五联的贴现凭证，连同汇票送交银行办理贴现（如图 2－70 所示）。

贴 现 凭 证（贷方凭证） 5

申请日期 2012 年 1月20日 第 号

贴现汇票	种类	商业承兑汇票	号码		持票人	名称	无锡市轩嘉工厂
	出票日	2012 年 1 月 15 日				账号	85938473229477
	到票日	2012 年 4 月 15 日				开户银行	建设银行城南支行
汇票承兑人	名称	无锡市金星公司	账号	65837538585908	开户银行	工商银行滨湖支行	
汇票金额	人民币（大写）	柒万零贰佰元整				千百十万千百十元角分	7020000
贴现率 3‰	贴现利息	千百十万千百十元角分	60400	实付贴现金额		千百十万千百十元角分	6959600
备注：						科目（借） 对方科目（贷）	

此联会计部门按到期日排列保管，到期日作贴现贷

图 2－70

贴现利息＝70,200×3‰30×（31—20＋29＋31＋15）＝604（元）

实得贴现金额＝70,200－604＝69,596（元）

5. 填制记账凭证（如图 2－71 所示）。

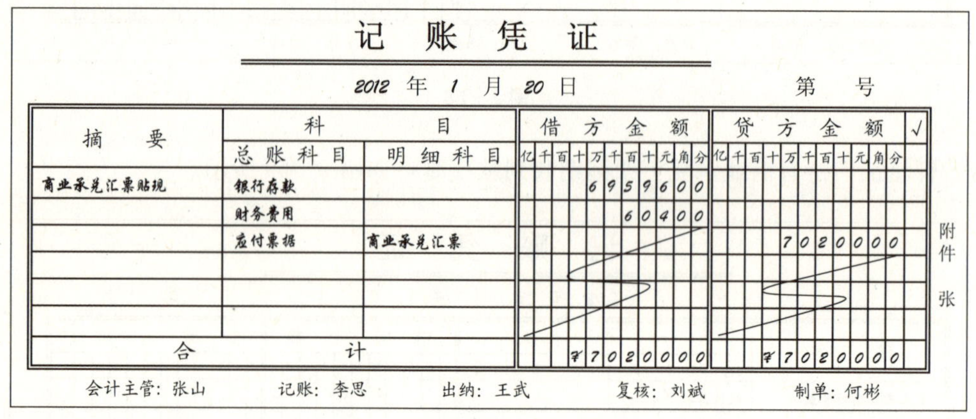

记 账 凭 证

2012 年 1 月 20 日 第 号

摘要	总账科目	明细科目	借方金额（亿千百十万千百十元角分）	贷方金额（亿千百十万千百十元角分）	√
商业承兑汇票贴现	银行存款		6959600		
	财务费用		60400		
	应付票据	商业承兑汇票		7020000	
合计			¥7020000	¥7020000	

附件 张

会计主管：张山 记账：李思 出纳：王武 复核：刘斌 制单：何彬

图 2－71

二、金星公司签发银行承兑汇票

1. 申请承兑。承兑申请人（即付款人）持银行承兑汇票和购销合同，向其开户银行申请承兑。银行按有关规定审查同意后，与承兑申请人签订承兑协议一式三联，并在银行承兑汇票上注明承兑协议编号，加盖银行印章，用压数机压印汇票金额后，将第二联银行承兑汇票和第三联解讫通知交给承兑申请人（如图 2－72、图 2－73 所示）。

江苏增值税专用发票

发 票 联

NO 321089817

开票日期： 2012 年1月15日

购货单位	名 称：无锡金星公司 纳税人识别号：32210097734112 地 址、电 话：无锡市湖滨路45号（85214415） 开户行及账号：工商银行无锡滨湖支行(65837538585908)	密码区					
货物或应税劳务名称	规格型号	单 位	数 量	单 价	金 额	税率	税 额
A材料		吨	62.5	800	50000	17%	8500
合 计	人民币 伍万陆捌仟伍佰元整				（小写）￥58500.00		
销货单位	名 称：无锡市轩嘉工厂 纳税人识别号：73219703110201 地 址、电 话：无锡市城南路1号 85113311 开户行及账号：建行无锡城南支行(85938473229477)	备注	银行汇票结算				

收款人：王丽 复核：李媛 开票人：林云 销货单位：(章)

第二联 发票联 购货方记账凭证

图 2－72

银行承兑汇票（卡片） 1

汇票号码 第 号

出票日期（大写） 贰零壹贰年零壹月壹拾陆日

出票人全称	无锡市金星公司	收款人	全 称	无锡市轩嘉工厂
出票人账号	65837538585908		账 号	85938473229477
付款行全称	工商银行湖滨支行 行号		开户银行	建设银行城南支行 行号
出票金额	人民币（大写） 伍万捌仟伍佰元整		千百十万千百十元角分	￥ 5 8 5 0 0 0 0
汇票到期日	贰零壹贰年零陆月壹拾陆日		承兑协议编号	
本汇票请你行承兑，此项汇票款我单位按承兑协议于到期日前足额交存你行，到期请予以支付 无锡金星公司财务专用章 万平印 出票人签章 2012年 1 月 16 日	备注：		科目(借) 对方科目(贷) 转账 年 月 日 复核 记账	

此联承兑行留存备查，到期支付票款时作借方凭证附件

图 2－73

金星公司签发银行承兑汇票，银行承兑手续费（记账凭证如图 2－74 所示）。

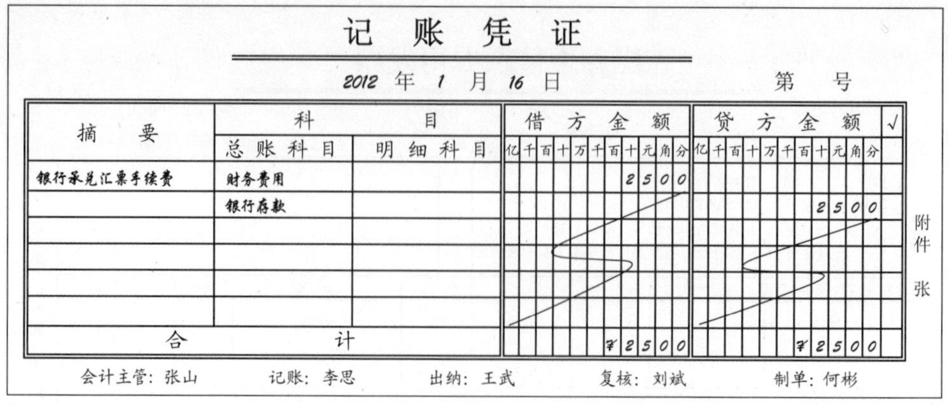

记账凭证

2012 年 1 月 16 日　　　　第　号

摘要	总账科目	明细科目	借方金额	贷方金额	√
银行承兑汇票手续费	财务费用		2500		
	银行存款			2500	
合计			¥2500	¥2500	

附件　张

会计主管：张山　记账：李思　出纳：王武　复核：刘斌　制单：何彬

图 2－74

金星公司开出汇票购买材料，依据支票存根和增值税发票的发票联做账务处理（如图 2－75 所示）。

记账凭证

2012 年 1 月 16 日　　　　第　号

摘要	总账科目	明细科目	借方金额	贷方金额	√
签发商业汇票购买材料	在途物资	商业承兑汇票	5000000		
	应交税费	应交增值税（进项税额）	850000		
	应付票据	银行承兑汇票		5850000	
合计			¥5850000	¥5850000	

附件　张

会计主管：张山　记账：李思　出纳：王武　复核：刘斌　制单：何彬

图 2－75

无锡市轩嘉工厂收到银行承兑汇票销售商品，依据支票存根和增值税发票的记账联做账务处理（如图 2－76 所示）。

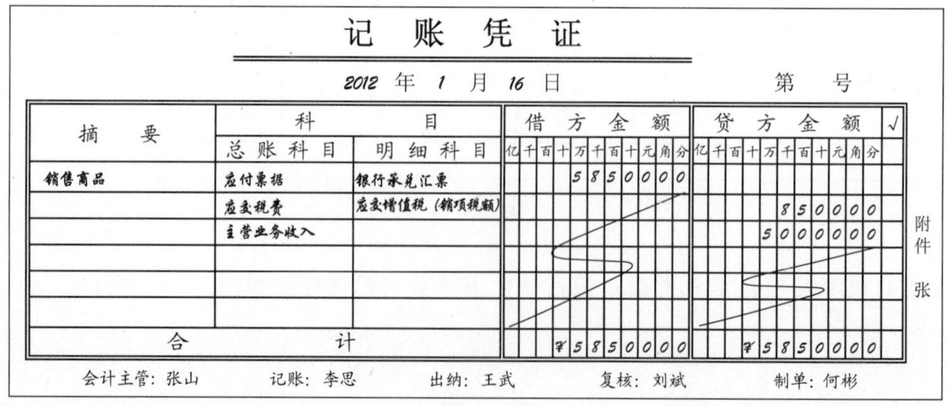

记账凭证

2012 年 1 月 16 日　　　　第　号

摘要	总账科目	明细科目	借方金额	贷方金额	√
销售商品	应付票据	银行承兑汇票	5850000		
	应交税费	应交增值税（销项税额）		850000	
	主营业务收入			5000000	
合计			¥5850000	¥5850000	

附件　张

会计主管：张山　记账：李思　出纳：王武　复核：刘斌　制单：何彬

图 2－76

2. 兑取票款。付款人（即承兑申请人）将第二联银行承兑汇票和第三联交给收款人。收款人或被背书人应在银行承兑汇票到期时，填写两联进账单，然后将银行承兑汇票，连同进账单送交其开户银行办理收取票款手续。银行按规定审查无误后，在第一联进账单加盖转讫章作收账通知交给收款人，收款人凭此作收款入账手续（如图 2－77、图 2－78 所示）。

银行承兑汇票　2

汇票号码

出票日期（大写）　贰零壹贰年零壹月壹拾陆日　　第　号

出票人全称	无锡市金星公司			收款人	全　称	无锡市轩嘉工厂		
出票人账号	65837538585908				账　号	85938473229477		
付款行全称	工商银行湖滨支行	行号			开户银行	建设银行城南支行	行号	
出票金额	人民币（大写）伍万捌仟伍佰元整					千百十万千百十元角分 ¥5 8 5 0 0 0 0		
汇票到期日	贰零壹贰年零陆月壹拾陆日		本汇票已经承兑.			承兑协议编号		
本汇票请你行承兑，此项汇票款我单位按承兑协议于到期日前足额交存你行，到期请予以支付 无锡市金星公司财务专用章　万平印 出票人签章 年　月　日			到期日由本行付款 无锡工商银行 汇票专用章 承兑行签章 承兑日期　年　月　日 备注:			科目(借) 对方科目(贷) 转账　年　月　日 复核　记账		

此联收款人开户行随委托收款凭证寄付款行作借方

图 2－77

银行承兑汇票（存根）　3

汇票号码

出票日期（大写）　贰零壹贰年 零壹月壹拾陆日　　第　号

出票人全称	无锡市金星公司			收款人	全　称	无锡市轩嘉工厂		
出票人账号	65837538585908				账　号	85938473229477		
付款行全称	工商银行湖滨支行	行号			开户银行	建设银行城南支行	行号	
出票金额	人民币（大写）伍万捌仟伍佰元整					千百十万千百十元角分 ¥5 8 5 0 0 0 0		
汇票到期日	贰零壹贰年零陆月壹拾陆日					承兑协议编号		
			备注:					

此联出票人存根

图 2－78

3. 支付票款。付款人在银行承兑汇票到期前应将其票款足额交存其开户银行，承兑银行在收到兑付银行传来的银行承兑汇票和解讫通知以及有关传票后，于银行承兑汇票到期日将付款人款项划出。

付款方金星公司到期付款，记账凭证如图 2－79 所示。

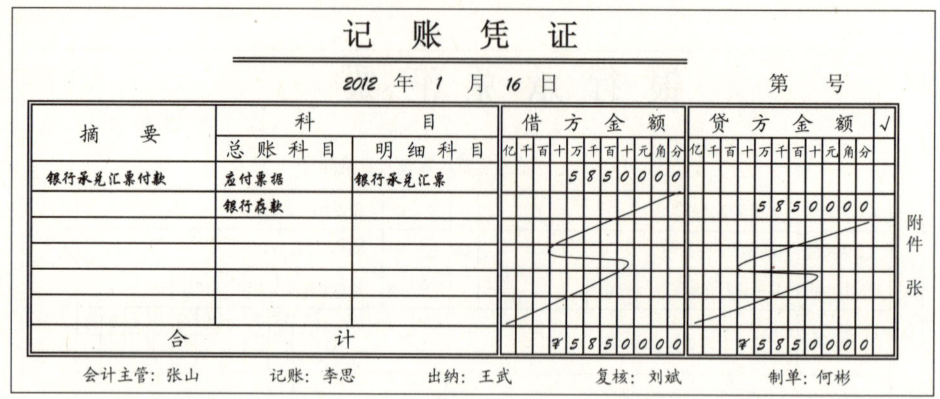

记　账　凭　证

2012 年 1 月 16 日　　　　第　号

摘要	总账科目	明细科目	借方金额	贷方金额	√
银行承兑汇票付款	应付票据	银行承兑汇票	5850000		
	银行存款			5850000	
合计			￥5850000	￥5850000	

附件　张

会计主管：张山　记账：李思　出纳：王武　复核：刘斌　制单：何彬

图 2－79

收款方无锡市轩嘉工厂到期收款（如图 2－80、图 2－81 所示）。

被背书人:建行无锡城南支行	被背书人	被背书人
委托收款 无锡市轩嘉工厂财务专用章　金□印 背书人签章 年　月　日	背书人签章 年　月　日	背书人签章 年　月　日

（贴粘单处）

图 2－80

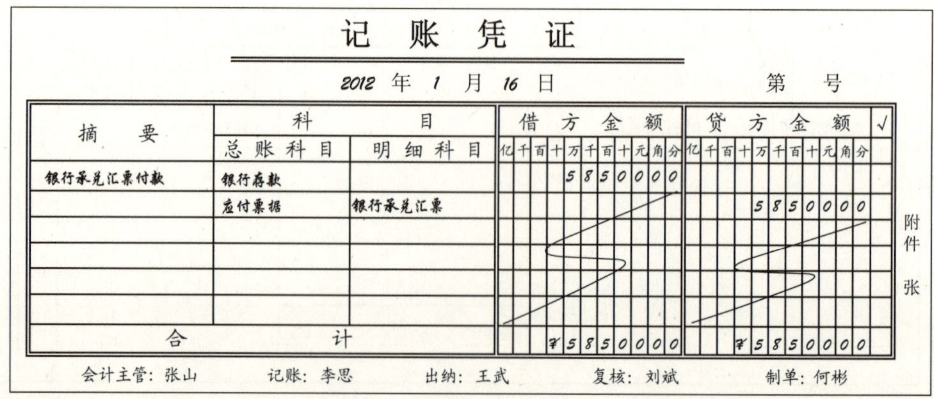

记　账　凭　证

2012 年 1 月 16 日　　　　第　号

摘要	总账科目	明细科目	借方金额	贷方金额	√
银行承兑汇票付款	银行存款		5850000		
	应付票据	银行承兑汇票		5850000	
合计			￥5850000	￥5850000	

附件　张

会计主管：张山　记账：李思　出纳：王武　复核：刘斌　制单：何彬

图 2－81

【业务指导】

1. 商业承兑汇票

(1) 存款人领购商业汇票，必须填写“票据和结算凭证领用单”并签章，签章应与预留银行的签章相符。存款账户结清时，必须将全部剩余空白商业汇票交回银行注销。

(2) 商业承兑汇票的收款人或被背书人，对在同一城市的付款人承兑的汇票，应于汇票到期日将汇票送交银行办理收款。对在异地的付款人承兑的汇票，应于汇票到期日前五天内，将汇票交开户银行办理收款。对逾期的汇票，应于汇票到期日次日起十天内，将汇票送交开户银行办理收款。超过期限，银行不予受理。

(3) 办理商业承兑汇票收款时，均需填制托收凭证（委托收款）凭证，并在“委托收款货物名称栏”注明“商业承兑汇票”及汇票号码，将汇票随托收凭证一并送交开户银行。

2. 银行承兑汇票

(1) 每张银行承兑汇票的承兑金额最高不得超过1,000万元。

(2) 银行承兑汇票的适用范围仅限于国有企业、股份制企业、集体所有制工业企业、供销合作社以及三资企业之间根据购销合同进行商品交易的款项结算。

(3) 申请办理银行承兑汇票的客户必须具备的条件：在承兑银行开立存款账户，并依法从事经营活动的法人及其他组织；具有支付汇票金额的可靠资金来源；近两年来在申请银行无不良贷款、欠息及其他不良信用记录。

(4) 银行承兑汇票必须经银行承兑方可生效。银行承兑汇票的提示付款期的有效期为10天。这里所说的有效期，是指从银行承兑汇票到期日起的10天之内。例如，到期日为8月6日，则到8月15日之前为有效期。如果遇公休假日可以顺延。超过有效期的银行承兑汇票，银行将不予办理转账。

3. 收到商业汇票

出纳开具收款收据。出纳将收到的商业汇票正反面复印两份。会计根据收据和一份复印件，做应收票据增加。根据另一份复印件，在到期或转让或贴现时，做应收票据减少。

汇票到期时连同委托收款凭证办理托收。

【活动任务】

成达实业股份有限公司发生如下经济业务：

1. 2011年4月10日，成达实业股份有限公司向北京百货批发站购买商品58,500元，采购合同约定货款以商业承兑汇票结算，期限4个月（由成达股份有限公司出票，并于2011年4月15日承兑）。

要求：完成成达实业股份有限公司的商业承兑汇票签发及账务处理（如图2—82、图2—83所示）。

商业承兑汇票(卡片)　　**1**　　汇票号码

出票日期(大写)　　　年　　月　　日　　　　第　　号

付款人	全称				收款人	全称			
	账号					账号	85938473229477		
	开户银行		行号			开户银行	建设银行城南支行	行号	
出票金额	人民币(大写)							千百十万千百十元角分	7 2 0 0 0 0 0
汇票到期日					交易合同号码				
出票人签章					备注:				

此联承兑人留存

图 2－82

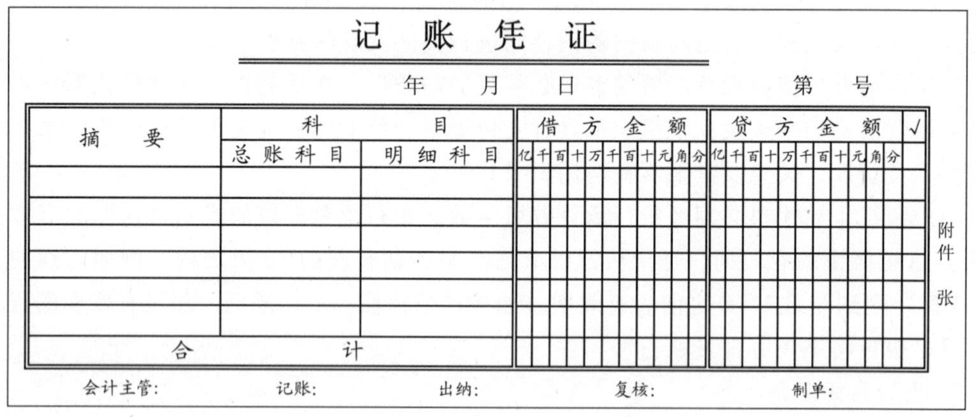

记　账　凭　证

年　　月　　日　　　　第　　号

摘　要	科目：总账科目	科目：明细科目	借方金额（亿千百十万千百十元角分）	贷方金额（亿千百十万千百十元角分）	√
合　计					

附件　张

会计主管:　　记账:　　出纳:　　复核:　　制单:

图 2－83

2. 2012 年 3 月 13 日，成达实业股份有限公司向上海沪鑫制造厂购买设备一台，价值 117,000 元，根据购销合同约定，签发付款期限为 3 个月的银行承兑汇票一张，并与开户银行签订银行承兑协议一份（银行承兑协议号：050321)。

要求：完成成达实业股份有限公司的银行承兑汇票签发及账务处理（如图 2－84、图 2－85 所示)。

银行承兑汇票（存根）　3

汇票号码 第　号

出票日期（大写）　贰零零捌年 零壹月拾陆日

出票人全称				收款人	全　称			
出票人账号					账　号			
付款行全称		行号			开户银行		行号	
出票金额	人民币（大写）						千 百 十 万 千 百 十 元 角 分	
汇票到期日					承兑协议编号			
		备注：						

此联出票人存根

图 2－84

记　账　凭　证

年　月　日　　　　第　号

摘　要	科目		借方金额	贷方金额	√
	总账科目	明细科目	亿 千 百 十 万 千 百 十 元 角 分	亿 千 百 十 万 千 百 十 元 角 分	
合　计					

附件　张

会计主管：　记账：　出纳：　复核：　制单：

图 2－85

【知识拓展】

为防止由于银行承兑汇票管理不善而给单位带来经济损失，使用银行承兑汇票的企业应建立健全银行承兑汇票的内部管理制度，加强对银行承兑汇票的管理和控制。银行承兑汇票的具体管理措施主要包括以下几方面：

1. 银行承兑汇票的管理由财务部门指定专人保管。企业需要使用银行承兑汇票时，必须填写“票据和结算凭证领用单”，并加盖预留在银行的签章向开户银行购买。对于购买回来的银行承兑汇票要有专人负责保管和签发。当注销银行存款户时，必须将全部剩余空白银行承兑汇票交回银行注销。

2. 使用银行承兑汇票时，必须填制专门的“银行承兑汇票领用单”，说明领用银行承兑汇票的用途、日期、金额，由经办人员签章，并有相关领导批示。

3. 保管银行承兑汇票的人员必须根据经领导批准的“银行承兑汇票领用单”签发银行承兑汇票，同时应在银行承兑汇票签发登记簿上加以登记。

4. 建立、健全银行承兑汇票报账制度。企业内部领用银行承兑汇票的有关部门和人员应按规定及时报账，遇有特殊情况要及时与财务部门取得联系，以便财务部门能掌握银行承兑汇票的使用情况，合理地安排使用资金。

5. 出票人要经常查看银行承兑汇票的到期情况，对即将到期的银行承兑汇票应在到期日之前按规定将票款足额交存其开户银行。如果出票人未能足额交存票款，银行将对未交足部分的款项转入出票人的逾期贷款户，并按每日万分之五计收利息。

6. 持票人经常查看银行承兑汇票的到期情况，对即将到期的银行承兑汇票应按规定及时办理委托银行收款手续。银行承兑汇票的持票人应当在提示付款期内通过开户银行委托收款。对付款人在异地的银行承兑汇票，持票人可匡算邮程，提前通过开户银行委托收款。如果持票人超过期限提示付款，持票人开户银行将不予受理。

7. 一旦发生银行承兑汇票遗失，立即向银行办理挂失或者请求银行和收款单位协助防范。

【业务训练】

天安实业有限公司发生如下经济业务：

1.2012 年 6 月 26 日，天安实业有限公司签发商业承兑汇票用以收取产品款项 468,000 元，期限三个月，华美股份有限公司于 2012 年 6 月 30 日承兑付款。

要求：完成天安实业有限公司的商业承兑汇票签发及账务处理（如图 2－86、图 2－87 所示）。

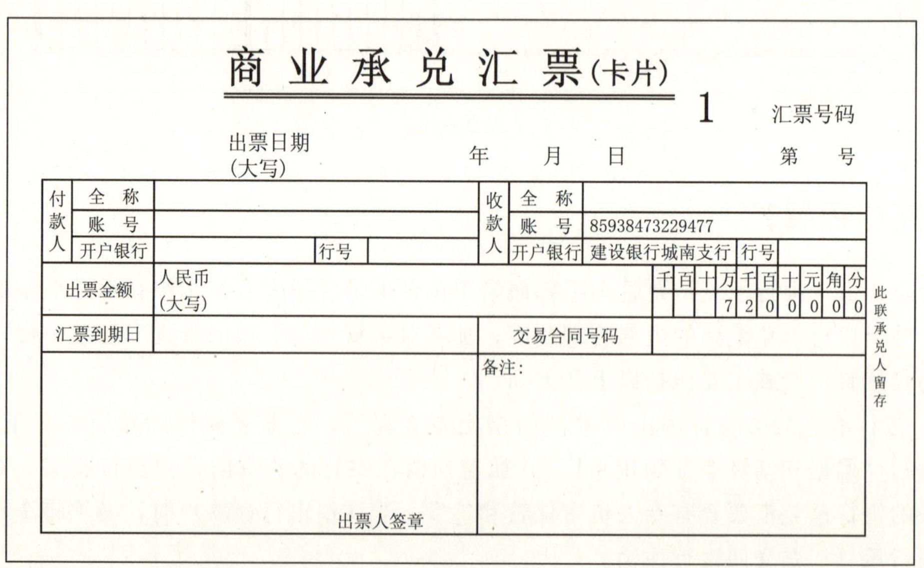

商业承兑汇票（卡片）　1　汇票号码

出票日期（大写）　年　月　日　第　号

付款人	全称			收款人	全称		
	账号				账号	85938473229477	
	开户银行		行号		开户银行	建设银行城南支行	行号
出票金额	人民币（大写）					千 百 十 万 千 百 十 元 角 分	7 2 0 0 0 0 0
汇票到期日				交易合同号码			
出票人签章				备注：			

此联承兑人留存

图 2－86

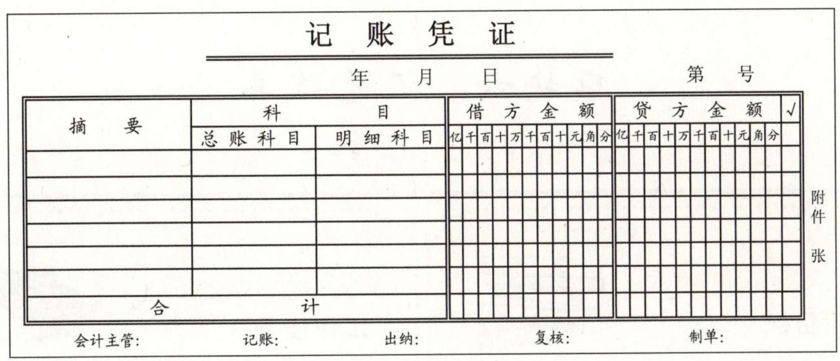

记 账 凭 证

年　月　日　　　　第　号

摘要	科目		借方金额	贷方金额	√
	总账科目	明细科目	亿千百十万千百十元角分	亿千百十万千百十元角分	
合　计					

附件　张

会计主管：　记账：　出纳：　复核：　制单：

图 2－87

2.2012 年 1 月 22 日，天安实业有限公司委托北京设备安装工程公司对流水线进行安装，安装费 90,000 元以银行承兑汇票结算，当即签发一张期限 6 个月的银行承兑汇票，并与开户银行签订银行承兑协议一份（银行承兑协议，协议号：076622）。

要求：完成天安实业有限公司的银行承兑汇票签发及账务处理（见图 2—88、图 2—89）。

银行承兑汇票（存根）　3

汇票号码

出票日期（大写）　贰零零捌年　零壹月拾陆日　　　第　号

出票人全称		收款人	全称		
出票人账号			账号		
付款行全称	行号		开户银行	行号	
出票金额	人民币（大写）			千百十万千百十元角分	
汇票到期日				承兑协议编号	
		备注：			

此联出票人存根

图 2－88

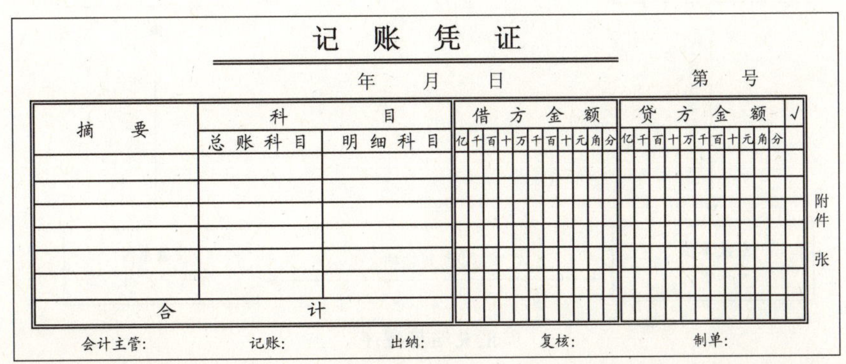

记 账 凭 证

年　月　日　　　　第　号

摘要	科目		借方金额	贷方金额	√
	总账科目	明细科目	亿千百十万千百十元角分	亿千百十万千百十元角分	
合　计					

附件　张

会计主管：　记账：　出纳：　复核：　制单：

图 2－89

模块六　汇兑结算

【知识导入】

汇兑是指汇款人委托银行将款项汇给外地收款人的结算方式。根据凭证传递方式，可分为信汇和电汇两种。汇款人可根据需要选择使用。汇兑适用于异地单位、个体经济户和个人的各种款项的结算。

【范例任务】

金星公司 2012 年 1 月 20 日向上海轩嘉工厂购买材料，价款 200,000 元，增值税 34,000 元，采用汇兑（电汇）方式向对方汇出 234,000 元。

要求：完成金星公司汇兑结算及账务处理。

【业务流程】

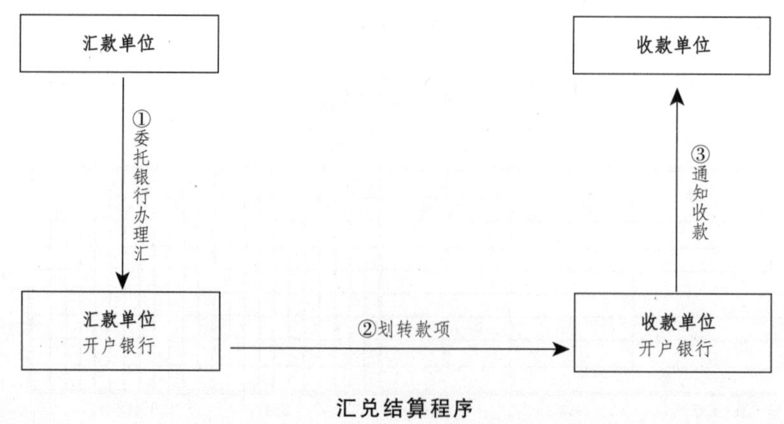

汇兑结算程序

【业务操作】

一、电汇结算

1. 汇款人金星公司办理电汇时应填写电汇凭证一式三联，送交本单位开户银行办理电汇（如图 2－90、图 2－91 所示）。

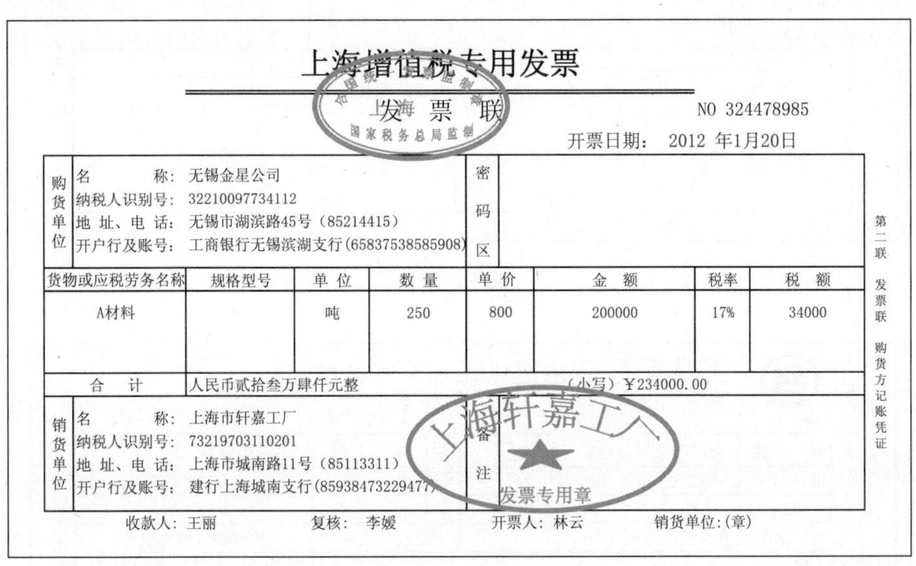

上海增值税专用发票

发 票 联

NO 324478985

开票日期：2012 年1月20日

购货单位	名称：无锡金星公司 纳税人识别号：32210097734112 地址、电话：无锡市湖滨路45号（85214415） 开户行及账号：工商银行无锡滨湖支行（65837538585908）	密码区				
货物或应税劳务名称	**规格型号**	**单位**	**数量**	**单价**	**金额**	**税率**	**税额**
A材料		吨	250	800	200000	17%	34000
合计	人民币贰拾叁万肆仟元整				（小写）￥234000.00		
销货单位	名称：上海市轩嘉工厂 纳税人识别号：73219703110201 地址、电话：上海市城南路11号（85113311） 开户行及账号：建行上海城南支行（85938473229477）	备注				

收款人：王丽 复核：李媛 开票人：林云 销货单位：（章）

第二联 发票联 购货方记账凭证

图 2－90

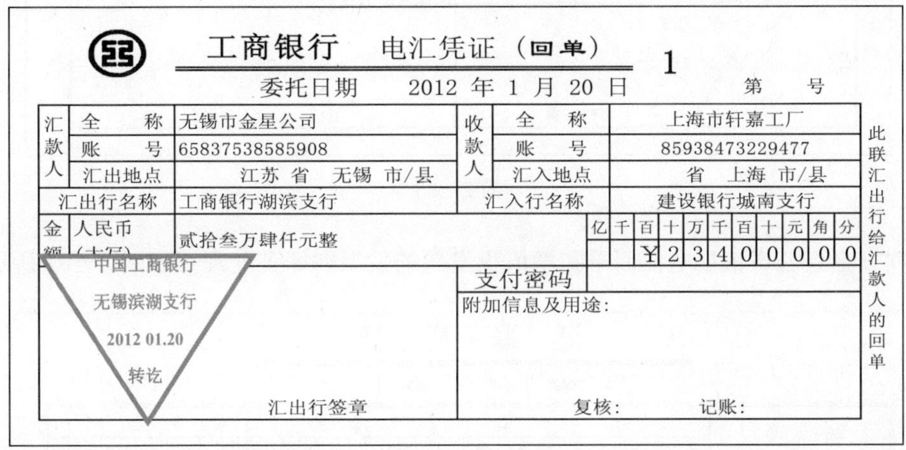

工商银行 电汇凭证（回单） 1

委托日期 2012 年 1 月 20 日 第 号

汇款人	全称	无锡市金星公司	收款人	全称	上海市轩嘉工厂
	账号	65837538585908		账号	85938473229477
	汇出地点	江苏 省 无锡 市/县		汇入地点	省 上海 市/县
汇出行名称		工商银行湖滨支行	汇入行名称		建设银行城南支行
金额	人民币（大写）	贰拾叁万肆仟元整			￥23400000（亿千百十万千百十元角分）
汇出行签章			支付密码		
			附加信息及用途：		
			复核：		记账：

此联汇出行给汇款人的回单

图 2－91

2. 银行受理后，将第一联回单退给汇款人记账，留下第二联凭证用于银行记账，依照第三联编制电划代收报单向收款银行拍发电报（如图 2－92、图 2－93 所示）。

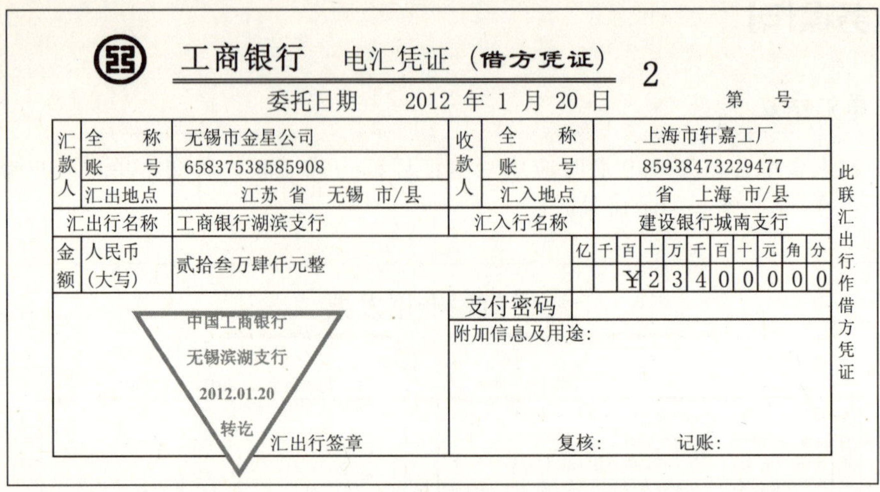

工商银行　电汇凭证（借方凭证）　2

委托日期　2012 年 1 月 20 日　　第　号

汇款人		收款人	
全　称	无锡市金星公司	全　称	上海市轩嘉工厂
账　号	65837538585908	账　号	85938473229477
汇出地点	江苏 省　无锡 市/县	汇入地点	省　上海 市/县
汇出行名称	工商银行湖滨支行	汇入行名称	建设银行城南支行
金额　人民币（大写）	贰拾叁万肆仟元整	亿千百十万千百十元角分	¥23400000

支付密码

附加信息及用途：

中国工商银行　无锡滨湖支行　2012.01.20　转讫

汇出行签章　　复核：　　记账：

此联汇出行作借方凭证

图 2－92

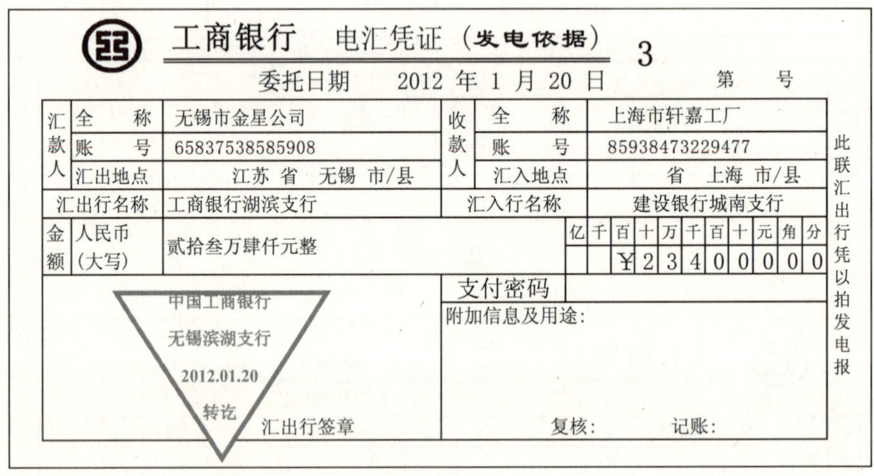

工商银行　电汇凭证（发电依据）　3

委托日期　2012 年 1 月 20 日　　第　号

汇款人		收款人	
全　称	无锡市金星公司	全　称	上海市轩嘉工厂
账　号	65837538585908	账　号	85938473229477
汇出地点	江苏 省　无锡 市/县	汇入地点	省　上海 市/县
汇出行名称	工商银行湖滨支行	汇入行名称	建设银行城南支行
金额　人民币（大写）	贰拾叁万肆仟元整	亿千百十万千百十元角分	¥23400000

支付密码

附加信息及用途：

中国工商银行　无锡滨湖支行　2012.01.20　转讫

汇出行签章　　复核：　　记账：

此联汇出行凭以拍发电报

图 2－93

付款方金星公司依据电汇回单和增值税发票的发票联账务处理（如图 2－94 所示）。

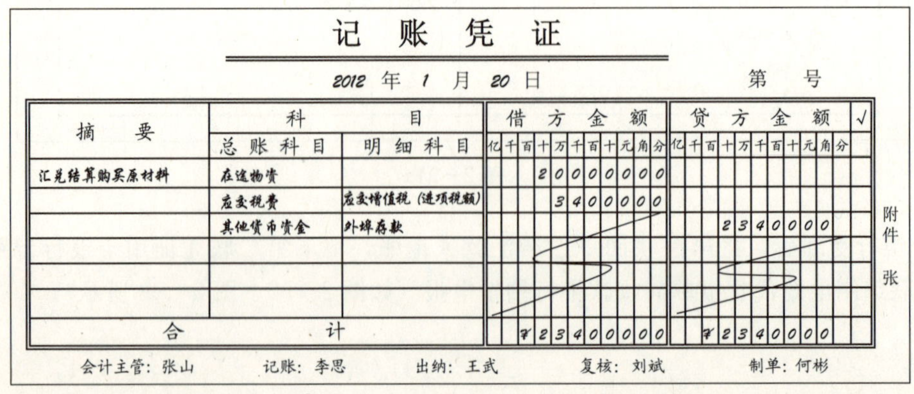

记　账　凭　证

2012 年 1 月 20 日　　第　号

摘　要	总账科目	明细科目	借方金额	贷方金额	√
汇兑结算购买原材料	在途物资		20000000		
	应交税费	应交增值税（进项税额）	3400000		
	其他货币资金	外埠存款		2340000	
合　计			¥23400000	¥2340000	

附件　张

会计主管：张山　记账：李思　出纳：王武　复核：刘斌　制单：何彬

图 2－94

3. 收款银行收到电报后，签发电划代收补充单一式三联，将第三联传给收款人。收款人凭代收报单第三联进行账务处理。

收款方上海轩嘉工厂账务处理（如图 2－95 所示）。

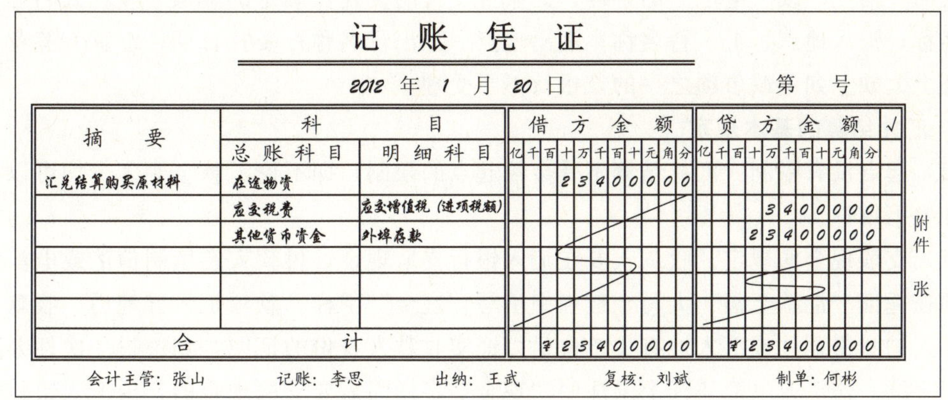

记　账　凭　证

2012 年 1 月 20 日　　　　第　号

摘　要	总账科目	明细科目	借方金额	贷方金额	√
汇兑结算购买原材料	在途物资		23400000		
	应交税费	应交增值税（进项税额）		3400000	
	其他货币资金	外埠存款		23400000	
合　计			￥23400000	￥23400000	

附件　张

会计主管：张山　　记账：李思　　出纳：王武　　复核：刘斌　　制单：何彬

图 2－95

二、信汇结算

1. 汇款人办理信汇时，应填写信汇凭证一式四联，送交本单位开户银行办理信汇（如图 2－96 所示）。

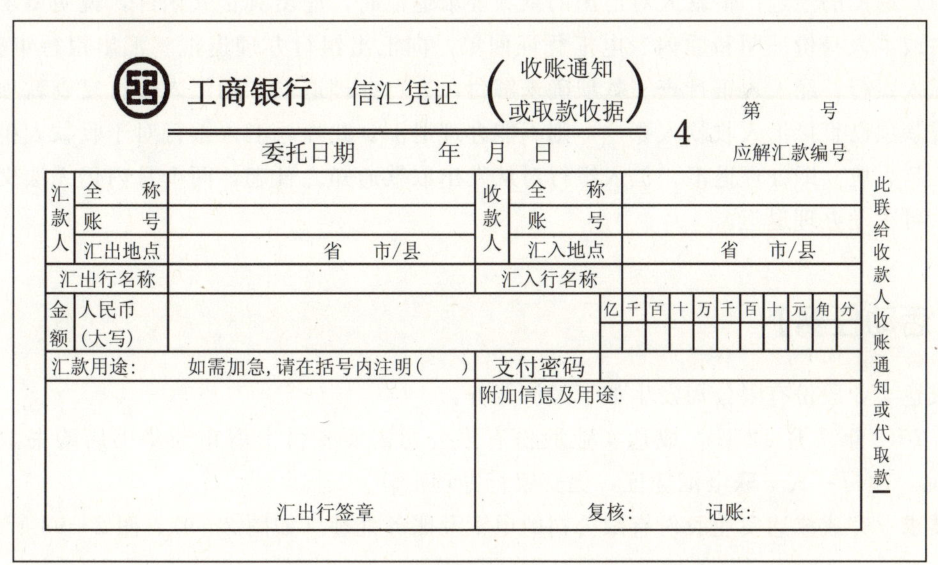

工商银行　信汇凭证（收账通知或取款收据）　4　　第　号

委托日期　年　月　日　　应解汇款编号

汇款人		收款人	
全　称		全　称	
账　号		账　号	
汇出地点	省　市/县	汇入地点	省　市/县
汇出行名称		汇入行名称	
金额	人民币（大写）	亿 千 百 十 万 千 百 十 元 角 分	
汇款用途：　如需加急，请在括号内注明（　）		支付密码	
汇出行签章		附加信息及用途： 复核：　记账：	

此联给收款人收账通知或代取款

图 2－96

2. 银行受理后，将第一联回单退给汇款人记账，留下第二联用于银行记账，将第三联、第四联传给收款银行。

3. 收款银行收到凭证后，留下第三联收款凭证用于记账，将第四联传给收款人，收款人收到第四联收款通知后，进行账务处理。

【业务指导】

1. 签发汇兑凭证必须记载的事项

表明“信汇”或“电汇”的字样；无条件支付的委托；确定的金额；收款人名称；汇款人名称；汇入地点、汇入行名称；汇出地点、汇出行名称；委托日期；汇款人签章。汇兑凭证上欠缺上列记载事项之一的，银行不予受理。

2. 汇兑结算的基本规定

（1）起点没有限制。汇兑结算不受金额起点的限制，即不论汇款金额多少均可以办理信汇和电汇结算。

（2）支取现金的规定。收款人要在汇入银行支取现金，付款人在填制信汇或电汇凭证时，须在凭证“汇款金额”大写金额栏中填写“现金”字样。款项汇入异地后，收款人需携带本人的身份证件或汇入地有关单位足以证实收款人身份的证明，到银行一次性办理现金支付手续。信汇或电汇凭证上未注明“现金”字样而需要支取现金的，由汇入银行按现金管理规定审查支付；需部分支取现金的，收款人应填写取款凭证和存款凭证送交汇入银行，办理支取部分现金和转账手续。

（3）转汇的规定。收款人如需将汇款转到另一地点，应在汇入银行重新办理汇款手续。转汇时，收款人和用途不得改变，汇入银行必须在信汇或电汇凭证上加盖“转汇”戳记。

（4）退汇的规定。汇款人对汇出的款项要求退汇时，应出具正式函件，说明要求退汇的理由或本人身份证明和原信、电汇凭证回单，向汇出银行办理退汇。汇出银行审查后，通知汇入银行，经汇入银行查实款项确未解付，方可办理退汇。如汇入银行复查款项已经解付或款项已直接汇入收款人账户，则不能办理退汇。此外，汇入银行对于收款人拒绝接受的汇款，应立即办理退汇。汇入银行对从发出取款通知之日起，两个月内仍无法交付的款项，可主动办理退汇。

【活动任务】

成达实业股份有限公司发生如下经济业务：

1.2012 年 7 月 12 日，成达实业股份有限公司需要支付上海市新华书店购书款尾款 3000 元，填写一式三联电汇凭证，提交银行办理汇款。

要求：完成成达实业股份有限公司的电汇及账务处理（如图 2—97、图 2—98 所示）。

工商银行　电汇凭证（回单）　1

委托日期　　年　　月　　日　　　　第　　号

汇款人	全　　称		收款人	全　　称	
	账　　号			账　　号	
	汇出地点			汇入地点	
汇出行名称			汇入行名称		

金额	人民币（大写）		亿	千	百	十	万	千	百	十	元	角	分

	支付密码	
汇出行签章	附加信息及用途： 复核：　　记账：	

此联汇出行给汇款人的回单

图 2－97

记　账　凭　证

年　　月　　日　　　　第__号

摘　要	科目：总账科目	科目：明细科目	借方金额：亿	千	百	十	万	千	百	十	元	角	分	贷方金额：亿	千	百	十	万	千	百	十	元	角	分	√
合　　计																									

附件　张

会计主管：　　记账：　　出纳：　　复核：　　制单：

图 2－98

2.2012 年 4 月 7 日，成达实业股份有限公司汇给上海世纪联盟计算机图书销售公司 3000 元，用于购置计算机图书款项。

要求：完成成达实业股份有限公司的信汇及账务处理（如图 2－99、图 2－100 所示）。

工商银行　电汇凭证（回单）　1

委托日期　　年　　月　　日　　　　第　　号

汇款人	全　称		收款人	全　称	
	账　号			账　号	
	汇出地点			汇入地点	
汇出行名称			汇入行名称		
金额	人民币（大写）		亿 千 百 十 万 千 百 十 元 角 分		
			支付密码		
			附加信息及用途：		
汇出行签章			复核：　　记账：		

此联汇出行给汇款人的回单

图 2－99

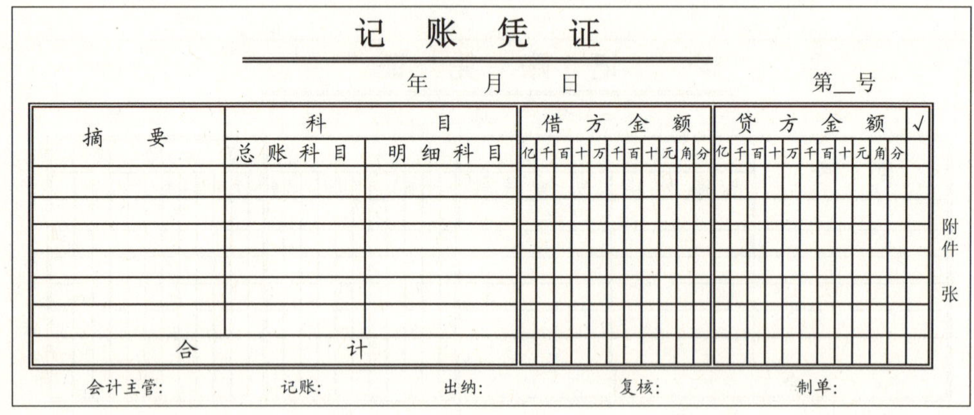

记　账　凭　证

年　　月　　日　　　　第__号

摘　要	科目		借方金额											贷方金额											√
	总账科目	明细科目	亿	千	百	十	万	千	百	十	元	角	分	亿	千	百	十	万	千	百	十	元	角	分	
合　计																									

附件　张

会计主管：　　记账：　　出纳：　　复核：　　制单：

图 2－100

【业务精要】

1. 汇款人办理异地汇款时，可根据款项汇入地点的远近和时间的要求，选择信汇或电汇结算方式。填写汇款凭证时，要按照凭证各栏要求，详细填明汇入地点、行名、收款人及汇款用途等项内容并在第二联上加盖预留银行印鉴。

2. 根据结算规定，信汇汇款可附带与汇款有关的少量单证，如向外地订购书刊的订购单、商品订购单以及向外地人员汇付工资时的工资发放表等。电汇款项不允许附带单证。

3. 收款人收到银行转来的收款通知或电划代收报单时，要认真地对凭证的内容进行审查，主要查看凭证收款人全称和账号是否与本单位的全称和账号一致，汇款用途是否与本单位有关，汇入银行是否加盖了转讫印章，在确认属于本单位款项但又用途不明的情况下，应及时与本单位有关部门联系，尽快查明款项用途，从而准确归属有关核算账户。

4. 信汇（邮费比电汇便宜，但是速度比较慢）和电汇（邮费比信汇贵，但是速度比较快）。

【业务训练】

天安实业有限公司发生如下经济业务：

1. 2012 年 8 月 7 日，天安实业有限公司汇出给上海市无名计算机销售公司销售款 8000 元，用于购置计算机，请根据付款申请书填写银行电汇凭证。

要求： 完成天安实业有限公司的电汇及账务处理（如图 2－32 至 10、图 2－102 所示）。

工商银行 电汇凭证（回单） 1

委托日期 年 月 日 第 号

汇款人	全称		收款人	全称	
	账号			账号	
	汇出地点			汇入地点	
汇出行名称			汇入行名称		
金额	人民币（大写）			亿 千 百 十 万 千 百 十 元 角 分	
			支付密码		
			附加信息及用途：		
汇出行签章			复核：	记账：	

此联汇出行给汇款人的回单

图 2－101

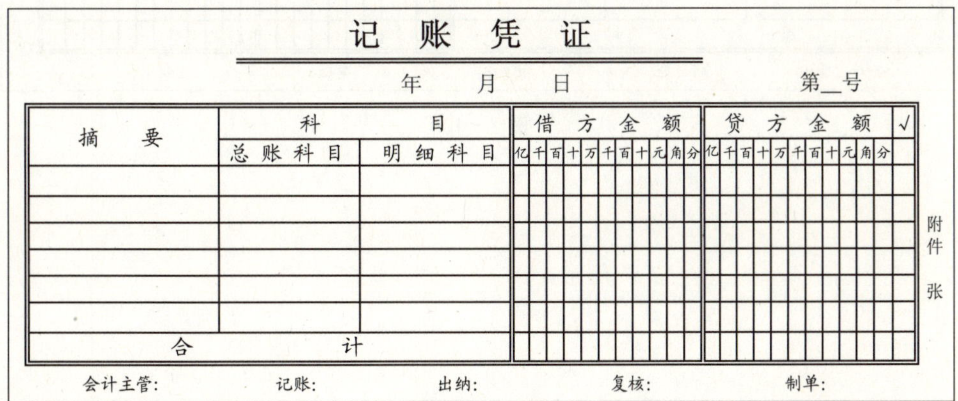

记账凭证

年 月 日 第__号

摘要	科目：总账科目	科目：明细科目	借方金额（亿 千 百 十 万 千 百 十 元 角 分）	贷方金额（亿 千 百 十 万 千 百 十 元 角 分）	√
合计					

附件 张

会计主管： 记账： 出纳： 复核： 制单：

图 2－102

2.2012 年 10 月 10 日，天安实业有限公司向上海红梅材料供应公司购买材料，材料款 234,000 元从开户银行汇出。

要求：完成天安实业有限公司的信汇及账务处理（如图 2—103、图 2—104 所示）。

工商银行 电汇凭证（回单） 1

委托日期 年 月 日 第 号

汇款人	全称		收款人	全称	
	账号			账号	
	汇出地点			汇入地点	
汇出行名称			汇入行名称		

金额	人民币（大写）		亿	千	百	十	万	千	百	十	元	角	分

	支付密码	
	附加信息及用途：	
汇出行签章	复核：	记账：

此联汇出行给汇款人的回单

图 2—103

记 账 凭 证

年 月 日 第__号

摘要	科目		借方金额											贷方金额											√
	总账科目	明细科目	亿	千	百	十	万	千	百	十	元	角	分	亿	千	百	十	万	千	百	十	元	角	分	
合计																									

附件 张

会计主管： 记账： 出纳： 复核： 制单：

图 2—104

模块七　委托收款结算

学习目标

1. 熟知委托收款业务制度和业务规程
2. 熟知委托收款凭证的格式和填写

工作任务

熟练办理委托收款业务

【知识导入】

委托收款是收款人向银行提供收款依据，委托银行向付款人收取款项的结算方式。根据凭证传递方式不同，可分为委邮和委电两种，由收款人选用。凡在银行或其他金融机构开立账户的单位和个体经济户的商品交易，公用事业单位向用户收取水电费、邮电费、煤气费、公房租金等劳务款项以及其他应收款项，无论是在同城还是异地，均可使用委托收款的结算方式。

【范例任务】

金星公司 2012 年 1 月 21 日销售一批产品给轩嘉工厂，价款 40,000 元，增值税 6,800 元，采用委托收款（委电）结算方式，到期收回款项。

要求：完成金星公司委托收款及账务处理。

【业务流程】

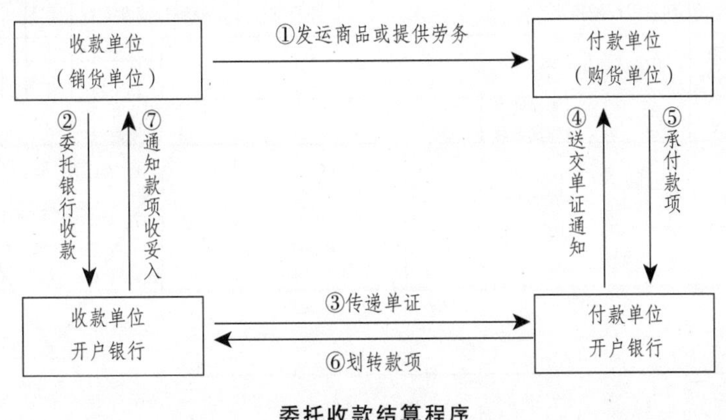

委托收款结算程序

【业务操作】

一、委电结算

1. 收款人委托金星公司开户银行收款时，应连同有关收款单据填写委托收款凭证一式五联送交开户银行（如图 2－32 至 105、图 2－106 所示）。

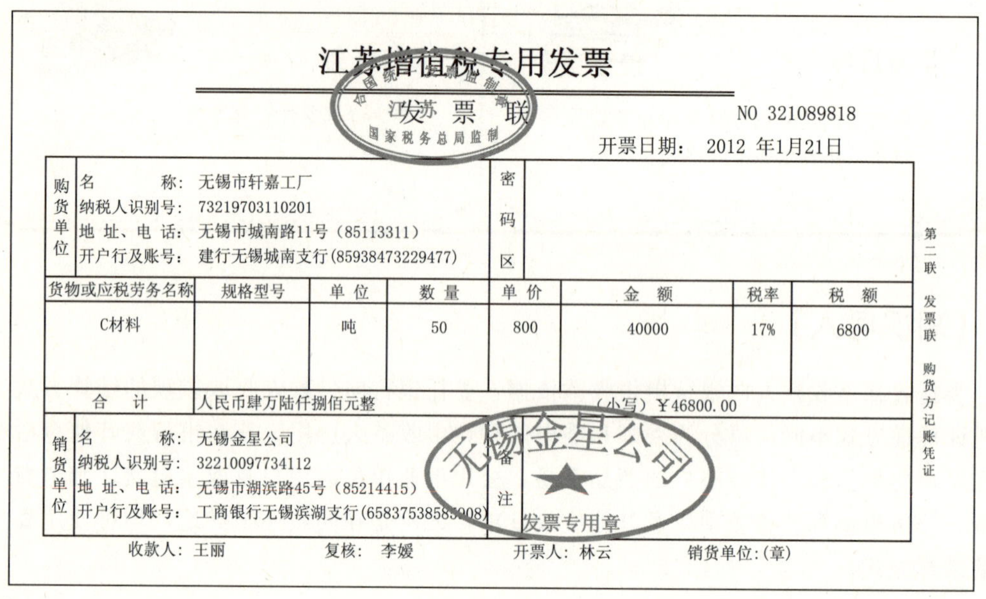

江苏增值税专用发票

发票联

NO 321089818

开票日期： 2012 年1月21日

购货单位	名称：无锡市轩嘉工厂 纳税人识别号：73219703110201 地址、电话：无锡市城南路11号（85113311） 开户行及账号：建行无锡城南支行(85938473229477)	密码区					
货物或应税劳务名称	规格型号	单位	数量	单价	金额	税率	税额
C材料		吨	50	800	40000	17%	6800
合计	人民币肆万陆仟捌佰元整				（小写）￥46800.00		
销货单位	名称：无锡金星公司 纳税人识别号：32210097734112 地址、电话：无锡市湖滨路45号（85214415） 开户行及账号：工商银行无锡滨湖支行(65837538585908)	备注					

收款人：王丽　复核：李媛　开票人：林云　销货单位:(章)

第二联 发票联 购货方记账凭证

图 2－105

第　号

委电　**委托收款** 凭证（回　单）　1　委托号码

委托日期　2012年　1月 21 日

付款人	全称	无锡轩嘉工厂	收款人	全称	无锡市金星公司
	账号或地址	85938473229477		账号	65837538585908
	开户银行	建设银行城南支行		开户银行	工商银行滨湖支行　行号
委收金额	人民币（大写）	肆万陆仟捌佰元整		千百十万千百十元角分	￥4680000
款项内容		委托收款凭据名称		附寄单证张数	
备注： 电划			款项收妥日期 年 月 日		收款人开户银行盖章 年 月 日

单位主管　会计　复核　记账

此联收款人开户银行给收款人的回单

中国工商银行
无锡滨湖支行
2012.01.21
转讫

图 2－106

收款方金星公司依据委托收款回单和增值税发票的记账联做账务处理（如图 2－107 所示）。

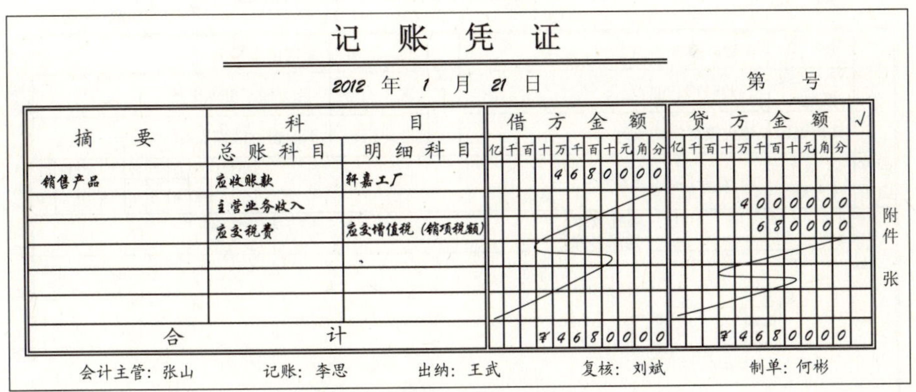

记　账　凭　证

2012 年 1 月 21 日　　　　第　　号

摘要	总账科目	明细科目	借方金额	贷方金额	√
销售产品	应收账款	轩嘉工厂	4680000		
	主营业务收入			4000000	
	应交税费	应交增值税（销项税额）		680000	
合计			¥468000	¥4680000	

附件　张

会计主管：张山　　记账：李思　　出纳：王武　　复核：刘斌　　制单：何彬

图 2－107

2. 开户银行审查无误后，将第一联回单加盖印章后退给收款人，留下第二联收款凭证，将第三、第四、第五联传给付款人开户银行（如图 2－108 至图 2－110 所示）。

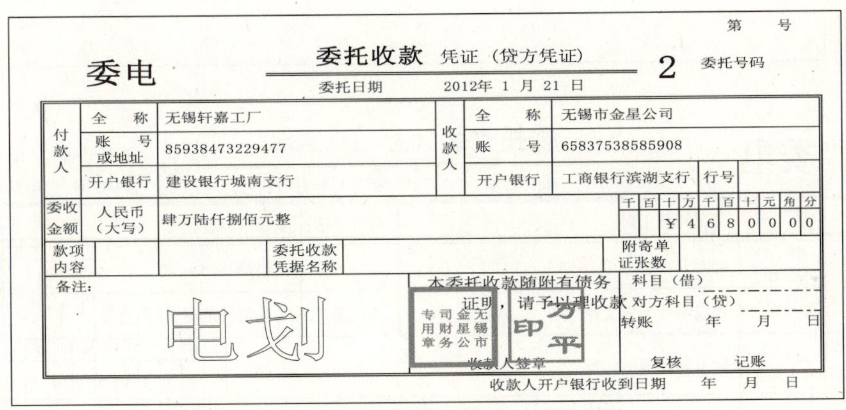

委电　　**委托收款** 凭证（贷方凭证）　2　　第　　号　　委托号码

委托日期　2012年 1 月 21 日

付款人	全称	无锡轩嘉工厂	收款人	全称	无锡市金星公司
	账号或地址	85938473229477		账号	65837538585908
	开户银行	建设银行城南支行		开户银行	工商银行滨湖支行　行号
委收金额	人民币（大写）	肆万陆仟捌佰元整		千百十万千百十元角分	¥468000 0
款项内容		委托收款凭据名称		附寄单证张数	

备注：　电划

本委托收款随附有债务证明，请予以理收款　收款人签章

专用章　金星财务公司　无锡市　　方平印

科目（借）　对方科目（贷）　转账　年　月　日

复核　记账

收款人开户银行收到日期　年　月　日

图 2－108

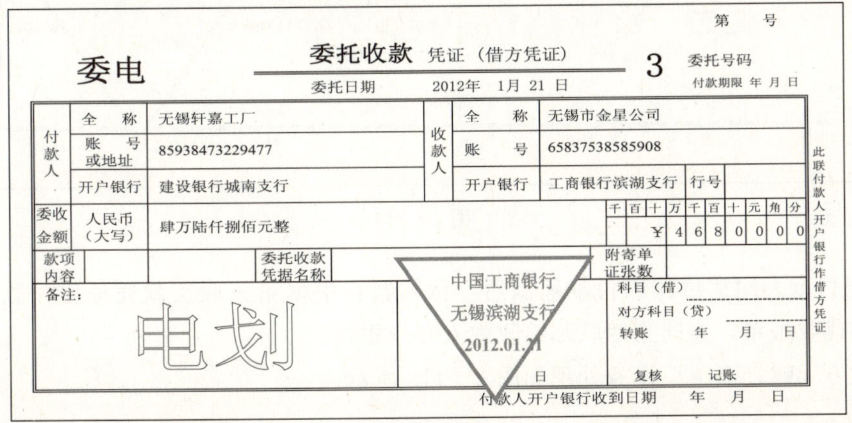

委电　　**委托收款** 凭证（借方凭证）　3　　第　　号　　委托号码

委托日期　2012年 1月 21 日　　付款期限　年　月　日

付款人	全称	无锡轩嘉工厂	收款人	全称	无锡市金星公司
	账号或地址	85938473229477		账号	65837538585908
	开户银行	建设银行城南支行		开户银行	工商银行滨湖支行　行号
委收金额	人民币（大写）	肆万陆仟捌佰元整		千百十万千百十元角分	¥4680000
款项内容		委托收款凭据名称		附寄单证张数	

备注：　电划

中国工商银行　无锡滨湖支行　2012.01.21

科目（借）　对方科目（贷）　转账　年　月　日

日　　复核　记账

付款人开户银行收到日期　年　月　日

此联付款人开户银行作借方凭证

图 2－109

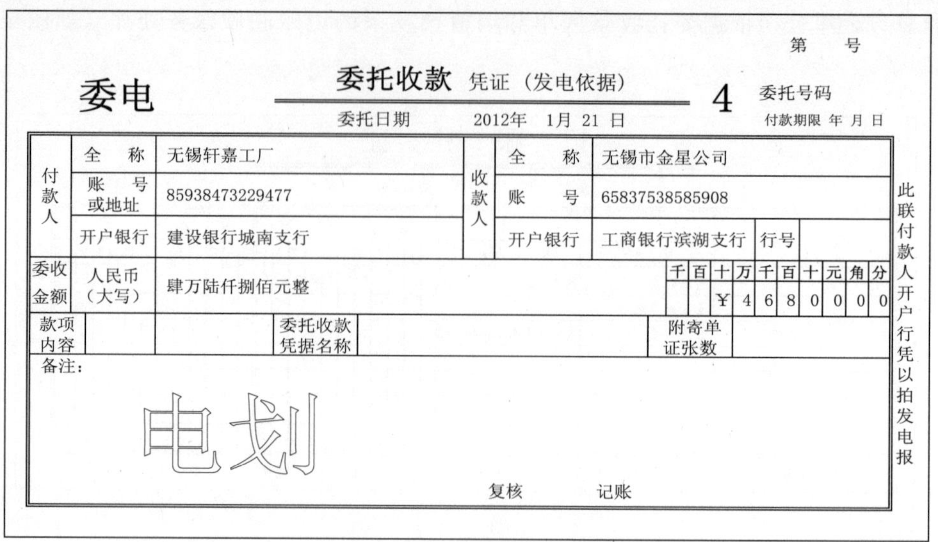
第　号

委电　委托收款 凭证（发电依据）　4　委托号码

委托日期　2012年　1月 21 日　付款期限 年 月 日

付款人	全　称	无锡轩嘉工厂	收款人	全　称	无锡市金星公司	
	账　号或地址	85938473229477		账　号	65837538585908	
	开户银行	建设银行城南支行		开户银行	工商银行滨湖支行	行号
委收金额	人民币（大写）	肆万陆仟捌佰元整			千百十万千百十元角分	￥4680000
款项内容		委托收款凭据名称		附寄单证张数		

备注：

电划

复核　记账

此联付款人开户行凭以拍发电报

图 2－110

3. 付款人开户银行收到传来的凭证后，将第五联付款通知传给付款人（如图 2－111 所示）。

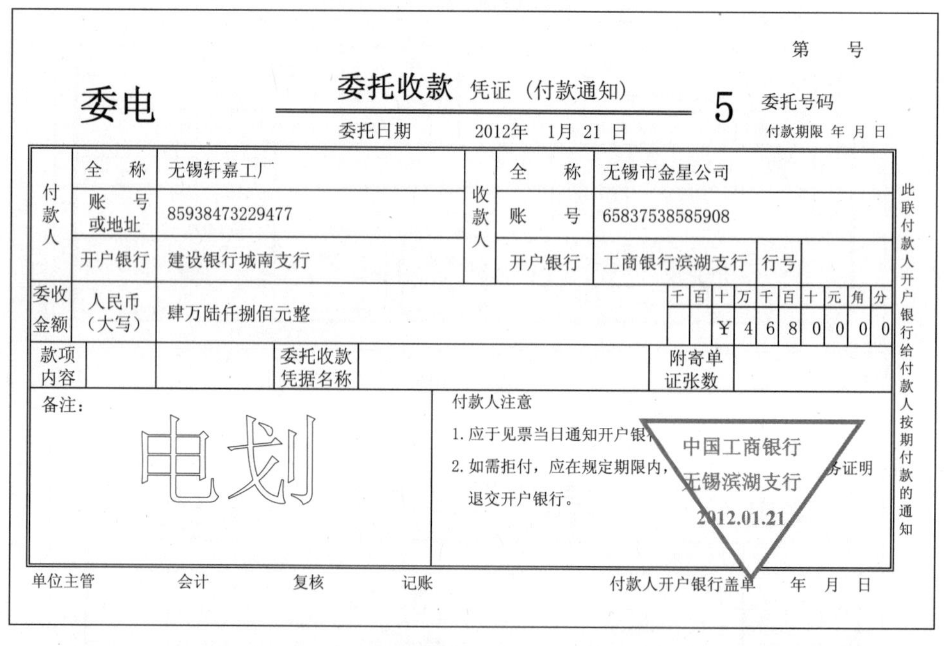
第　号

委电　委托收款 凭证（付款通知）　5　委托号码

委托日期　2012年　1月 21 日　付款期限 年 月 日

付款人	全　称	无锡轩嘉工厂	收款人	全　称	无锡市金星公司	
	账　号或地址	85938473229477		账　号	65837538585908	
	开户银行	建设银行城南支行		开户银行	工商银行滨湖支行	行号
委收金额	人民币（大写）	肆万陆仟捌佰元整			千百十万千百十元角分	￥4680000
款项内容		委托收款凭据名称		附寄单证张数		

备注：

电划

付款人注意

1. 应于见票当日通知开户银行……
2. 如需拒付，应在规定期限内，……证明退交开户银行。

中国工商银行 无锡滨湖支行 2012.01.21

单位主管　会计　复核　记账　付款人开户银行盖章　年　月　日

此联付款人开户银行给付款人按期付款的通知

图 2－111

4. 当付款人同意付款或付款期满后，付款银行根据第三联支款凭证作付款处理，并编制电划代收报单，连同第四联邮给收款人开户银行。

付款方无锡轩嘉工厂账务处理如图 2－112 所示。

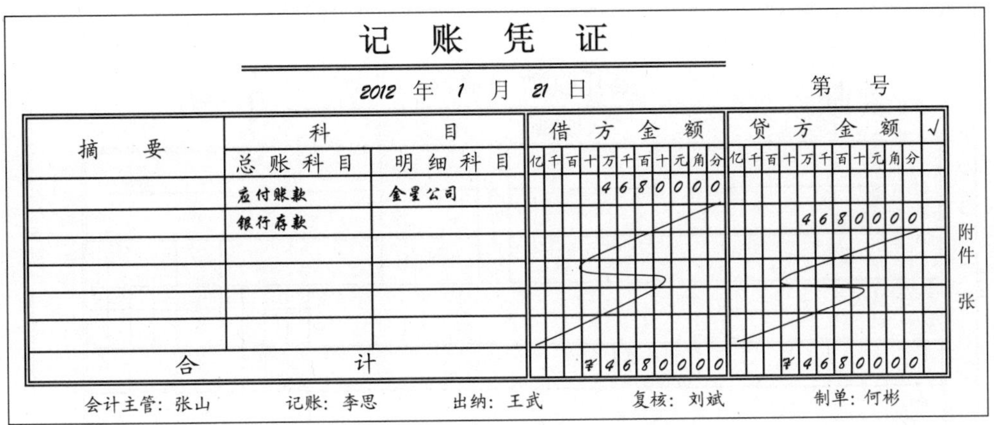

记　账　凭　证

2012 年 1 月 21 日　　　　第　　号

摘　要	总账科目	明细科目	借方金额（亿千百十万千百十元角分）	贷方金额（亿千百十万千百十元角分）	√
	应付账款	金星公司	4680000		
	银行存款			4680000	
合　计			￥4680000	￥4680000	

附件　张

会计主管：张山　记账：李思　出纳：王武　复核：刘斌　制单：何彬

图 2－112

5. 收款人开户银行收到付款银行邮来的第四联凭证和代收报单后，经核实予以转账，并将第四联收款通知传给收款人。

6. 收款人根据收款通知进行收款入账（如图 2－113 所示）。

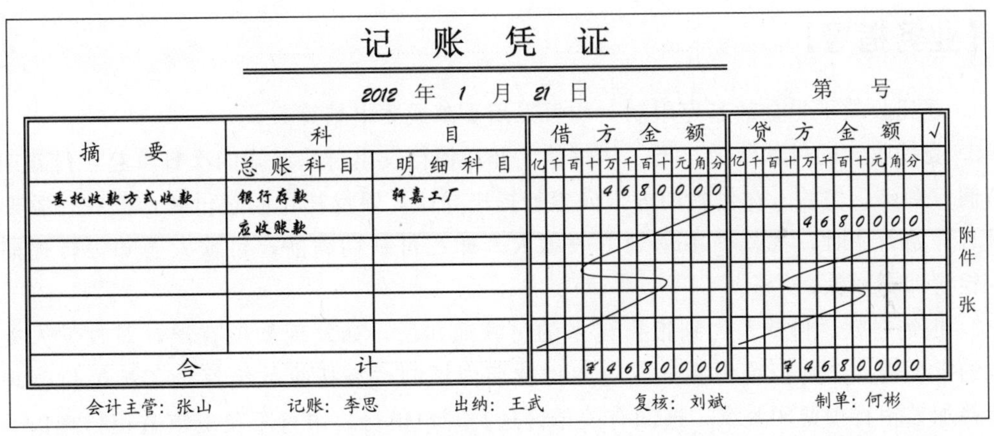

记　账　凭　证

2012 年 1 月 21 日　　　　第　　号

摘　要	总账科目	明细科目	借方金额（亿千百十万千百十元角分）	贷方金额（亿千百十万千百十元角分）	√
委托收款方式收款	银行存款	轩嘉工厂	4680000		
	应收账款			4680000	
合　计			￥4680000	￥4680000	

附件　张

会计主管：张山　记账：李思　出纳：王武　复核：刘斌　制单：何彬

图 2－113

二、委邮结算程序

委邮结算的程序与委电结算基本相同，其区别在于收款通知传递的方式不同，当付款人同意付款后，付款银行将编制邮划代收报单，采用发报的方式，通知收款银行收款。委邮凭证格式与委电凭证相同，只是具有“委邮”字样（如图 2－114 所示）。

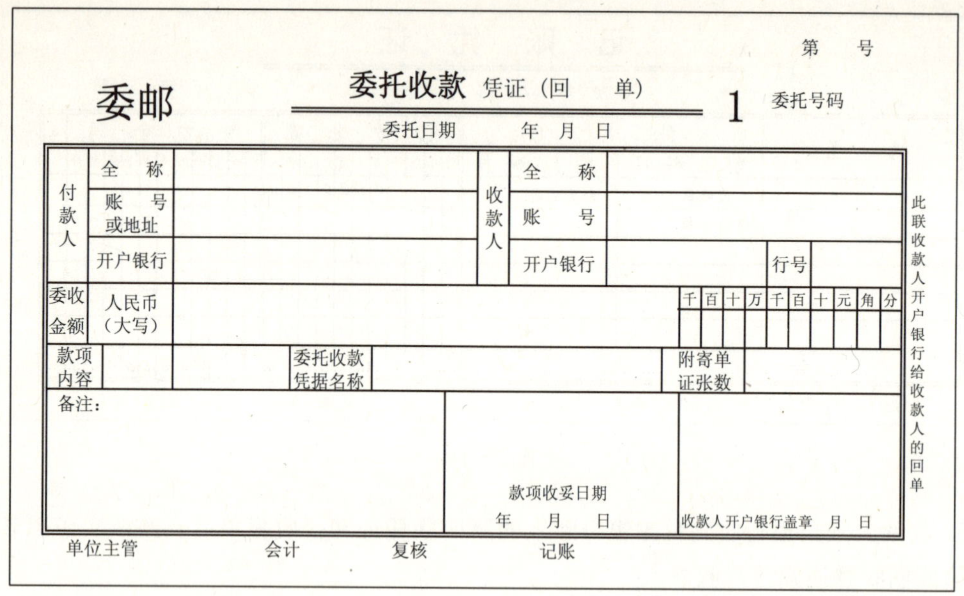

第　　号

委邮　　**委托收款** 凭证（回　　单）　1　委托号码

委托日期　　年　月　日

付款人	全　称		收款人	全　称			
	账　号 或地址			账　号			
	开户银行			开户银行		行号	
委收金额	人民币 （大写）				千 百 十 万 千 百 十 元 角 分		
款项内容		委托收款 凭据名称			附寄单 证张数		
备注：		款项收妥日期 年　月　日			收款人开户银行盖章　月　日		

单位主管　　会计　　复核　　记账

此联收款人开户银行给收款人的回单

图 2－114

【业务指导】

1. 委托收款不受金额起点限制，均可采用委邮或委电结算方式。

2. 委托收款的付款期为 3 天，从付款人开户银行发出付款通知的次日算起，付款期内遇节假日顺延。付款人在付款期内未向银行提出异议，银行视作同意付款，并在付款期满的次日开始营业时，将款项主动划给收款人。如在付款期满前，付款人通知银行提前付款，银行即刻划款。

3. 拒绝付款。付款人收到银行转来的付款通知后，如发现款项有误，对收款人委托收取的款项需要全部拒绝付款的，应在付款期内填制“委托收款结算全部拒绝付款理由书”并加盖银行预留印鉴章，连同有关单证送交开户银行，银行不负责审查拒付理由，将拒绝付款理由书和有关凭证及单证寄给收款人开户银行转交收款人。需要部分拒绝付款的，应在付款期内出具“委托收款结算部分拒绝付款理由书”，并加盖银行预留印鉴章，送交开户银行，银行办理部分划款，并将部分拒绝付款理由书寄给收款人开户银行转交收款人。

4. 无款支付。付款人在付款期满日，银行营业终了前如无足够资金支付全部款项，即为无款支付。银行于次日上午开始营业时，通知付款人将有关单证在两天内退回开户银行，银行将有关结算凭证连同单证或应付款项证明单退回收款人开户银行转交收款人。付款人逾期不退回单证的，开户银行应按照委托收款的金额自发出通知的第 3 天起，每天处以万分之五但不低于 50 元的罚金，并暂停付款人委托银行向外办理结算业务，直到退回单证时止。

【活动任务】

成达实业股份有限公司发生如下经济业务：

1. 2012 年 4 月 17 号，成达实业股份有限公司销售给福州长富贸易公司一批货物，价值 2,925 元，商品已经发出，委托收款（电划）。

要求：完成成达实业股份有限公司的委电及账务处理（如图 2－115、图 2－116 所示）。

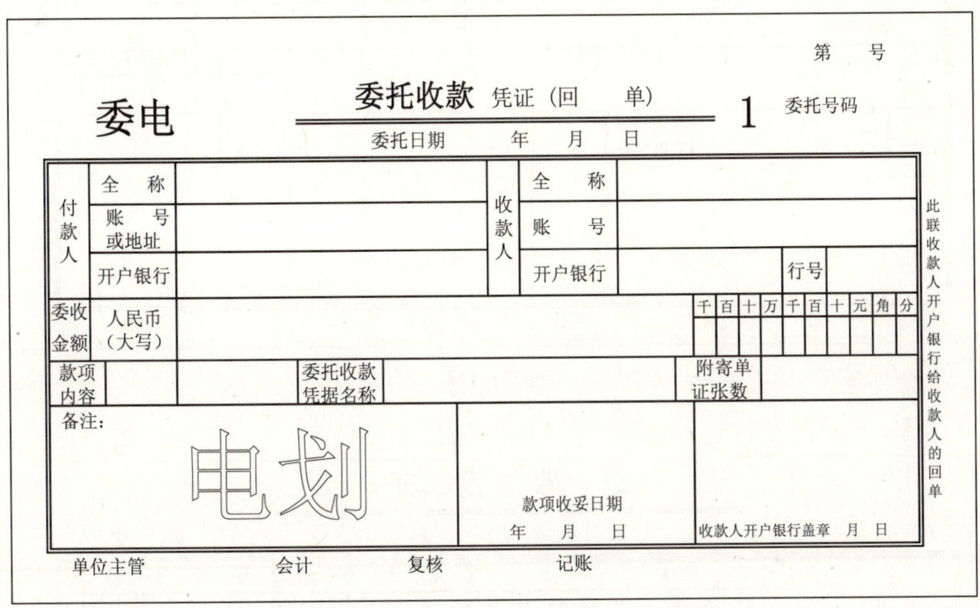

第　　号

委电　　委托收款 凭证（回　　单）　1　委托号码

委托日期　　年　　月　　日

付款人	全　称		收款人	全　称	
	账　号或地址			账　号	
	开户银行			开户银行	行号
委收金额	人民币（大写）				千 百 十 万 千 百 十 元 角 分
款项内容		委托收款凭据名称		附寄单证张数	
备注：电划		款项收妥日期　年　月　日		收款人开户银行盖章　月　日	

此联收款人开户银行给收款人的回单

单位主管　　会计　　复核　　记账

图 2－115

记　账　凭　证

年　　月　　日　　　　第　　号

摘　要	科目：总账科目	科目：明细科目	借方金额：亿	千	百	十	万	千	百	十	元	角	分	贷方金额：亿	千	百	十	万	千	百	十	元	角	分	√
合　计																									

附件　　张

会计主管：　　记账：　　出纳：　　复核：　　制单：

图 2－116

2. 2012 年 2 月 2 日，成达实业股份有限公司销售给上海市新华书店教学软件一套，价值 35,100 元，委托收款（邮划）。

要求：完成成达实业股份有限公司的委邮及账务处理（如图 2－117、图 2－118 所示）。

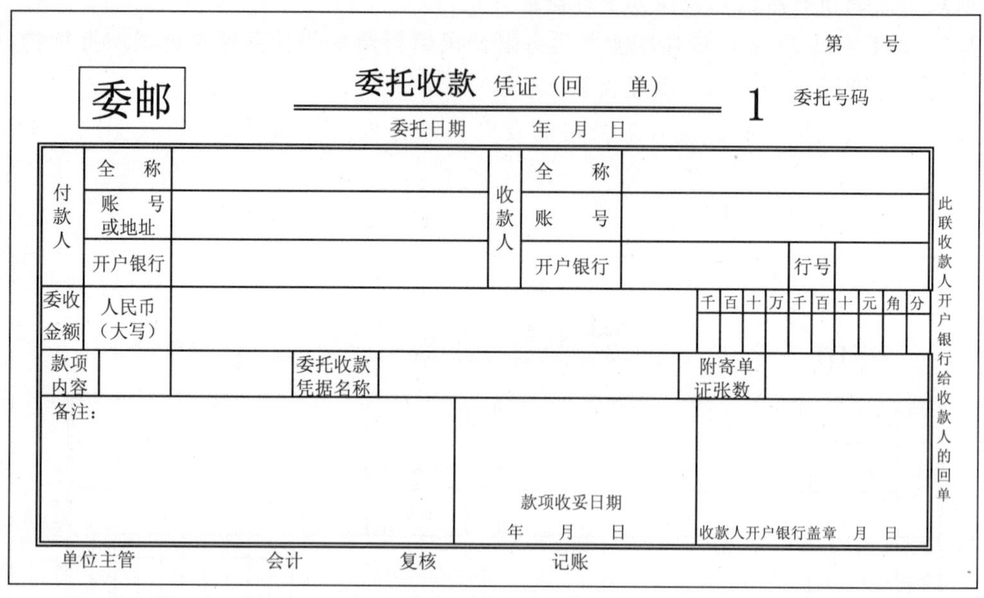

第　　号

委邮　　**委托收款** 凭证（回　　单）　　1　　委托号码

委托日期　　年　月　日

付款人	全　称		收款人	全　称			
	账　号或地址			账　号			
	开户银行			开户银行		行号	
委收金额	人民币（大写）					千 百 十 万 千 百 十 元 角 分	
款项内容		委托收款凭据名称			附寄单证张数		
备注：		款项收妥日期　年　月　日			收款人开户银行盖章　月　日		

单位主管　　会计　　复核　　记账

此联收款人开户银行给收款人的回单

图 2－117

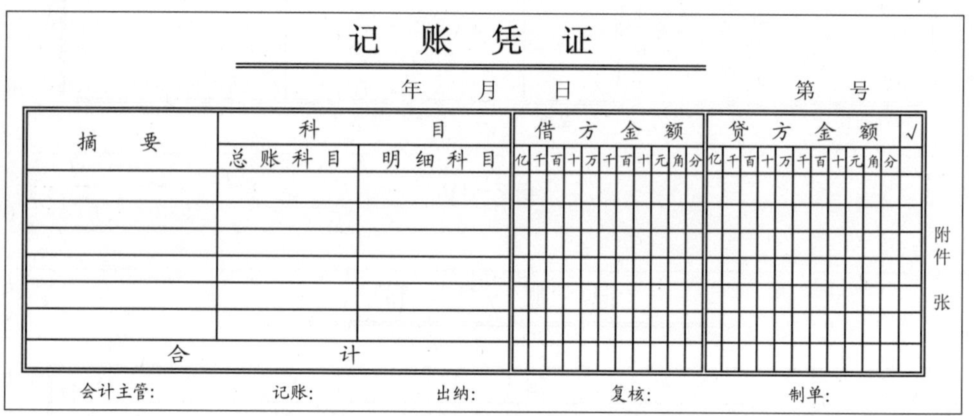

记　账　凭　证

年　　月　　日　　　　第　　号

摘　要	科目		借方金额	贷方金额	√
	总账科目	明细科目	亿 千 百 十 万 千 百 十 元 角 分	亿 千 百 十 万 千 百 十 元 角 分	
合　　计					

附件　张

会计主管：　　记账：　　出纳：　　复核：　　制单：

图 2－118

【业务精要】

1. 收款人委托银行收款时，应根据划款快慢的需要选择委电或委邮结算方式。凭证的付款人全称、账号或地址、开户银行等内容要填写清楚，连同有关收款凭证向本单位开户银行办理托收手续。

2. 付款人收到银行传来的付款通知后，应及时查明是否为本单位应付款项，款项的金额是否有误，并在付款期内决定是否予以承付。对应拒付的款项，要在付款期内及时填制拒绝付款理由书，连同付款通知一起交开户银行办理拒付手续。

3. 收付款双方在结算过程中发生纠纷时，应由收付双方共同协商解决，或申请仲裁机关裁决，银行不负责监督扣款和监督拒绝付款。

【业务训练】

天安实业有限公司资料发生如下经济业务：

1. 2012 年 9 月 5 日，天安实业有限公司委托开户行收取北京自来水公司 8 月的租金 2,400 元（电划）。

要求： 完成天安实业有限公司的委电及账务处理（如图 2－119、图 2－120 所示）。

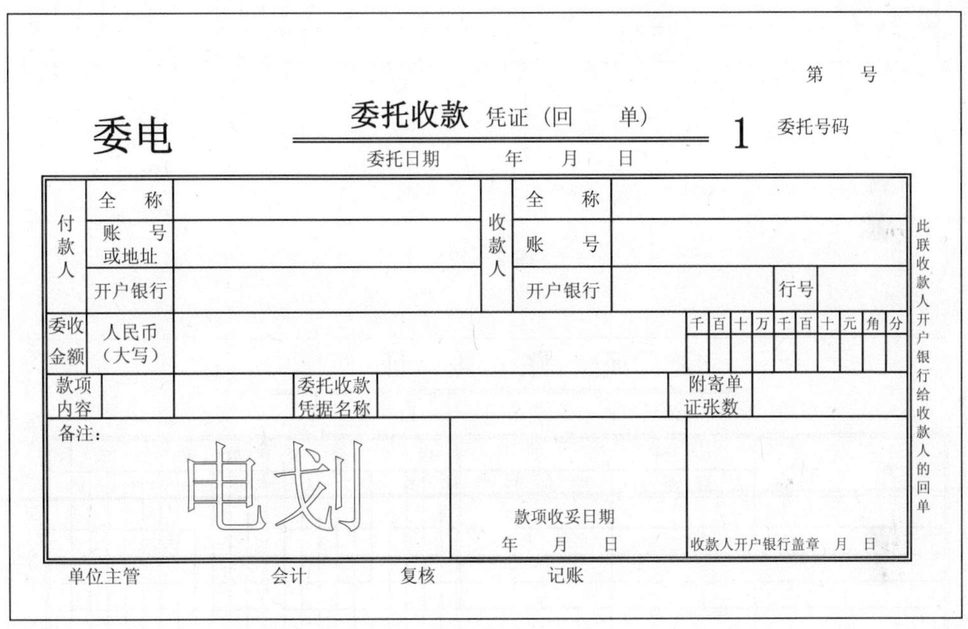

第　　号

委电　　委托收款 凭证（回　　单）　1　委托号码

委托日期　　年　　月　　日

付款人	全　称		收款人	全　称			
	账　号或地址			账　号			
	开户银行			开户银行		行号	
委收金额	人民币（大写）				千 百 十 万 千 百 十 元 角 分		
款项内容		委托收款凭据名称			附寄单证张数		
备注：电划			款项收妥日期　年　月　日		收款人开户银行盖章　月　日		

单位主管　　会计　　复核　　记账

此联收款人开户银行给收款人的回单

图 2－119

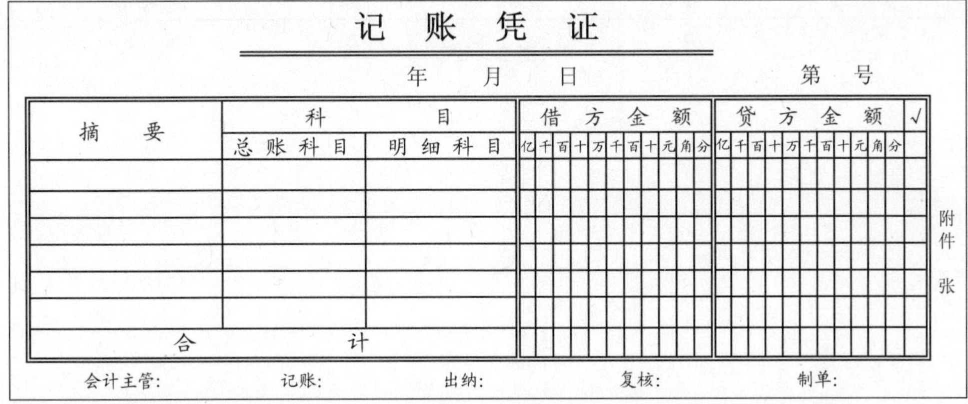

记　账　凭　证

年　　月　　日　　　　第　　号

摘　要	科目：总账科目	科目：明细科目	借方金额（亿 千 百 十 万 千 百 十 元 角 分）	贷方金额（亿 千 百 十 万 千 百 十 元 角 分）	√
合　　计					

附件　张

会计主管：　记账：　出纳：　复核：　制单：

图 2－120

2.2012 年 5 月 23 日，天安实业有限公司销售给中兴贸易公司电脑 5 台，价值 18,050 元，开出增值税发票和运费发票，票款向银行办理委托收款手续。(邮划)

要求：完成天安实业有限公司的委邮及账务处理（如图 2－121、图 2－122 所示）。

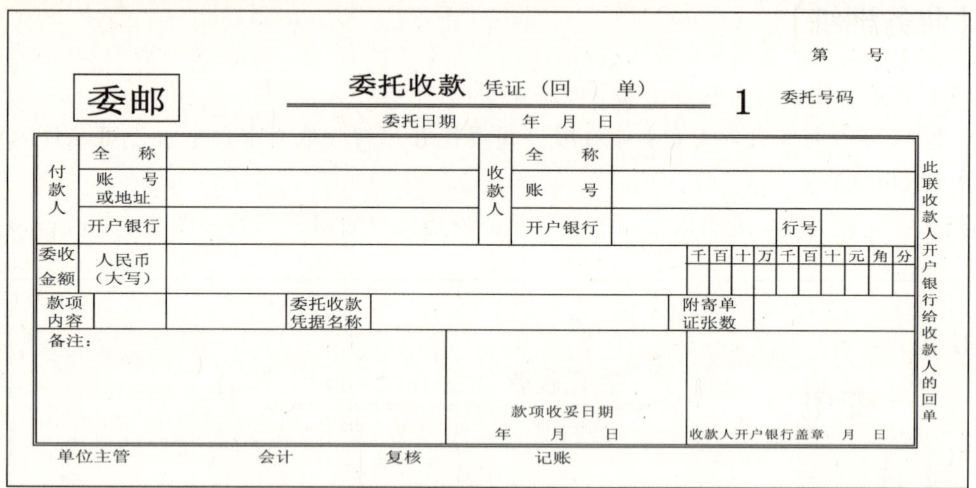

委邮　　委托收款 凭证（回　　单）　　1　　第　　号　　委托号码

委托日期　　年　月　日

付款人	全　称		收款人	全　称			
	账　号或地址			账　号			
	开户银行			开户银行		行号	
委收金额	人民币（大写）					千百十万千百十元角分	
款项内容		委托收款凭据名称				附寄单证张数	
备注：		款项收妥日期　年　月　日				收款人开户银行盖章　月　日	

此联收款人开户银行给收款人的回单

单位主管　　会计　　复核　　记账

图 2－121

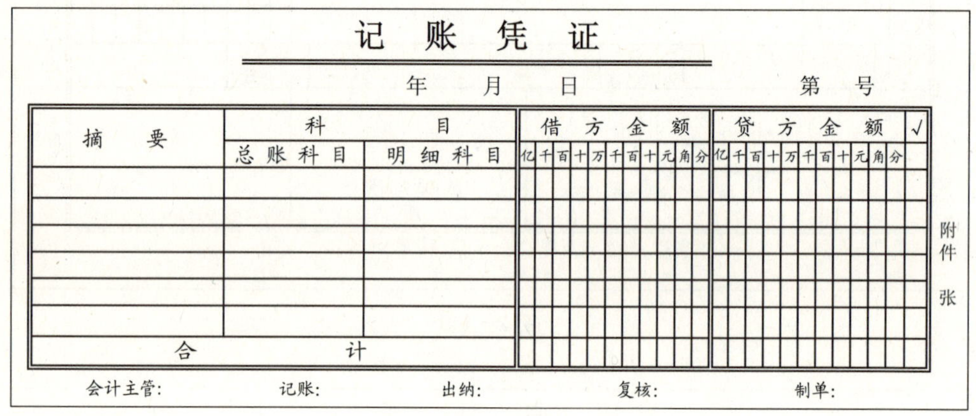

记　账　凭　证

年　月　日　　第　号

摘　要	科目		借方金额	贷方金额	√
	总账科目	明细科目	亿千百十万千百十元角分	亿千百十万千百十元角分	
合　计					

附件　张

会计主管：　记账：　出纳：　复核：　制单：

图 2－122

模块八　托收承付结算

学习目标

1. 熟知托收承付业务制度和业务规程
2. 熟知托收承付凭证的格式和填写要点

工作任务

熟练办理托收承付款业务

【知识导入】

托收承付结算，是销货单位根据合同发货后，委托银行向购货单位收取货款，购货单位根据合同核对单证或验货后，向银行承认付款的一种结算方式。托收承付结算方式只适用于异地订有经济合同的商品交易及相关劳务款项的结算。代销、寄销、赊销商品的款项，不得办理异地托收承付结算。

【范例任务】

金星公司 2012 年 1 月 27 日销售一批产品给上海轩嘉工厂，价款 50,000 元，增值税 8,500 元，采用托收承付结算方式，到期收回款项。

要求：完成金星公司托收承付结算及账务处理。

【业务流程】

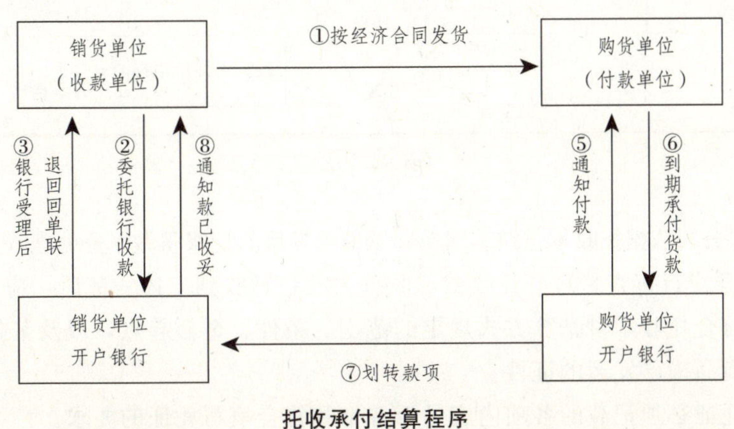

托收承付结算程序

【业务操作】

1. 收款人委托其开户行办理托收。收款人办理托收时，采取邮寄划款的，应填制邮划托收承付凭证；采取电报划款的，应填制电划托收凭证。收款人在第2联托收凭证上签章后，将有关托收凭证和有关单证提交开户行（如图2—123、图2—124所示）。

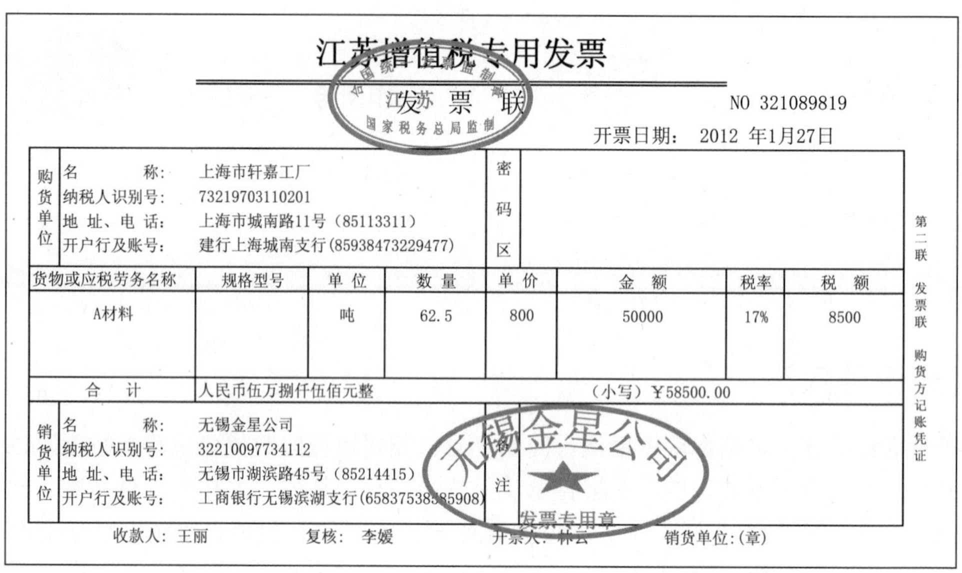

江苏增值税专用发票

发票联

NO 321089819

开票日期：2012年1月27日

购货单位	名称：上海市轩嘉工厂 纳税人识别号：73219703110201 地址、电话：上海市城南路11号（85113311） 开户行及账号：建行上海城南支行(85938473229477)				密码区			
货物或应税劳务名称	规格型号	单位	数量	单价	金额	税率	税额	
A材料		吨	62.5	800	50000	17%	8500	
合计	人民币伍万捌仟伍佰元整				（小写）￥58500.00			
销货单位	名称：无锡金星公司 纳税人识别号：32210097734112 地址、电话：无锡市湖滨路45号（85214415） 开户行及账号：工商银行无锡滨湖支行(6583753885908)				备注			

收款人：王丽　复核：李媛　开票人：林云　销货单位:(章)

第二联 发票联 购货方记账凭证

无锡金星公司 发票专用章

图2—123

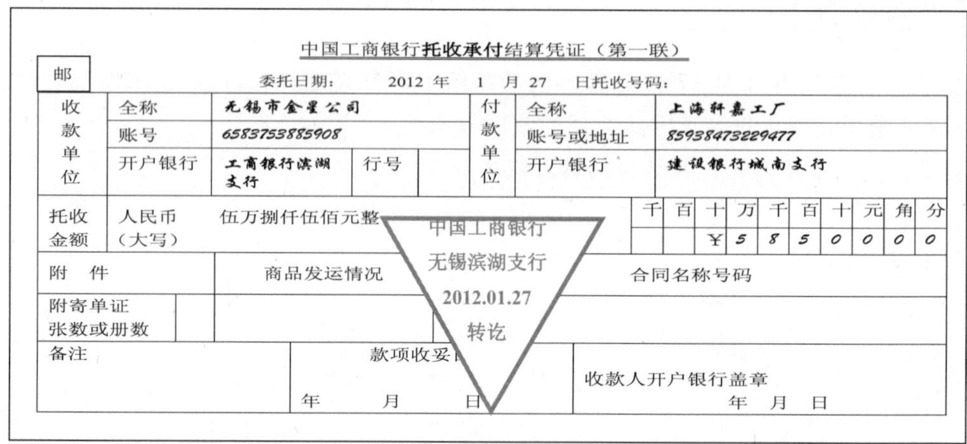

中国工商银行托收承付结算凭证（第一联）

邮

委托日期：2012年1月27日托收号码：

收款单位	全称	无锡市金星公司		付款单位	全称	上海轩嘉工厂
	账号	6583753885908			账号或地址	85938473229477
	开户银行	工商银行滨湖支行	行号		开户银行	建设银行城南支行

托收金额	人民币（大写）伍万捌仟伍佰元整	千	百	十	万	千	百	十	元	角	分
				￥	5	8	5	0	0	0	0

附件	商品发运情况	合同名称号码
附寄单证张数或册数		
备注	款项收妥日期　年　月　日	收款人开户银行盖章　年　月　日

中国工商银行 无锡滨湖支行 2012.01.27 转讫

图2—124

收款方金星公司依据托收承付结算回单和增值税发票的记账联做账务处理（见图2—125）。

2. 收款人开户行审查受理。托收款项收款人开户行收到上述凭证后，应认真审查：

（1）是否符合托收承付结算方式规定的范围、条件、金额起点，以及其他有关规定。

（2）有无商品确已发运的证件。

（3）托收凭证必须记载的各项内容是否齐全和符合填写凭证的要求。

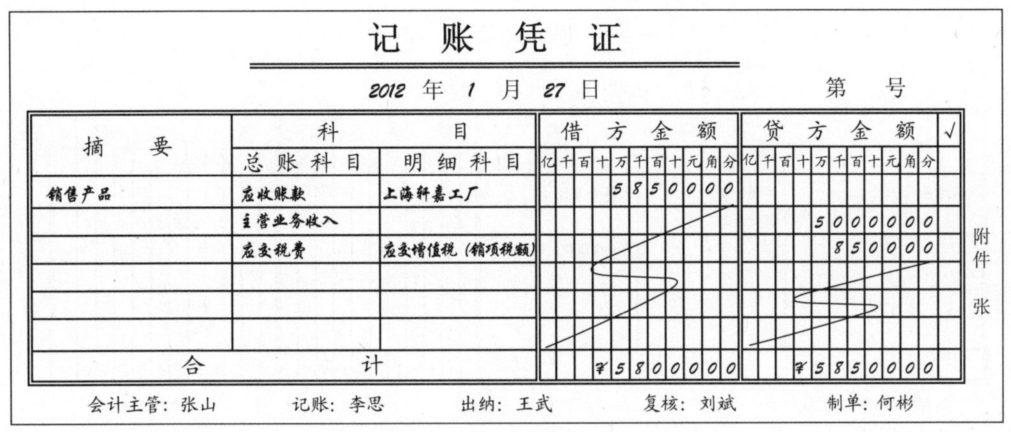

记 账 凭 证

2012 年 1 月 27 日　　　　第　号

摘要	总账科目	明细科目	借方金额	贷方金额	√
销售产品	应收账款	上海轩嘉工厂	5850000		
	主营业务收入			5000000	
	应交税费	应交增值税（销项税额）		850000	
合计			¥5800000	¥5850000	

附件 张

会计主管：张山　记账：李思　出纳：王武　复核：刘斌　制单：何彬

图 2－125

（4）托收凭证与所附单据的张数是否相符。

（5）第 2 联托收凭证上是否有收款人签章，其签章是否符合规定。

经审查无误后，在邮划或电划第 1 联托收凭证加盖业务公章后退给收款人。对收款人向银行提交的发运证件需要带回保管的或自寄的，应在各联凭证和发运证件上加盖“已验发运证件”戳记，然后将发运证件退给收款人。

3. 银行之间交换邮划或电划托收凭证及相关单据收款人开户行将邮划或电划第 3、4、5 联托收凭证（均在第 3 联上加盖带有联行行号的结算专用章）连同交易单证，一并寄交付款人开户行。

4. 付款人开户银行通知付款办理承付。付款人开户行收到收款人开户行寄来的托收凭证及其附件后，应及时通知付款人。通知的方法可以根据具体情况与付款人签订协议，采取付款人来行自取、派人送达、对距离较远的付款人邮寄等。付款人应在承付期内审查核对并安排资金。付款方上海轩嘉工厂记账凭证如图 2－126 所示。

5. 银行之间划转资金。付款人开户行办完承付转账手续后，属于邮寄划款的，将第四联委托收款凭证随联行邮划贷方报单寄交收款人开户行；属于电报划款的，应根据第四联委托收款凭证填制联行电划贷方报单，凭以向收款人开户行拍发电报。

6. 收款人开户行转账并通知收账。收款人开户行接到付款人开户行寄来的邮划贷方报单以及所附托收凭证第 4 联时，应将留存的第 2 联凭证抽出同第 4 联凭证进行核对。审查无误后，在该 2 联上填注转账日期并办理转账。转账后将第 4 联凭证加盖转讫章作收账通知交收款人。如系电报划回的，应编制电划贷方补充报单，以其第 4 联为收账通知转收款人。

【业务指导】

1. 使用托收承付结算方式的收款单位和付款单位，必须是国有企业、供销合作社以及经营管理较好，并经开户银行审查同意的城乡集体所有制工业企业。

2. 办理托收承付结算的款项，必须是商品交易，以及因商品交易而产生的劳务供应的款项。代销、寄销、赊销商品的款项，不得办理托收承付结算。

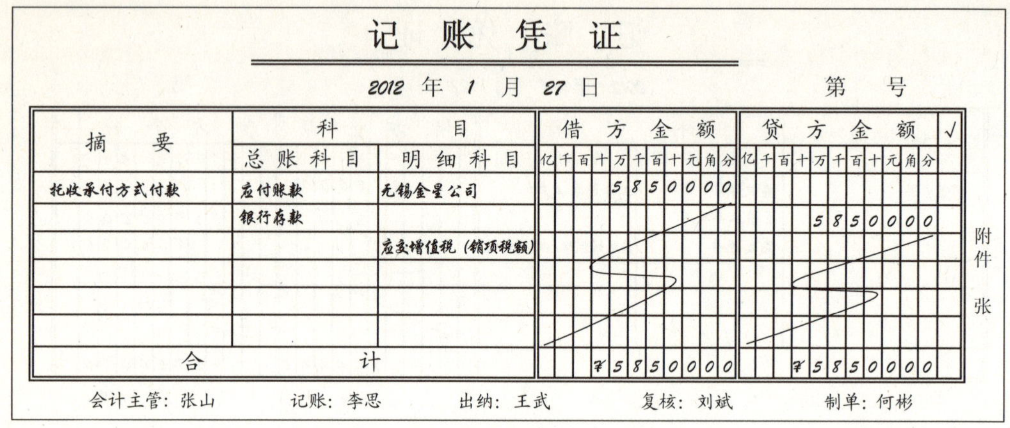

记账凭证

2012 年 1 月 27 日　　　　第　　号

摘要	总账科目	明细科目	借方金额	贷方金额	√
托收承付方式付款	应付账款	无锡金星公司	5850000		
	银行存款			5850000	
		应交增值税（销项税额）			
合计			¥5850000	¥5850000	

附件　张

会计主管：张山　　记账：李思　　出纳：王武　　复核：刘斌　　制单：何彬

图 2－126

收款方金星公司记账凭证如图 2－127 所示。

记账凭证

2012 年 1 月 27 日　　　　第　　号

摘要	总账科目	明细科目	借方金额	贷方金额	√
托收承付方式付款	银行存款		5850000		
	应付账款	上海轩嘉工厂		5850000	
合计			¥5850000	¥5850000	

附件　张

会计主管：张山　　记账：李思　　出纳：王武　　复核：刘斌　　制单：何彬

图 2－127

3. 收付双方使用托收承付结算必须签有符合《经济合同法》的购销合同，并在合同上订明使用托收承付结算方式。

4. 收付双方办理托收承付结算，必须重合同、守信用。收款人对同一付款人发货托收累计超过 3 次收不回货款的，收款人开户银行应暂停向该付款人办理托收；付款人累计 3 次提出无理拒付的，付款人开户银行应暂停其向外办理托收。

5. 收款人办理托收，必须具有商品确已发运的证件。

6. 托收承付结算每笔的金额起点为 1 万元。新华书店系统每笔的金额起点为 1,000 元。

【活动任务】

成达实业股份有限公司发生如下经济业务：

1. 2012 年 1 月 11 日，成达实业股份有限公司向上海天地集团有限公司销售产品一批，价值 118,500 元，货已发出，连同运费办理托收承付结算手续。(邮划) 合同编号为 246800。

要求： 完成成达实业股份有限公司的托收承付及账务处理（见图 2－128 至图 2－130）。

中国工商银行**托收承付**结算凭证（第一联）

邮　　委托日期：　　年　　月　　日　　托收号码：

收款单位	全称			付款单位	全称	
	账号				账号或地址	
	开户银行		行号		开户银行	
托收金额	人民币（大写）					千 百 十 万 千 百 十 元 角 分
附　件		商品发运情况		合同名称号码		
附寄单证张数或册数						
备注		款项收妥日期　年　月　日		收款人开户银行盖章　年　月　日		

图 2－128

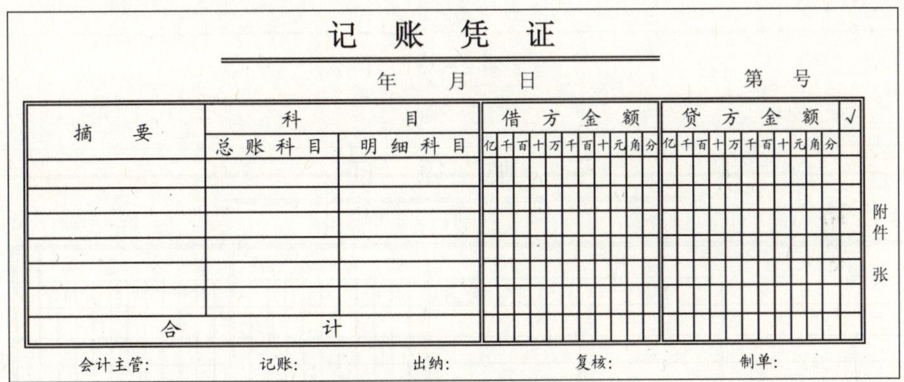
记 账 凭 证

年　月　日　　第　号

摘　要	科目 总账科目	科目 明细科目	借方金额 亿千百十万千百十元角分	贷方金额 亿千百十万千百十元角分	√
合　计					

附件　张

会计主管：　记账：　出纳：　复核：　制单：

图 2－129

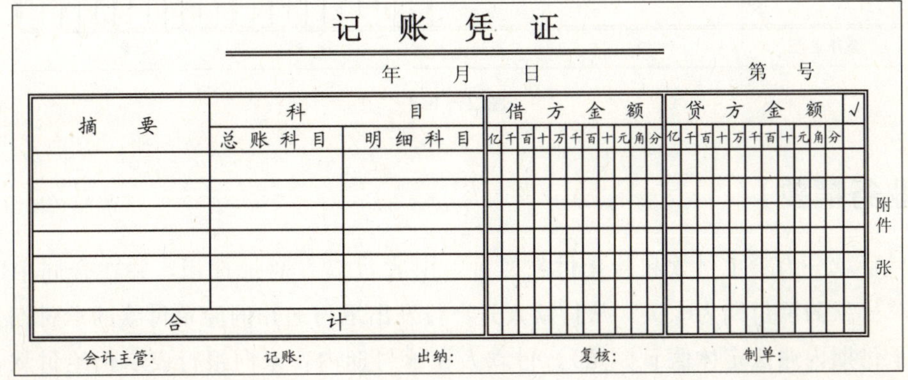
记 账 凭 证

年　月　日　　第　号

摘　要	科目 总账科目	科目 明细科目	借方金额 亿千百十万千百十元角分	贷方金额 亿千百十万千百十元角分	√
合　计					

附件　张

会计主管：　记账：　出纳：　复核：　制单：

图 2－130

2.2012 年 1 月 15 日，上海天地集团有限公司收到银行的托收付款通知，因对方运费计算有误前来办理部分拒付，支付 117,000.00 元，拒付运费 1,500 元。根据上述资料填写拒绝付款理由书。

要求：完成成达实业股份有限公司的托收承付的拒绝付款理由书及账务处理（如图 2—131、2—132 所示）。

中国工商银行**托收承付**结算凭证（第一联）

邮

委托日期：　　年　　月　　日托收号码：

收款单位	全称			付款单位	全称	
	账号				账号或地址	
	开户银行		行号		开户银行	

托收金额	人民币（大写）	千	百	十	万	千	百	十	元	角	分

附件		商品发运情况	合同名称号码
附寄单证张数或册数			

备注	款项收妥日期 年　月　日	收款人开户银行盖章 年　月　日

图 2—131

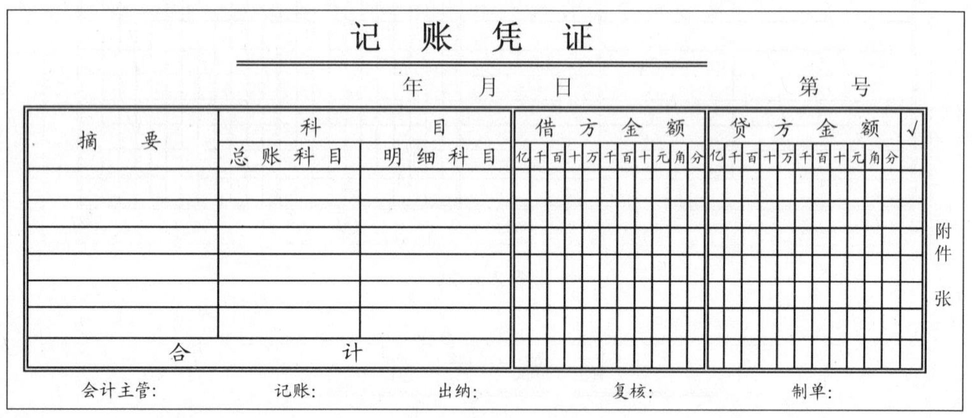

记　账　凭　证

年　月　日　　　　第　号

摘　要	科目		借方金额	贷方金额	√
	总账科目	明细科目	亿千百十万千百十元角分	亿千百十万千百十元角分	
合　计					

附件　张

会计主管：　记账：　出纳：　复核：　制单：

图 2—132

【业务精要】

承付货款分为验单付款和验货付款两种，由收付双方商量选用，并在合同中明确规定。验单付款的承付期为 3 天，从付款人开户行发出承付通知的验单付款的承付期为次日算起（承付期内遇法定休假日顺延）。付款人在承付期内，未向银行表示拒绝付款，银行即视作承付，并在承付期满的次日（法定、休假日顺延）上午银行开始营业时，将款项主动从付款人的账户内付出，按照收款人指定的划款方式划给收款人。验货付款的承付期为10天，以运输部门向付款人发出提货验货付款的承付期为通知的次日算起。对收付双方在合同中明确规定，并在托收凭证上注明验货付款期限的，银行从其规定。

【业务训练】

天安实业有限公司发生如下经济业务：

1. 2012年11月28日，天安实业有限公司向上海东方集团有限公司（国企）销售产品一批，价值24,000元，货已发出，连同运费办理托收承付结算手续。（电划）合同编号为511411。

要求： 完成天安实业有限公司的托收承付及账务处理（如图2－133、2－134所示）。

中国工商银行**托收承付**结算凭证（第一联）

邮

委托日期： 年 月 日托收号码：

收款单位	全称				付款单位	全称											
	账号					账号或地址											
	开户银行		行号			开户银行											
托收金额	人民币（大写）						千	百	十	万	千	百	十	元	角	分	
附 件		商品发运情况			合同名称号码												
附寄单证张数或册数																	

图2－133

记 账 凭 证

年 月 日 第 号

摘 要	科目		借方金额										贷方金额										√
	总账科目	明细科目	亿	千	百	十	万	千	百	十	元	角	分	亿	千	百	十	万	千	百	十	元	角	分	
合 计																								

附件 张

会计主管： 记账： 出纳： 复核： 制单：

图2－134

2. 2012年11月30日，上海东方集团有限公司收到银行托收付款通知，因对方金额计算有误前来办理拒付，支付23,000元，拒付1,000元。请填写拒绝承付理由书。

要求： 完成天安实业有限公司的托收承付的拒绝付款理由书及账务处理（如图2－135、图2－136所示）。

中国工商银行托收承付结算凭证（第一联）

邮

委托日期：　　年　　月　　日　　托收号码：

收款单位	全称			付款单位	全称	
	账号				账号或地址	
	开户银行		行号		开户银行	

托收金额	人民币（大写）	千	百	十	万	千	百	十	元	角	分

附　件		商品发运情况	合同名称号码
附寄单证张数或册数			

图 2－135

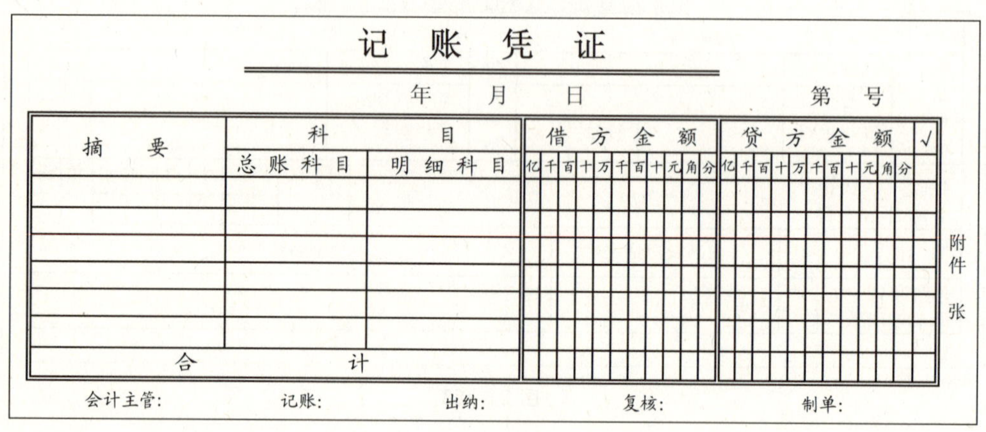

记　账　凭　证

年　　月　　日　　　　第　　号

摘　要	科目		借方金额	贷方金额	√
	总账科目	明细科目	亿千百十万千百十元角分	亿千百十万千百十元角分	
合　计					

附件　　张

会计主管：　记账：　出纳：　复核：　制单：

图 2－136

【业务拓展】

表 2－6　票据及结算方式比较

	分　类	使用规定	适用范围与条件	账户设置
支　票	现金支票 转账支票 普通支票	禁止签发空头支票；若银行退票，按票面金额处以 5% 但不低于 1,000 元罚款，持票人有权要求出票人按票面金额的 2% 赔偿。	单位与个人均可；同城结算。	银行存款
银行本票	不定额本票； 定额本票。	申请人或收款人为单位的，不得申请签发银行本票。	单位与个人均可； 同城结算	其他货币资金
银行汇票	—	申请人或收款人为单位的，不得使用现金银行汇票。	单位与个人均可； 同城异地均可	其他货币资金

续表

	分　类	使用规定	适用范围与条件	账户设置
商业汇票	商业承兑汇票；银行承兑汇票		在银行开立存款账户的法人及其他组织之间，具有真实交易关系或债权债务关系	应收应付票据
汇　兑	信汇 电汇	汇款人可“申请撤消” 可以办理“退汇”	单位与个人均可 异地结算	银行存款
委托收款	邮寄 电报	单位和个人凭已承兑商业汇票、债券、存单等付款人债务证明办理结算；不得部分拒付	同城异地均可	应收应付账款
托收承付	邮寄 电报	收款人办理托收，必须具有商品确已发运的证件及其他有效证件；付款人开户银行对付款人逾期支付的款项，按每天万分之五计算赔偿金	必须是国有企业、供销合作社及经审查同意的城乡集体所有制工业企业；必须是商品交易以及因商品交易而产生的劳务款项；异地结算	应收应付账款

模块九　网上银行结算

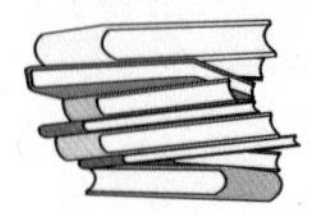

学习目标

1. 了解企业申请网上银行开立的程序
2. 了解企业网上银行的使用方法
3. 了解企业网上银行的基本业务

工作任务

了解企业网上银行的基本业务

【知识导入】

1. 网上银行

网上银行又称网络银行、在线银行，是指银行利用网络技术，通过 Internet 向客户提供开户、销户、查询、对账、行内转账、跨行转账、信贷、网上证券、投资理财等传统服务项目，使客户可以足不出户就能够安全便捷地管理活期和定期存款、支票、信用卡及投资等。本文所指网上银行都是特指企业网上银行。可以说，网上银行是在网络上的虚拟银行柜台。

网上银行又被称为"3A 银行"，因为它不受时间、空间限制，能够在任何时间、任何地点、以任何方式为客户提供金融服务。

网上银行包含两个层次的含义，一个是机构概念，指通过信息网络开办业务的银行；另一个是业务概念，指银行通过信息网络提供的金融服务，包括传统银行业务和因信息技术应用带来的新兴业务。在日常生活和工作中，我们提及网上银行，更多是第二层次的概念，即网上银行服务的概念。网上银行业务不仅仅是传统银行产品简单从网上的转移，其他服务方式和内涵发生了一定的变化，而且由于信息技术的应用，又产生了全新的业务品种。

网上银行打破了商业银行传统的经营模式，能够大幅降低银行和客户的交易成本，提高经营效率，扩大银行服务范围，必将成为银行业务发展的趋势。客户对网上银行产品接受程度不断提高，越来越多的客户将选择网上银行来进行财务的管理。

2. 企业网上银行的安全措施

为确保客户资金安全，各家银行对于企业网上银行采取了严密的安全措施，主要有：

①高强度的客户证书。客户证书的作用，是为客户进入网上企业银行提供身份证明，同时对客户在网上企业银行上的往来数据进行加解密，是客户使用网上企业银行时合法性、有效性、不可否认性、安全性的保证。客户证书有效期为一年，超过期限自动失效。证书到期前，客户可自助更换证书，到期后必须到柜台更换证书。

②先进的网络防火墙。

③严密的内部权限控制。

④智能化模块设。

⑤个人密钥。个人密钥是企业不同操作人员所拥有的个人密码，是个人进入网上银行进行规定权限操作的安全基础，个人应定期更换密码，不能泄漏给其他人，保证企业数据的安全。

【范例任务】

红星公司因业务发展需要申请了中国银行企业网上银行，经中行审核红星公司具备了使用网上银行条件。

【操作流程】

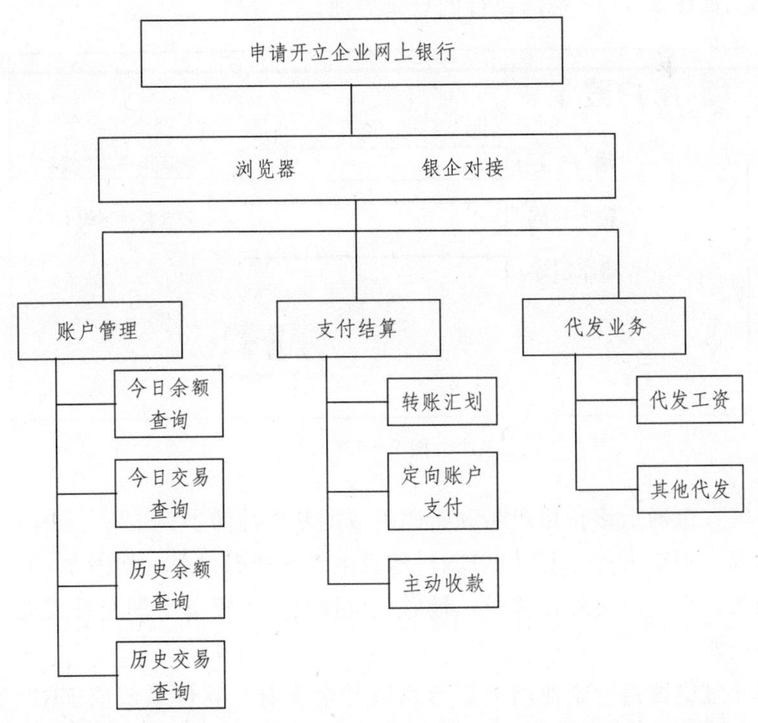

【业务操作】

一、申请开立企业网上银行

1. 凡具备以下使用网上银行条件的客户，均可凭相关证件申请开办企业网上银行：

- 在中国银行任一网点已开立基本账户或一般账户（被冻结的账户除外）。
- 企业账户证件都在有效期内并已年检。
- 拥有必要的上网条件。

满足上述条件后，按如图 2－137 所示程序操作。

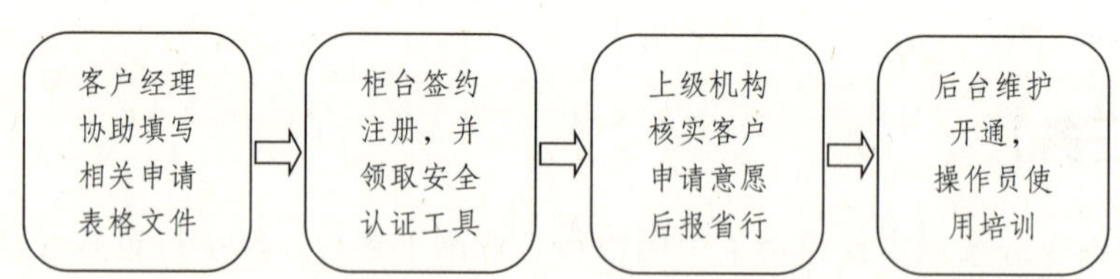

图 2－137

二、银企对接

在本企业开立网上银行之后，按照操作方法登录网上银行。登录过程中，注意相关操作的安全问题。如图 2－138 中国银行的登录界面。

用户登录
用 户 名：
找回用户名/密码
密　码：
安全控件下载
动态口令：
登录

图 2－138

第一道防线：由网上银行用户名和密码组成的基础性防护。

第二道防线：中银 E 令（ETOKEN）随机生成的动态口令（如图 2－139 所示）。

第三道防线：在进行对外付款时，最后一位授权人对资金汇划交易需要再次输入动态口令进行身份确认。

银企对接通过中国银行企业网上银行系统与企业财务软件系统或 ERP 系统的无缝对接，企业财务人员无需访问中国银行企业网上银行，即可通过公司财务系统实时查询即时余额、当日交易、历史余额、历史交易、网银汇入汇款信息；只要在财务系统完成转账和支付的审批流转，即可加密发送到银行完成资金划转、支付结算、定向支付、发放工资、员工报销、主动收款、预约付款，并可轻松实现付款结果查询、到账时间查询、电子化的业务对账和收款人管理。

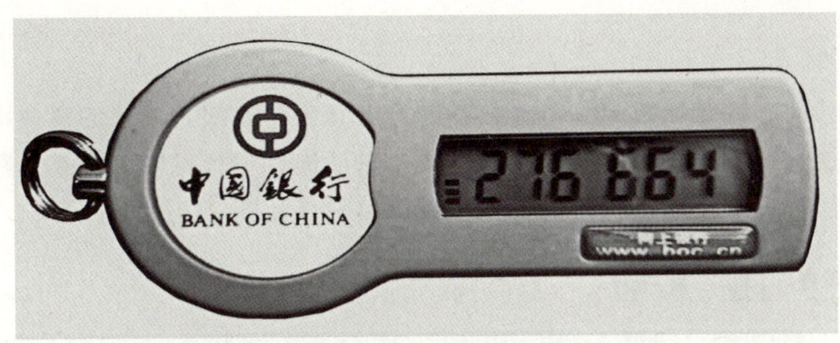

图 2－139

三、账户管理功能

账户管理为客户提供其所有账户的总览，对其在网上银行注册的基本账户及其下挂的定期账户、活期账户进行账户余额查询、交易明细查询、账户别名设置。客户可以通过本功能模块对关联账户进行统一管理。

1. 今日余额查询功能

向客户提供通过网银进行账户余额、交易信息查询，方便客户监控账户变动；历史数据查询时间范围：1年；查询跨度：3个月；可支持数据下载；支持对2万元以上来账和往账明细信息的T+1日查询。对总行级重点客户，还提供大客户来账查询服务，查询信息更加完备。

① 今日余额查询结果页面（如图2－140所示），增加可用透支额度显示。

今日余额查询 | 今日交易查询 | 历史余额查询 | 历史交易查询 | 来账信息查询

★ 这里显示的是您申请了我行网银服务的账户清单，您可以通过选择其中的账户查询这些账户的当前余额和可用余额信息，以便于您及时掌握贵公司资金状况和资金流向。

今日余额查询　　上次余额查询结果

账户名称	账号	开户行名称
□ sbs	325100003708091001	中国银行甘肃省分行营业部
□ sbs	325100004408091001	中国银行甘肃省分行营业部

图 2－140

②可用余额＞0，表示无透支，可用透支额度＝透支限额。

③可用余额＜0，表示发生透支，可用透支额度＝透支限额－｜可用余额｜（即已透支金额）。

2. 今日交易查询功能

① 批量账户非实时查询机制（适用于今日余额查询和今日交易查询）。

②一次提交10个账户（含）以下查询指令，实时反馈查询结果。

③一次提交 10 个账户以上查询指令，系统不能实时反馈查询结果，需在自然时段的半小时内，点击“上次余额查询结果”或“上次交易查询结果”进行查询。

四、支付结算

1. 转账汇划

转账汇划功能主要是通过 Internet 为客户提供安全、方便、快捷的资金汇划、支付结算管理服务；通过网上银行与核心系统的连接，自动进行中行省内、跨省及跨行资金汇划处理；客户能够根据需要定制付款的操作和授权权限（如图 2－141 所示）。

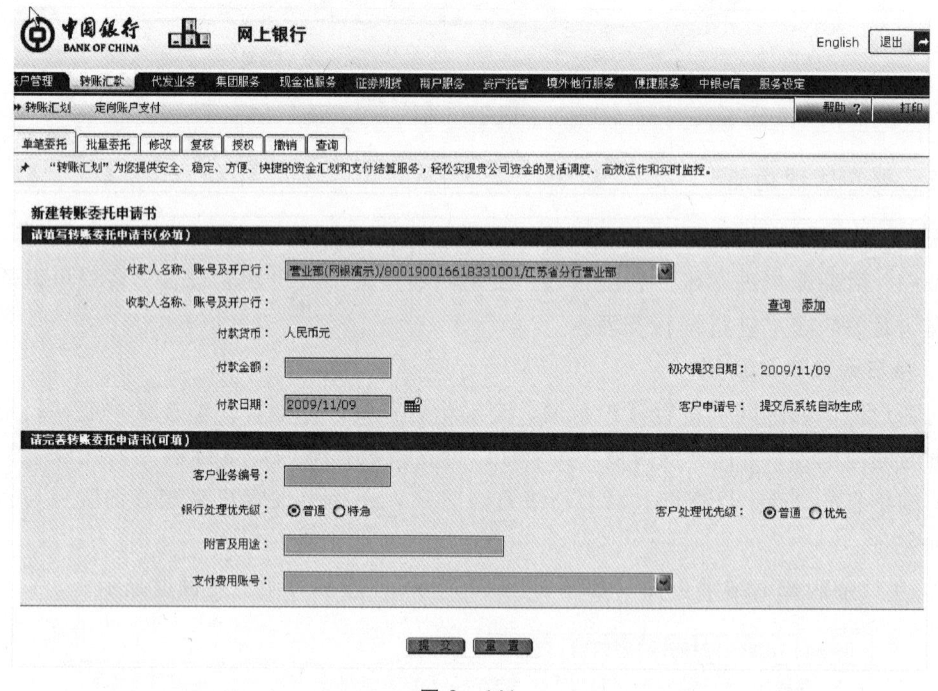

图 2－141

企业可提交单笔或批量付款指令，轻松实现向境内同省、跨省、跨行的对外支付。通过定向账户支付服务，企业还可在转账付款时严格锁定收款人范围，定向控制资金流向，降低财务风险；通过对私转账汇款服务，向个人客户进行单笔实时转账；还可通过境内外币汇划服务，把外汇账户中的资金汇到指定收款人所在的银行账户上。

转账汇划的基本程序如图 2－142 所示。

2. 定向账户支付

定向账户支付是指向客户提供在指定的付款账和收款账户之间的网银资金汇划服务，为客户严格控制资金支付范围。

该服务的特点在于由企业锁定收款人的范围，严格控制资金流向。与“转账汇划”区别，如表 2－7 所示。

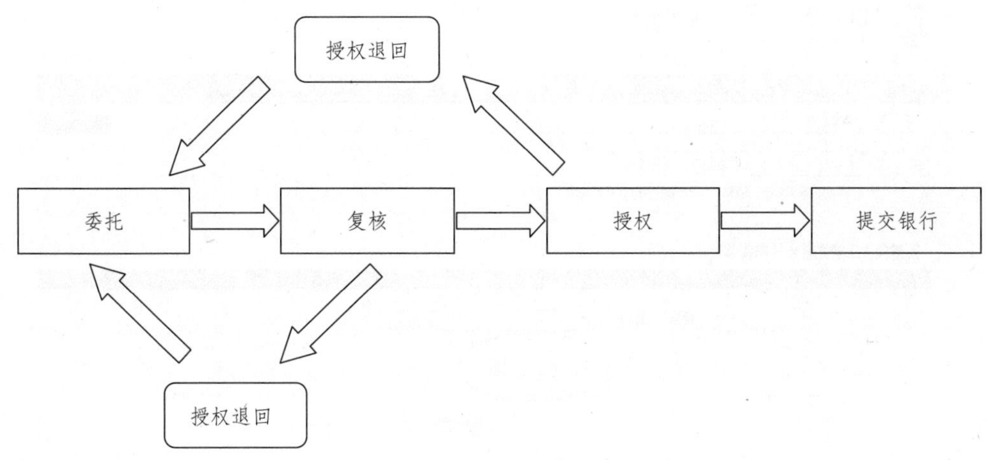

图 2－142

表 2－7　　转账汇划与定向账户支付比较表

	转账汇划	定向账户支付
收款人维护	在服务设定下，可维护企业收款人信息	只能通过定向关系维护功能，维护定向收款人信息
转账委托	支持单笔委托和批量委托；在单笔委托页面可以临时添加收款人，也可直接选择已维护的企业收款人账户	没有批量委托功能；单笔委托时只能选择已经维护的定向收款人
转账复核	可选功能	没有转账复核功能

3. 主动收款

主动收款功能是指收款人主动向付款人发起转账汇款指令，实现从付款人到收款人的资金流动。收款客户每天可通过网上银行最多发出 80 笔收款指令。

五、代发业务

代发工资功能主要是向公司客户提供通过网银从企业向个人发放工资服务。客户提交的代发指令依托网银系统与总行中间业务平台等系统的连接，实现自动批量处理（如图 2－143 所示）。

代发卡类型：中行借记卡、活期一本通、长城卡、信用卡、他行卡。

目前中国银行主推省内借记卡代发。

中行卡代发：3,000 笔/批（他行卡：500 笔/批）。

与转账划汇功能类似，在代发工资功能中，也可以进行撤销与查询功能的操作，由于内容相似，在这里不再做详细介绍。

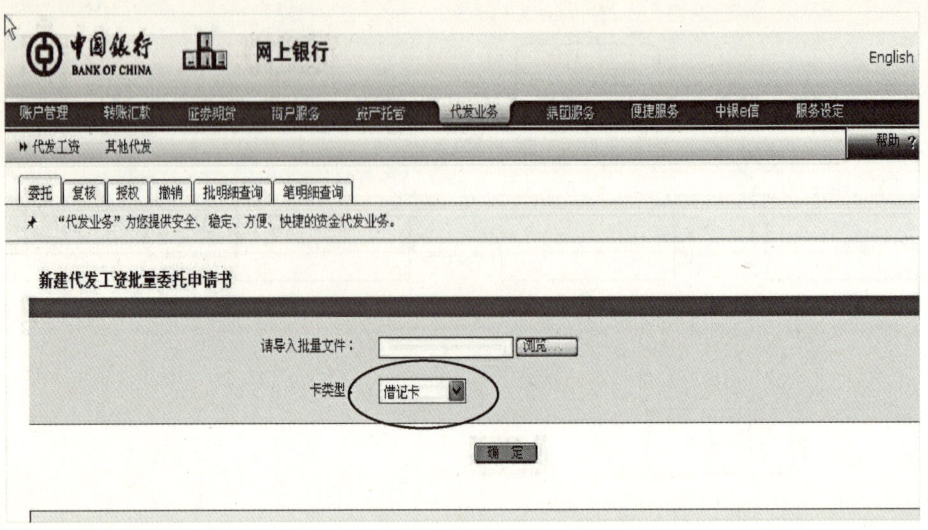

图 2－143

六、电子商业汇票

电子商业汇票是商业银行研发的新的电子支付工具，是出票人以数据电文形式制作的，委托付款人在指定日期无条件支付确定的金额给收款人或者持票人的票据（如图 2－144 所示）。

电子商业承兑汇票

出票日期 2014-12-22　　　　票据状态 背书待签收

汇票到期日 2027-12-03　　　　票据号码 1 200580011234 2015122 00000201 9

出票人	全　称	zcj0002	收款人	全　称	王1
	账　号	1222222222222222222		账　号	040005309000000176
	开户银行			开户银行	

出票保证信息				
标据金额	人民币（大写） 贰佰伍拾元零伍分	十 亿 千 百 十 万 千 百 十 元 角 分	￥ 2 5 0 0 5	
承兑人信息	全　称	承兑人名称	开户行行号	102100000021
	账　号	123321	开户行名称	
交易合同号		承兑信息	出票人承诺：本汇票请予以承兑，到期无条件付款	
能否转让	可转让		承兑人承兑：本汇票已经承兑，到期无条件付款 承兑日期 2026-11-15	
承兑保证信息				
评级信息（由出标人、承兑人自己记载，仅供参考）	出票人	评级主体：String	信用等级：A	评级到期日：1967-08-13
	承兑人	评级主体：	信用等级：	评级到期日：

背书转让日期:	2027-01-15
票据状态:	背书待签收
不得转让标记:	
备注:	
是否向相关人员发送短信息:	否
操作:	拒绝

图 2－144

由付款人签发，收款人可凭密押签收并在约定付款日期（根据汇票类型，可即时或提前）兑付。付款人无条件按约定票面金额和约定利率支付，余额不足支付时由本行提供授信支持。

从业务范围看，通过该功能可以实现对电子商业汇票的出票、承兑、背书转让、贴现、质押、保证、追索、提示付款、查询等功能的电子化处理，“覆盖”了传统纸质化票据的所有功能；从业务流程看，电子商业汇票从签发承兑开始到背书流转最后到托收入账，所有环节都实现了电子化操作，独立、完整、合法。电子票据与实物票据共享授信额度，额度控制和企业票据的额度控制体系及数据进行整合，共享企业授信额度管理。

七、对账服务

提供“对账单核对”、“对账单查询”等服务，企业可以在线进行对账单的核对与反馈，轻松实现电子对账，同时还可进行对账单的下载。

申请开通此项网上银行服务的客户需首先签约银行的网上银行服务，网上银行服务申请完毕后，再申请对账服务，申请对账服务时，需提供网上银行操作员 ID，以便后续使用网上银行进行对账时，在对账系统内标识客户查询权限。在进行对账签约时可选择“明细对账单”和“余额对账单”的对账时间，“明细对账单”可按周、半月、月、旬、年进行核对，“余额对账单”可按月、季度进行核对。

【业务精要】

1. 在商业银行开立网上银行必须提交的资料包括开户许可证、法定代表人身份证、经办人身份证、企业网上银行操作员身份证（以上为原件及其复印件）、企业授权书原件（授权经办人办理相关手续）以及公章、财务章、名章。所有复印件上都需加盖公章。同时客户同意并与开户行签署《某商业银行网上银行企业客户服务协议》、填写《某商业银行企业网上银行注册申请表》（一式三份），交支行系统操作员办理。

2. 企业网上银行功能齐全。目前，国内各家商业银行的网上银行所提供的服务基本相同，但是在实际操作时，由于各家商业银行的网上操作系统存在着区别，在企业实际使用时细节会有所差异，要求相关会计工作人员可以掌握网上银行操作的特点，以便于适应不同商业银行网上银行使用的方法。

【业务训练】

由校企合作单位（如无锡商业大厦、天圣达集团等）的校外实训教师演示登录企业网上银行，了解企业网上银行的基本功能和业务类型。

模块十　银行存款日记账登记

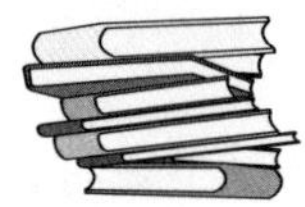

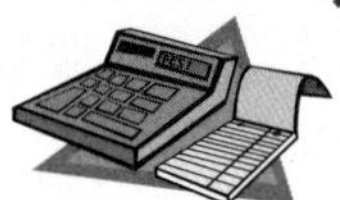

学习目标

1. 掌握规范的银行存款记账方法
2. 能正确规范地登账

工作任务

1. 启用银行存款日记账
2. 开设银行存款日记账并登记期初余额
3. 根据收付款记账凭证登记银行存款日记账

【知识导入】

银行存款日记账，是按业务发生顺序逐日逐笔反映银行存款增减变化和结余情况的账簿。银行存款日记账是重要的序时核算账簿，由出纳员按照审核无误的银行存款收、付款凭证来登记。

【范例任务】

金星公司 2012 年 12 月初银行存款日记账期初余额为 420,000 元，12 月份发生如下经济业务：

（1）12 月 1 日，公司向银行存入汇票存款 100,000 元，凭证号为银付字 001 号，其会计分录为：

借：其他货币资金——银行汇票　　100,000

　　贷：银行存款　　100,000

（2）12 月 1 日，提取现金 42,000 元用于发放工资，凭证号为银付 002 号，其会计分录为：

借：库存现金　　42,000

　　贷：银行存款　　42,000

（3）12 月 5 日，销售产品收到银行本票 58,500 元，凭证号为银收字 001 号，会计分录为：

借：银行存款　　　　58,500

　　贷：主营业务收入　　　　50,000

　　　　应交税费——应交增值税（销项税额）　　　　8,500

（4）12 月 9 日，收到某公司转账支票一张，价值 600,000 元，归还应收账款，凭证号为银收字 002 号，会计分录为：

借：银行存款　　　　600,000

　　贷：应收账款　　　　600,000

【业务流程】

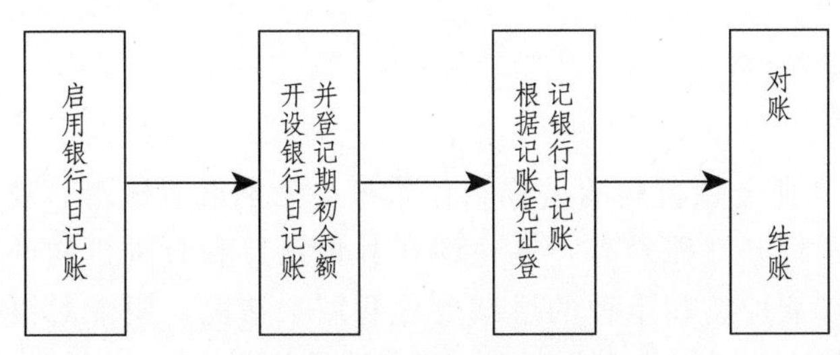

登记银行存款日记账程序

【业务操作】

1. 银行存款日记账的启用。银行存款日记账必须采用订本式账簿，不得用银行对账单或者其他方法代替日记账。启用银行存款日记账时，应当在账簿封面上写明单位名称，并填写账簿扉页上的启用表。账簿启用表的内容包括：启用日期、账簿页数、记账人员和会计机构负责人、会计主管人员姓名，并加盖名章和单位公章。对于账簿应当从第一页到最后一页顺序编定页数，不得跳页、缺号。

2. 银行存款日记账期初余额的登记。

3. 银行存款日记账的登记。银行存款日记账的登记，是依据银行存款收款凭证、银行存款付款凭证和部分现金付款凭证（即将现金存入银行的业务）。银行收、付款凭证是根据银行存款收付业务的原始凭证填制的，它是登记银行存款日记账及有关明细账的直接依据（如图 2－145 所示）。

4. 对账、结账。

银行存款日记账

2012		凭证		摘要	对方科目	借方										贷方										余额									
月	日	字	号数			千	百	十	万	千	百	十	元	角	分	千	百	十	万	千	百	十	元	角	分	千	百	十	万	千	百	十	元	角	分
				期初余额																								4	2	0	0	0	0	0	0
12	1	银付	1	银行汇票	其他货币资金													1	0	0	0	0	0	0	0			3	2	0	0	0	0	0	0
12	1	银付	2	发放工资	现金														4	2	0	0	0	0	0			2	7	8	0	0	0	0	0
12	5	银收	3	产品销售	产品销售收入				5	8	0	0	0	0	0													3	3	6	0	0	0	0	0
12	9	银收	4	收到转账支票	应收账款			6	0	0	0	0	0	0	0													9	3	6	0	0	0	0	0
				本月合计				6	5	8	0	0	0	0	0			1	4	2	0	0	0	0	0			9	3	6	0	0	0	0	0

图 2－145

【业务指导】

1. 应按银行和其他金融机构的名称和存款种类分别设置账簿。规模较大的单位，除在基本存款账户所在行开立账户外，往往还在其他银行和金融机构开立存款账户，为准确、及时反映不同存款种类和币种的增减变化和结余情况，便于对银行存款进行有效控制，银行存款日记账应按不同的开户行和存款种类分别设置。

2. 出纳员必须根据审核无误的银行存款收、付款记账凭证以及有关的现金付款凭证登记日记账。

3. 应按年度启用新账簿（不论原账簿是否用完），并在新账簿上贴“五元”印花税票。启用新账簿时，应把上年度的年末余额记入新账的第一行，并在摘要栏注明“上年结存”字样。

4. 应逐笔序时登记，做到日清月结。银行存款日记账必须逐日结出余额；每月月末应按规定结账，结出本月收入数、付出数和结存数，且不得出现贷方余额即红字。

5. 对三栏式银行存款日记账，一般是由出纳员根据银行存款收、付款凭证及有关现金付款凭证，直接逐日逐笔登记，填明记账日期、凭证号、对方科目、结算凭证号码、借贷方发生额等对每笔业务要单独登记不得合并，每日账要每日清，不得合并登记。

【活动任务】

成达实业股份有限公司 2012 年 6 月初银行存款日记账期初余额为 10，500 元，6 月份发生如下经济业务：

1. 6 月 1 日提取现金备用 1,000 元（银付 01 号）。

2. 6 月 11 日销售商品 23,400 元（银收 01 号）。

3. 6 月 11 日购买原材料 11,700 元（银付 02 号）。

4. 6 月 21 日收回前欠的货款 58,500 元（银收 02 号）。

5. 6 月 21 日购买原材料 23,400 元（银付 03 号）。

6.6月30日提取现金备发工资20,000元（银付04号）。

要求：请根据期初余额及本期发生的银行业务登记银行存款日记账（如图2－146所示）。

银行存款日记账

2012		凭证		摘要	对方科目	借方										贷方										余额									
月	日	字	号数			千	百	十	万	千	百	十	元	角	分	千	百	十	万	千	百	十	元	角	分	千	百	十	万	千	百	十	元	角	分

图2－146

【业务精要】

银行存款日记账核对：

1. 账证核对

银行存款日记账核对是通过与银行送来的对账单进行核对完成的，银行存款日记账的核对主要包括两点内容，一是银行存款日记账与银行存款收、付款凭证互相核对，做到账证相符；二是银行存款日记账与银行存款总账相核对，做到账证相符。

2. 账账核对

银行存款日记账是根据收付凭证逐项登记的，银行存款总账是根据收付凭证汇总登记的，记账依据是相同的，记录结果应一致，但由于两种账薄是不同人员分别记账的，而且总账一般是汇总登记的，在汇总和登记过程中，都有可能发生差错。应找出差错，做到账账相符。

3. 账实核对

企事业单位在银行中的存款实有数是通过“银行对账单”来反映的，所以照实核对是银行存款日记账定期与“银行对账单”核对，至少每月一次，这是出纳人员的一项重要日常工作。

【业务训练】

天安实业有限公司2012年12月初银行存款日记账期初余额为1,536,500元，12月份发生如下经济业务：

1.12 月 10 日，兑付到期商业承兑汇票一张，支付票面金额 291,720 元，凭证号为银付字 003 号。

2.12 月 12 日，用转账支票向本市某企业购入材料 23,400 元，凭证号为银付字 004 号。

3.12 月 13 日，公司向银行借入短期借款 200,000 元，凭证号为银收字 003 号。

4.12 月 14 日，存入现金 1800 元，凭证号为现付字 024 号。

5.12 月 16 日，向异地某企业销售产品，采用托收承付方式收到款项 468,000 元，凭证号为银收字 004 号。

要求：请根据期初余额及本期发生的银行业务登记银行存款日记账（如图 2－147 所示）。

银行存款日记账

2012		凭证		摘要	对方科目	借方										贷方										余额									
月	日	字	号数			千	百	十	万	千	百	十	元	角	分	千	百	十	万	千	百	十	元	角	分	千	百	十	万	千	百	十	元	角	分

图 2－147

模块十一　银行存款核对

学习目标

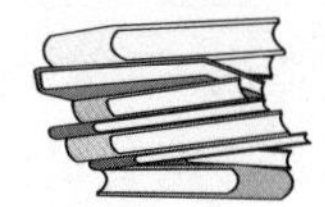

1. 能及时取得银行对账单，核对发生额及余额，能及时查明未达账项的原因并获取单据，及时处理
2. 能正确编制银行存款余额调节表

工作任务

1. 将企业开设的“银行存款日记账”与开户银行的“对账单”相核对
2. 编制“银行存款余额调节表”

【知识导入】

银行存款日记账的核对主要通过与银行送来的对账单进行核对，包括以下三项内容：(1) 银行存款日记账与银行存款收、付款凭证互相核对，做到账证相符。(2) 银行存款日记账与银行存款总账互相核对，做到账账相符。(3) 银行存款日记账与银行开出的银行存款对账单互相核对，做到账实相符。

前两个方面的核对，与现金日记账的核对基本相同。这里主要讲企业与银行之间的“账单核对”。

企业银行存款日记账的记录与银行开出的“银行存款对账单”无论是发生额，还是期末余额都应该是完全一致的，因为它们是对同一账号存款的记录。但是在实践中通过核对，会发现双方的账目经常出现不一致的情况。原因有两个：一是有“未达账项”；二是双方账目可能发生记录错误。无论是“未达账项”，还是双方账目记录有误，都要通过企业银行存款日记账的记录与银行开出的“银行存款对账单”进行逐笔“勾对”才能发现。

所谓未达账项，是指银行结算凭证期末在银行与单位传递过程中，由于传递时间和记账时间的不同，常造成银行与开户单位一方已经入账而另一方尚未入账的情况，从而造成双方账面余额不符。未达账项有如下 4 种情况：

(1) 单位已经入账，但银行尚未入账的收入事项。如单位存入银行的转账支票，银行尚未记入单位账户。

(2) 单位已经入账，而银行尚未入账的付出事项。如单位签发的支票，单位已经入账，而银行尚未接到办理转账手续，因而未减少企业存款。

(3) 银行已经入账，单位尚未入账的收入事项。如银行代收的票据及利息，银行已入单位的存款户而单位未能及时收到通知因而并未入账。

(4) 银行已经入账而单位尚未入账的付出事项。如银行代扣的水电费、代扣的银行借款利息等已经入单位的账户而单位尚未收到银行通知因而尚未入账。

出现第一种和第四种情况时，单位银行存款账面余额会大于银行对账单的余额；反过来，出现第二种和第三种情况时，企业银行存款账面余额会小于银行对账单的余额。若未达账项不及时查对与调整，企业对实有存款数心中无数，则不利于合理调配使用资金、发挥资金的应有效益，还容易开出“空头”支票，造成不必要的经济损失，带来不必要的麻烦。所以，企业出纳人员应该及时取得银行对账单，编制银行存款余额调节表。

【范例任务】

金星公司 2012 年 12 月最后三天银行存款日记账与银行对账单的记录如下（假定以前的记录是相符的）：

1. 金星公司银行存款日记账的记录如表 2－8 所示。

表 2－8 金星公司银行存款日记账记录表

日期	摘　要	借　方	贷　方
12/29	开出转账支票＃2,416 支付业务招待费		120
12/29	收到委托银行代收的东山厂货款	10,000	
12/30	开出转账支票＃2,417 支付产品广告费		89
12/31	销售产品收到转账支票＃50,165	1,946	
12/31	开出转账支票＃3,048 支付钢材货款		890
12/31	月末余额	88,424	

2. 银行对账单的记录如表 2－9 所示。

表 2－9 金星公司银行对账单简表

日　期	摘　要	金　额
12/29	代收东山厂货款	10,000
12/30	代付电费	2,408
12/31	托收销货款	1,426
12/31	支付＃2,416 转账支票	120
12/31	支付＃2,417 转账支票	89
12/31	月末余额	86,386

要求： 查明未达账后编制银行存款余额调节表。

【业务流程】

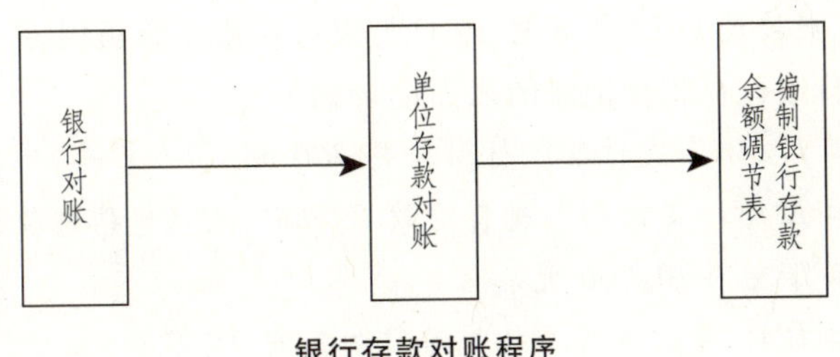

银行存款对账程序

【业务操作】

1. 银行与单位存款对账确定未达账项。对于一方已记一方未记业务通过判断是否为未达账项。本范例任务中有以下 4 笔：

A. 企业销售产品收到转账支票＃50,165。

B. 企业开出转账支票＃3,048 支付钢材货款。

C. 银行代付电费。

D. 银行托收销货款。

2. 根据未达账项的类型编制银行存款余额调节表如表 2－10 所示。

表 2－10　　银行存款余额调节表

企业银行存款日记账余额	88,424	银行对账单余额	86386
加：银行已记增加 企业未记增加	1,426	加：企业已记增加 银行未记增加	1,946
减：银行已记减少 企业未记减少	2,408	减：企业已记减少 银行未记减少	890
调节后的余额	87,442	调节后的余额	87,442

【业务指导】

银行存款的清查一般采用将企业开设的“银行存款日记账”与开户银行的“对账单”相核对，并在此基础上编制“银行存款余额调节表”，确认二者之间是否相符的方法。核对前，首先把至清查日所有银行存款的收、付业务登记入账，对发生的错账、漏账应及时查清更正。然后，再与开户银行的“对账单”逐笔核对，若二者余额相符，则说明无错误；若二者不相符，则可能存在着未达账项。编制银行存款余额调节表时，应在企业银行存款日记账余额和银行对账单余额的基础上，分别加减未达账项，求得调整后的双方余额应该相符。

【活动任务】

成达实业股份有限公司 2012 年 8 月 25 日与银行对账单余额相等。

8 月 25 日—30 日银行存款日记账的账面记录如下：

25 日开出支票＃1,246，支付购入材料运费 300 元。

25 日开出支票＃1248，支付购入材料价款 29,360 元（包括增值税，下同）。

27 日存入销货转账支票 40,000 元。

28 日开出支票＃1249 号，支付委托外单位加工费 16,800 元。

30 日存入销货款转账支票 28,000 元。

30 日开出支票＃1252，支付机器修理费 376 元。

30 日银行存款账面结存余额 42,594 元。

8 月 25 日—30 日银行对账单记录如下：

27 日支票＃1248 号付出 29,360 元。

28 日转账收入 40,000 元。

28 日代交电费 3,120 元。

28 日支票＃1246 号付出 300 元。

29 日存款利息收入 488 元。

29 日代收浙江货款 11,820 元。

30 日支票＃1249 号付出 16,800 元。

30 日结存余额 24,158 元。

要求： 请编制成达实业股份有限公司 8 月份的银行存款余额调节表（见表 2—11）。

表 2—11　　银行存款余额调节表

企业银行存款日记账余额		银行对账单余额	
加：银行已记增加 企业未记增加		加：企业已记增加 银行未记增加	
减：银行已记减少 企业未记减少		减：企业已记减少 银行未记减少	
调节后的余额		调节后的余额	

【业务精要】

1. “银行存款余额调节表”的编制只是银行存款清查的方法，它只起到对账作用，不能作为调节账面余额的原始凭证。银行存款日记账的登记，还应待收到有关原始凭证后再进行。

2. 经过调节以后确认的余额是企业可以动用存款的最高数额。

3. 对账：以某一资料为标准，对于相同业务且银行企业均已入账的，做出对账符号。

对账具体方法是，由开户银行定期将银行复写账的副本作为对账单提供给各单位，出纳员把企业“银行存款日记账”中的借方和贷方的每笔记录分别与“银行存款对账单”中的贷方和借方的每笔记录从凭证的种类、编号、摘要内容、记账方向、金额等方面加以核对，对上的即在对账单和银行存款日记账上分别做出记号（一般为“√”）。一旦发现本单位漏记、重记、错记或串户等情况，应由单位更正后登记入账。在与开户银行核对余额过程中，由于未达账项的存在，常常使银行账面余额与单位银行存款日记账账面余额发生不符。

【业务训练】

天安实业有限公司 2012 年 8 月 31 日银行存款日记账的余额为 112,000 元，银行对账单的余额为 148,000 元，经核对发现以下未达账项：

（1）企业将收到的销货款 4,000 元存入银行，企业已记银行存款增加，而银行尚未记增加。

（2）企业开出转账支票 36,000 元支付购料款，企业已记银行存款减少，而银行尚未记减少。

（3）收到某企业汇来的购货款 20,000 元，银行已记增加，企业尚未记增加。

（4）银行代企业支付水电费 16,000 元，银行已记减少，企业尚未记减少。

要求：请编制天安实业有限公司 8 月份银行存款余额调节表（如表 2－12 所示）。

表 2－12　　银行存款余额调节表

企业银行存款日记账余额		银行对账单余额	
加：银行已记增加 企业未记增加		加：企业已记增加 银行未记增加	
减：银行已记减少 企业未记减少		减：企业已记减少 银行未记减少	
调节后的余额		调节后的余额	

项目三　其他业务处理

随着经济的发展，我国与国外企业贸易往来越来越密切，这就涉及到外币资金业务核算，本项目主要介绍如何处理外币资金业务核算，出纳资料整理，以及出纳交接等其他业务。

项目 目标与要求

最终目标：能掌握处理外币资金业务核算，能熟练出纳资料归档、交接

促成目标：

1. 能熟练进行与出纳业务相关的外汇汇兑和核算
2. 能熟练整理出纳归档资料，并妥善保管
3. 能熟练交接出纳工作

项目 工作任务

1. 办理外汇汇兑与核算业务
2. 办理出纳归档资料的移交、调阅、销毁的时限、手续
3. 办理交接业务

项目 任务书

项目模块	工作任务
模块 1 外汇业务办理	买卖外币业务的核算
	投入外币资本和接受外币资本投入业务的核算
	外币借款业务的核算
	外币购销业务的核算

模块 2 出纳资料整理	出纳归档资料的范围
	出纳归档资料的整理与保管
	出纳归档资料的移交、调阅与销毁
模块 3 出纳工作交接	出纳工作的交接的内容
	出纳工作的交接的方法

模块一　外汇业务办理

学习目标

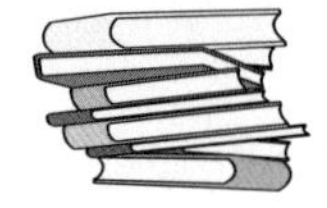

1. 熟悉外汇汇率变化
2. 能熟练核算买卖外币业务
3. 能熟练核算投入外币资本业务和接受外币资本投入业务
4. 能熟练核算外币借款业务
5. 能熟练核算外币购销业务

工作任务

1. 买卖外币业务的核算
2. 投入外币资本和接受外币资本投入业务的核算
3. 外币借款业务的核算
4. 外币购销业务的核算

【知识导入】

一、外汇的概念

世界上大多数国家都有自己的货币，中国是人民币，美国是美元，俄罗斯是卢布。任何对外经济交往都离不开外汇，各个国家之间的贸易关系引起不同货币相互交换。例如，当一个中国投资者购买外国的商品、劳务或者金融资产时，必须把人民币（通常是以人民币计值的银行存款）兑换成外国货币。在我国，随着改革开放的日益深入，对外经贸关系不断发展，涉及外币的业务越来越多。因此，学习外币业务应当从了解什么是外汇开始。

国际货币基金组织对外汇（Foreign Exchange）一词的定义是："货币行政当局（中央银行、货币机构、外汇平准基金及财政部）以银行存款、财政部发行的国库券、长期或短期政府证券等形式保有的、在国际收支出现逆差时可用以支付的债权。"

外汇是国外汇兑的简称。这一概念有动态和静态之分。动态意义上的外汇，是指人们将一种货币兑换成另一种货币，以清偿国际间债权债务关系的行为。在这一意义上，外汇的概念等同于国际结算。

静态的外汇概念有广义和狭义之分。广义的静态外汇概念泛指一切以外国货币表示的资产，其中包括：外国货币、外币有价证券（政府公债）（Government Bonds）、国库券（State Treasury Bills）、外币支付凭证（票据）（Bills）、大额存单（Certificate of Deposit）及其他外汇资金等。狭义的静态外汇概念是指以外币表示的，可直接用于国际之间结算的支付手段。具体说来，狭义的外汇主要包括以外币表示的银行汇票、支票、本票、银行存款等，而银行存款是狭义外汇概念的主体。人们通常就是在这一狭义意义上使用外汇概念的。

二、汇率及其标价方法

汇率，又称汇价、外汇牌价或外汇行市。它是两国货币之间的汇兑比率。简单地说，它是两国货币之间的相对比价，是一国货币以另一国货币表示的价格。

折算两种货币的比率，首先要确定以哪一国货币作为标准，这称为汇率的标价方法。在外汇市场上，通常有两种不同的标价方法：直接标价法和间接标价法。

1. 直接标价法

直接标价法（Direct Quotation），又称价格标价法或付出报价法（Giving Quotation），是指以一定单位（1个或100、10,000个单位）的外国货币作为标准，折成若干单位本国货币来表示的汇率。采用这种标价方法，汇率表示的是以本币表示的单位外币的价格。汇率越高，单位外币所能换取的本国货币也就越多，这说明外币的价格越高，而本国货币的币值越低。例如，2010年1月1日人民币对美元的汇价是1美元＝6.82元人民币，若2个月后汇价变为1美元＝6.75元人民币，就表示人民币对美元升值，而美元则对人民币贬值。

2. 间接标价法

间接标价法（Indirect Quotation），又称数量标价法或收进报价法（Receiving Quotation），它与直接标价法相反，即用一定单位的本国货币为标准，折成若干单位的外国货币来表示汇率。在间接标价法下，汇率是以外国货币来表示的单位本币的价格。汇率越高，表示单位本国货币所能换得的外国货币越多，说明本国货币的币值越高；反之，汇率越低，单位本国货币所能换得的外国货币越少，就说明本国的币值越低。例如，美元对日元的汇价是以间接标价法表示的。假定某日美元对日元的汇价是1美元＝91日元，而两周后这一汇价下跌为1美元＝89日元，表示美元对日元贬值，而日元则对美元升值。

3. 美元标价法

20世纪60年代欧洲货币市场迅速发展以来，国际金融市场间外汇交易量猛增。为了便于国际间进行外汇业务交易，西方各大商业银行开始采用美元标价法（US Dollar Quotation）。所谓美元标价法，指商业银行在进行外汇买卖对外报价时，仅标出美元与其他货币之间的比价，如果需要计算美元以外的两种交易货币之间的比价，必须通过各相关货币与美元的比价进行套算得出相应的汇率。例如，从瑞士苏黎世向德国银行询问德国马克的汇率，德国银行的报价，不是直接报瑞士法郎对德国马克的汇率，而是报美元对德国马克的汇率。世界各金融中心的国际银行所公布的外汇牌价，都是美元对其他主要货币的汇率。非美元货币之间的汇率则通过各自对美元的汇率进行套算后得到。

三、汇率的种类

在具体的外汇交易中，所涉及到的汇率种类是多种多样的。从不同角度对汇率的种类进行区分，可以进一步了解汇率的涵义。

1. 从汇率之间的折算关系看，可区分为基本汇率和套算汇率

基本汇率（Basic Rate），是一国货币对其关键货币的汇率。由于外国货币种类繁多，一国若要制定出本国货币与每一种外国货币之间的汇率是非常麻烦的。为了简化起见，各国一般都选定一种在本国对外经济交往中最为常用的重要货币作为关键货币，制定出本国货币与该关键货币之间的汇率，这一汇率即是基本汇率。关键货币（Key Currency）一般需要具备以下三个基本条件：

（1）是本国国际收支中使用最多的货币。

（2）是在该国外汇储备中占比重最大的货币。

（3）具有充分的可兑换性，能够被其他各个国家所普遍承认和接受。

由于美元在国际支付中使用的较多，许多国家都把美元作为关键货币，把对美元的汇率作为基本汇率。各国银行之间在报出汇率时，通常只报出基本汇率，至于其他外国货币与本国货币之间的汇率，则根据各国的基本汇率进行换算。

套算汇率（Cross Rate），又称交叉汇率，指两种货币通过各自对第三种货币的汇率计算出的这两种货币之间的比价。目前世界各主要外汇市场只按美元标价法公布各种汇率，要想直接算出除美元外的其他两种货币的比价，就得进行套算。

2. 按银行买卖外汇的角度，汇率可以划分为买入汇率、卖出汇率和中间汇率

买入汇率（Buying Rate or Bid Price），也称买入价，是银行从同业或客户买入外汇时所使用的汇率；卖出汇率（Selling Rate or Offer Price），也称卖出价，是银行向同业或客户卖出外汇使用的汇率。由于买入汇率、卖出汇率分别适用于出口商、进口商与银行间的外汇交易，因此二者又常常称为出口汇率、进口汇率。

值得强调的是，买入价和卖出价是从报价银行的角度出发的。银行买卖外汇的目的是为了追求利润，即通过贱买贵卖赚取买卖差价（Spread）。外汇买入价和卖出价的差额即是银行买卖外汇的收益，一般为1‰～5‰。在外汇市场上，买卖差价通常以“点”来表示，每一点为0.0001。

外汇市场上挂牌的外汇牌价通常采用双向报价（two－way price）的方式同时报出买入价和卖出价。所报出的汇率尽管都是前一个数值较小，后一个数值较大，然而在不同的标价法下，其含义却不同。针对外汇汇率而言，采用直接标价法时，前一个数字是买入价，后一个数字是卖出价；采用间接标价法时，前一个数字是卖出价，后一个数字是买入价。买入汇率与卖出汇率的算术平均数称为中间汇率（Middle Rate）。目前，各国新闻媒介大多使用中间汇率来报道有关金融市场汇率的消息。具体计算公式如下：

中间汇率＝（买入汇率＋卖出汇率）÷2

四、记账本位币的处理

（一）记账本位币的含义

企业的记账本位币，是指企业经营所处的主要经济环境中的货币（也就是企业记账所使用的货币）。

业务收支以人民币以外的货币为主的企业，可以按规定选定其中一种货币作为记账本位币。但是，编报的财务报表应当折算为人民币。

（二）企业选定记账本位币，应当考虑下列因素：

（1）该货币主要影响商品和劳务的销售价格，通常以该货币进行商品和劳务的计价和结算。

（2）该货币主要影响商品和劳务所需人工、材料和其他费用，通常以该货币进行上述费用的计价和结算。

（3）融资活动获得的货币以及保存从经营活动中收取款项所使用的货币。

总之，企业的记账本位币，可以理解为企业主要的经营环境中所使用的货币，这里主要的经营环境是指企业的经营活动和筹资活动。如果企业在经营环境中，主要的货币是人民币，则人民币作为企业的记账本位币；如果企业在经营环境中，主要的货币是美元，则美元作为企业的记账本位币。因此记账本位币的使用，不是以企业所在的国家或地区为标准的，在中国境内的企业不一定使用人民币作为记账本位币。

（三）境外经营记账本位币的确定

1. 境外经营的含义

境外经营通常是指企业在境外的子公司、合营企业、联营企业、分支机构。当企业在境内的子公司、联营企业、合营企业或者分支机构，选定的记账本位币不同于企业的记账本位币时，也应当视同境外经营。

区分某实体是否为该企业的境外经营的关键有两项：一是该实体与企业的关系，是否为企业的子公司、合营企业、联营企业、分支机构，二是该实体的记账本位币是否与企业记账本位币相同。而不是以该实体是否在企业所在地的境外作为标准。

2. 境外经营记账本位币的确定

境外经营也是一个企业，在确定其记账本位币时也应当考虑企业选择确定记账本位币需要考虑的上述因素。同时，由于境外经营是企业的子公司、联营企业、合营企业或者分支机构，因此，境外经营记账本位币的选择还应当考虑该境外经营与企业的关系：

（1）境外经营对其所从事的活动是否拥有很强的自主性。如果自主性较强，则应选用其他货币作为记账本位币。

（2）境外经营活动中与企业的交易是否在境外经营活动中占有较大比重。如果比重较大，则应该采用与企业记账本位币相同的货币作为记账本位币。

（3）境外经营活动产生的现金流量是否直接影响企业的现金流量、是否可以随时汇回。

（4）境外经营活动产生的现金流量是否足以偿还其现有债务和可预期的债务。如果难以偿还，则应该采用与企业记账本位币相同的货币作为记账本位币。

注意：这里所说的外币是指记账本位币以外的货币，并不一定是指外国的货币。

（四）记账本位币变更的会计处理

一般不得变更，确需变更记账本位币的，企业需要提供确凿的证据证明企业经营所处的主要经济环境确实发生了重大变化，并应当在附注中披露变更的理由。

应当采用变更当日的即期汇率将所有项目折算为变更后的记账本位币，折算后的金额作为新的记账本位币的历史成本。

由于采用同一即期汇率进行折算，因此，不会产生汇兑差额。

企业记账本位币发生变更的，其比较财务报表应当以可比当日的即期汇率折算所有资产负债表和利润表项目。

五、外币交易的会计处理

（一）外币账户的设置

在我国，金融企业外币账户采用的是分账制，不需要在业务发生时折算成记账本位币，而应是在期末将报表按照记账本位币折算。

教材中所讲的企业（非金融企业），采用的是统账制，即所涉及到的外币业务，在交易发生时，就需要将外币账户折成记账本位币记账。

外币账户通常分三类：

1. 外币现金（库存现金、银行存款）账户。
2. 外币债权账户（应收账款、应收票据等）。
3. 外币债务账户（应付账款、应付票据、短期借款、应付债券等）。

（二）交易日核算

核心问题是外币账户折算汇率的选择和汇兑差额的处理。

1. 对于发生的外币交易，应当将外币金额折算为记账本位币金额。

非金融企业采用统账制，所以在外币业务发生时就需要折算成记账本位币。

2. 外币交易应当在初始确认时，采用交易发生日的即期汇率将外币金额折算为记账本位币金额；也可以采用按照系统合理的方法确定的、与交易发生日即期汇率近似的汇率折算。

即期汇率通常是指中国人民银行公布的当日人民币外汇牌价的中间价。企业发生的外币兑换业务或涉及外币兑换的交易事项，应当按照交易实际采用的汇率（即银行买入价或卖出价）折算。

即期汇率的近似汇率是指按照系统合理的方法确定的、与交易发生日即期汇率近似的汇率，通常采用当期平均汇率或加权平均汇率等。

企业通常应当采用即期汇率进行折算。汇率变动不大的，也可以采用即期汇率的近似汇率进行折算。

外币兑换业务中，会涉及到银行买入价与银行卖出价。

【范例任务1】

华盛股份有限公司 2012 年 2 月 10 日从银行买入 10 万美元，银行卖出价 1 美元＝6.31 人民币元，交易日的平均汇率为 1 美元＝6.32 人民币元。

要求：完成该公司买外币业务的账务处理。

【业务操作】

2 月 10 日该公司账务处理如图 3－1 所示。

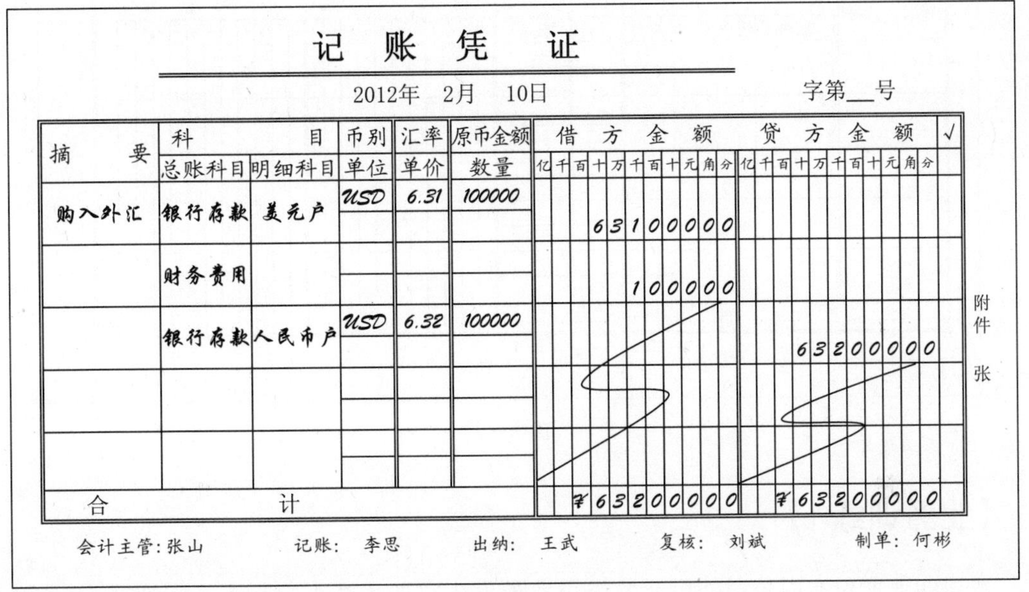

记　账　凭　证

2012年　2月　10日　　　　字第__号

摘要	总账科目	明细科目	币别 单位	汇率 单价	原币金额 数量	借方金额	贷方金额	√
购入外汇	银行存款	美元户	USD	6.31	100000	63100000		
	财务费用					100000		
	银行存款	人民币户	USD	6.32	100000		63200000	
合计						¥63200000	¥63200000	

附件　张

会计主管：张山　记账：李思　出纳：王武　复核：刘斌　制单：何彬

图 3－1

【业务指导】

企业买入外币时，银行按卖出价计算并收取人民币，而通常记账所用的即期汇率为中间价，由此产生的汇兑差额计入当期财务费用。

企业将其所持有的外币卖给银行，银行按当日买入价折算成人民币付给企业。而通常记账所用的即期汇率为中间价，由此产生的汇兑差额计入当期财务费用。

对于外币兑换业务，企业均会借记财务费用。另外在核算时要特别注意买入价和卖出价的选择问题。

【活动任务 1】

成达实业股份有限公司记账本位币为人民币，2012 年 1 月 10 日将 10 万美元卖给银行，企业取得人民币，银行买入价是 1 美元＝6.32 人民币元，同时交易日的平均汇率为 1 美元＝6.34 人民币元。

要求：完成该公司卖外币业务的账务处理（如图 3－2 所示）。

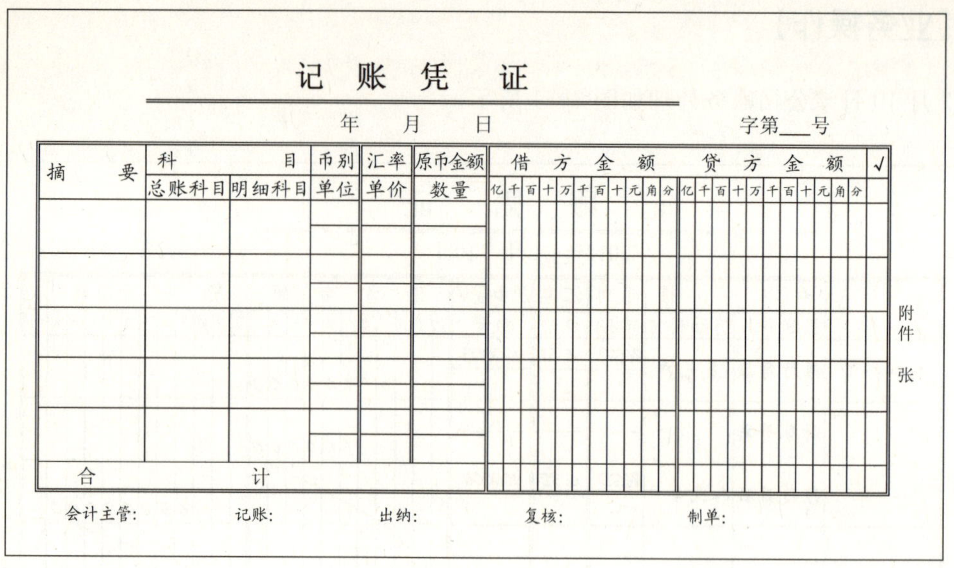

记 账 凭 证

年 月 日　　　　字第___号

摘要	科目		币别	汇率	原币金额	借方金额											贷方金额											√
	总账科目	明细科目	单位	单价	数量	亿	千	百	十	万	千	百	十	元	角	分	亿	千	百	十	万	千	百	十	元	角	分	
合计																												

附件 张

会计主管:　记账:　出纳:　复核:　制单:

图 3—2

【业务训练 1】

成达实业股份有限公司外币业务采用业务发生时的市场汇率折算。本期将 50,000 美元到银行兑换为人民币，银行当日的美元买入价为 1 美元＝6.35 人民币元，同时交易日的平均汇率为 1 美元＝6.39 人民币元。

要求：完成该公司卖外币业务的账务处理（如图 3—3 所示）。

记 账 凭 证

年 月 日　　　　字第___号

摘要	科目		币别	汇率	原币金额	借方金额											贷方金额											√
	总账科目	明细科目	单位	单价	数量	亿	千	百	十	万	千	百	十	元	角	分	亿	千	百	十	万	千	百	十	元	角	分	
合计																												

附件 张

会计主管:　记账:　出纳:　复核:　制单:

图 3—3

【范例任务2】

华盛股份有限公司注册货币为美元，注册资本100万美元，记账货币为人民币。按合同规定合资双方出资比例为1：1，即中方出资50万美元，外方出资50万美元。依合同约定，中方投资分两次进行，2012年2月10日第一次出资30万美元，当日的市场汇价为1美元＝6.34人民币元，2012年5月20日第二次出资20万美元，当日的市场汇价为1美元＝6.35人民币元。

要求：完成该公司投入外币资本业务的账务处理。

【业务操作】

2012年2月10日第一次出资账务处理如图3－4所示。

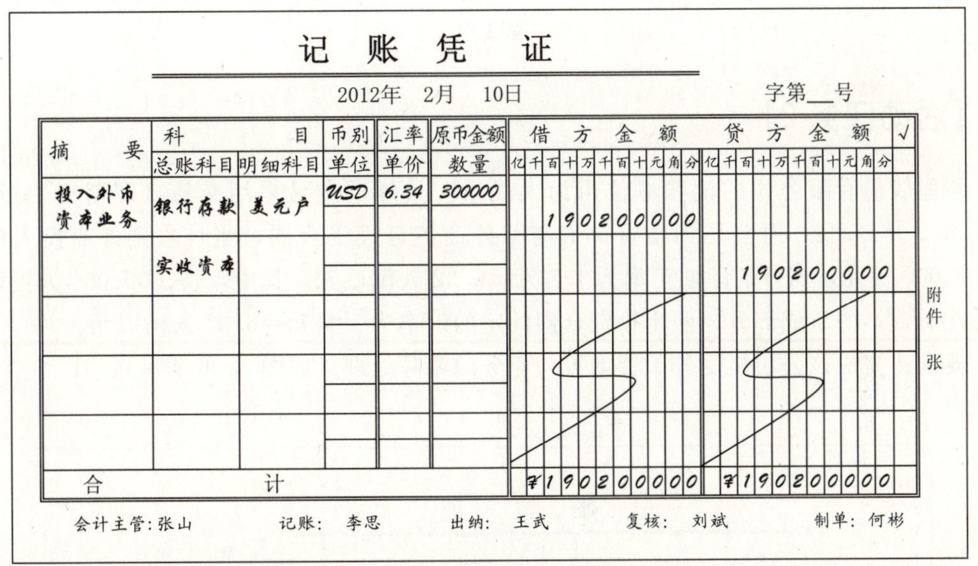

记　账　凭　证

2012年　2月　10日　　　　字第__号

摘要	科目：总账科目	科目：明细科目	币别/单位	汇率/单价	原币金额/数量	借方金额	贷方金额	√
投入外币资本业务	银行存款	美元户	USD	6.34	300000	190200000		
	实收资本						190200000	
合计						￥190200000	￥190200000	

附件　张

会计主管：张山　记账：李思　出纳：王武　复核：刘斌　制单：何彬

图3－4

2012年5月20日第二次出资账务处理如图3－5所示。

【业务指导】

接受外币资本投资的会计处理：企业收到投资者以外币投入的资本，无论是否有合同约定的汇率，均不得采用合同约定的汇率和近似汇率折算，而是采用交易日即期汇率折算，这样，外币投入资本与相应的货币性项目的记账本位币金额相等，不产生外币资本折算差额。

投资合同约定的汇率一般是用于确定外币资本投入者的投资比例。

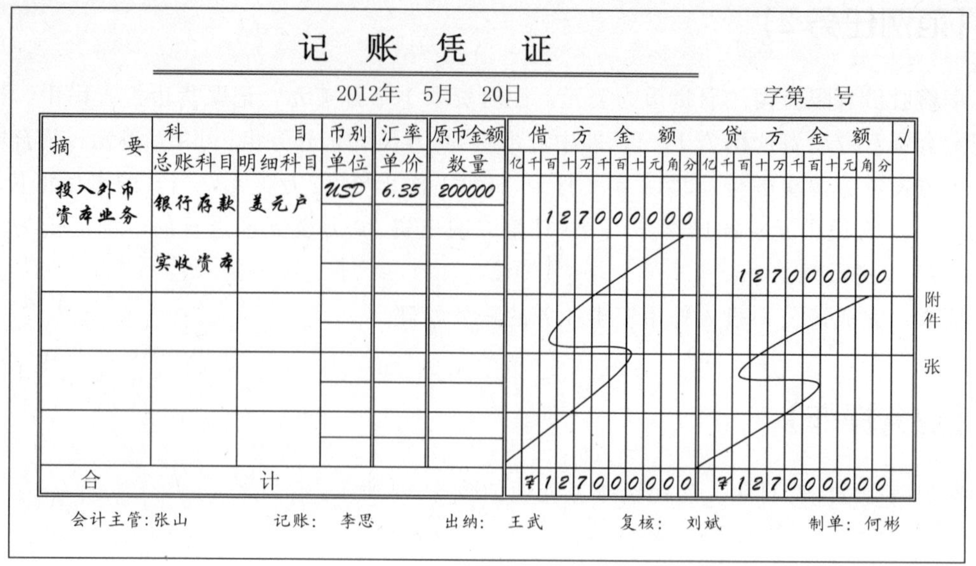

记 账 凭 证

2012年 5月 20日　　　字第＿号

摘要	总账科目	明细科目	币别 单位	汇率 单价	原币金额 数量	借方金额	贷方金额	√
投入外币资本业务	银行存款	美元户	USD	6.35	200000	127000000		
	实收资本						127000000	
合计						¥127000000	¥127000000	

附件　张

会计主管：张山　记账：李思　出纳：王武　复核：刘斌　制单：何彬

图 3－5

【活动任务 2】

华盛股份有限公司的记账本位币为人民币，其外币交易采用交易日即期汇率折算。2012 年 2 月 25 日，甲公司为增资扩股与某外商签订投资合同，当日收到外商投入资本 2,000,000 美元，当日的即期汇率为 1 美元＝6.32 人民币元，其中，12,000,000 人民币元作为注册资本的组成部分。假定投资合同约定的汇率为 1 美元＝6.35 人民币元。

要求：完成该公司接受外币资本投入业务的账务处理（如图 3－6 所示）。

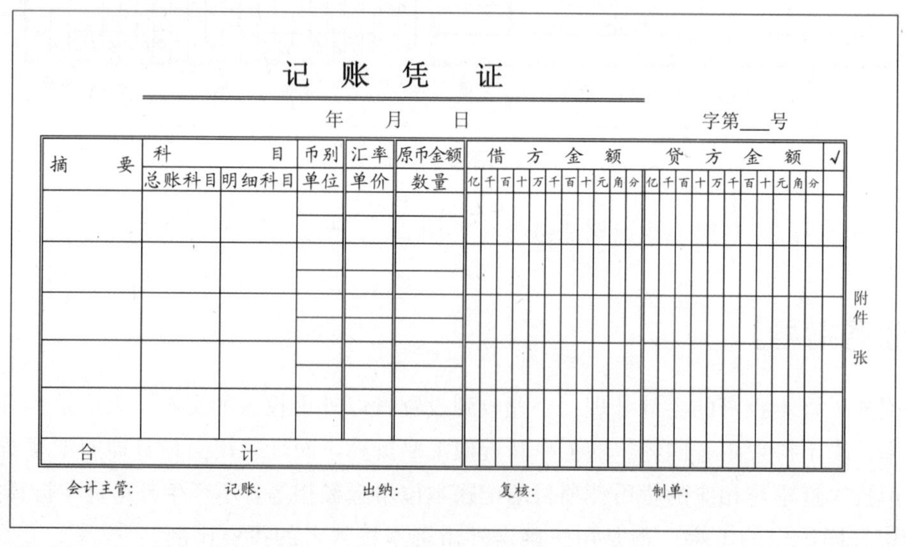

记 账 凭 证

年　月　日　　　字第＿号

摘要	总账科目	明细科目	币别 单位	汇率 单价	原币金额 数量	借方金额	贷方金额	√
合计								

附件　张

会计主管：　记账：　出纳：　复核：　制单：

图 3－6

【业务训练 2】

成达实业股份有限公司注册货币为美元，注册资本 100 万元美元，记账本位币为人民币。按合同规定合资双方出资比例为 1：1，即中方出资 50 万美元，外方出资 50 万元美元。依合同约定，中方投资分两次进行，2012 年 1 月 10 日第一次出资 30 万美元，当日的市场汇价为 1 美元＝6.35 人民币元，2012 年 4 月 10 日第二次出资 20 万美元，当日的市场汇价为 1 美元＝6.26 人民币元。

要求：完成该公司投入外币资本业务的账务处理（如图 3－7、图 3－8 所示）。

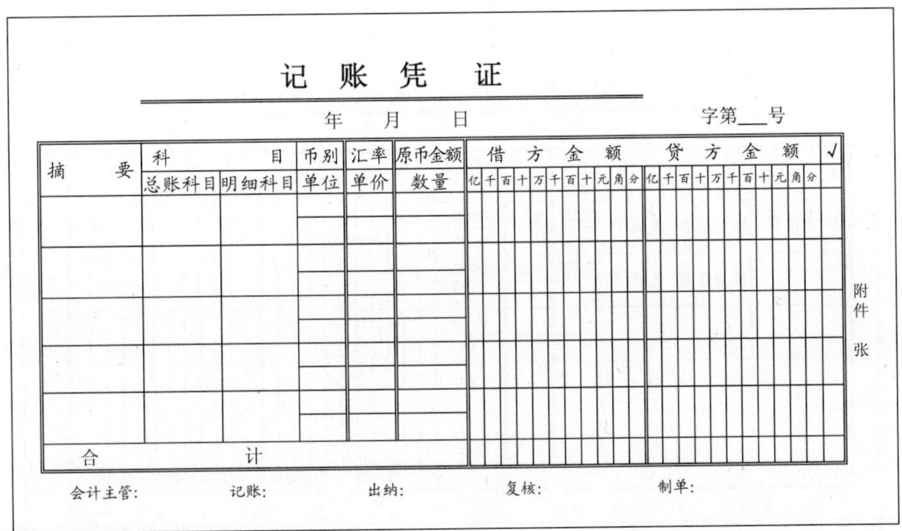

记　账　凭　证

年　月　日　　　　字第＿号

摘要	科目		币别	汇率	原币金额	借方金额	贷方金额	√
	总账科目	明细科目	单位	单价	数量	亿千百十万千百十元角分	亿千百十万千百十元角分	
合计								

附件　张

会计主管：　记账：　出纳：　复核：　制单：

图 3－7

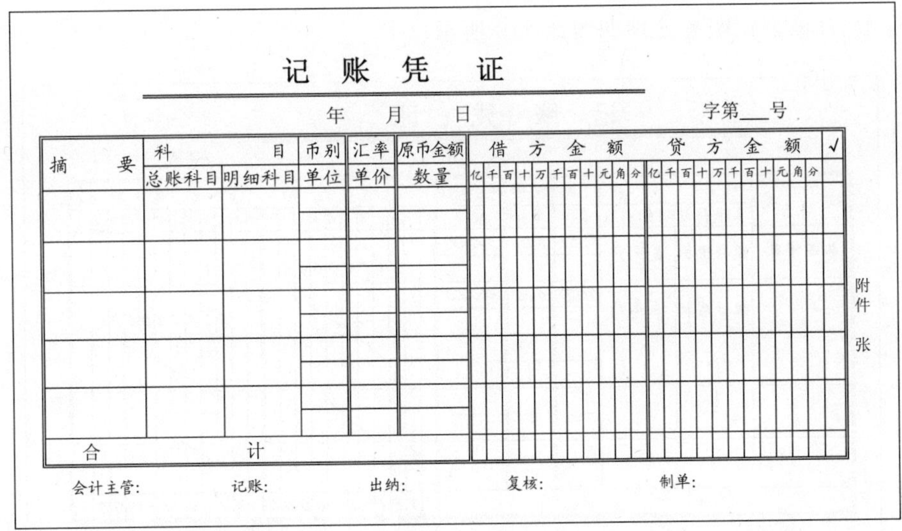

记　账　凭　证

年　月　日　　　　字第＿号

摘要	科目		币别	汇率	原币金额	借方金额	贷方金额	√
	总账科目	明细科目	单位	单价	数量	亿千百十万千百十元角分	亿千百十万千百十元角分	
合计								

附件　张

会计主管：　记账：　出纳：　复核：　制单：

图 3－8

【范例任务 3】

华盛股份有限公司按业务发生当日市场汇率作为记账汇率。2012 年 4 月 10 日企业从银行借入 50,000 美元，当日市场汇率为 1 美元=6.3 人民币元。企业于 5 月 10 日归还这笔借款，当日市场汇率为 1 美元=6.2 人民币元。

要求：完成该公司外币借款业务的账务处理。

【业务操作】

4 月 10 日该公司账务处理如图 3－9 所示。

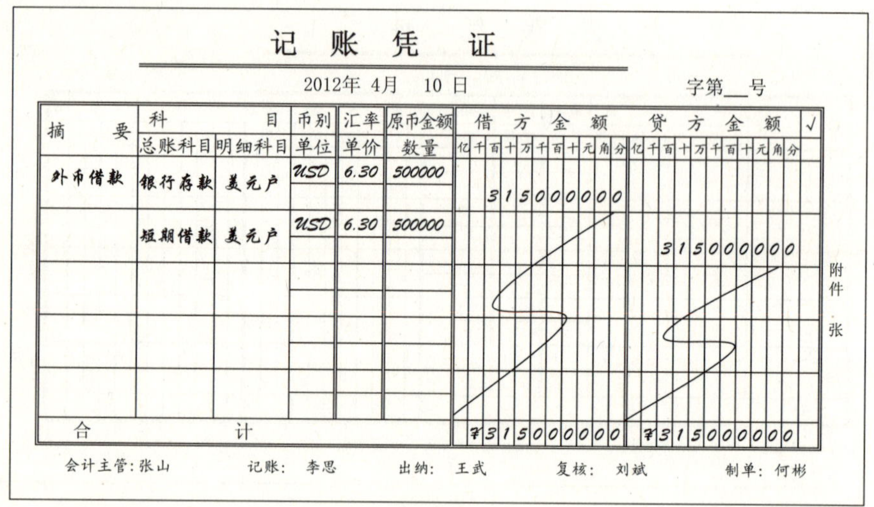

记 账 凭 证

2012年 4月 10日　　字第__号

摘 要	科目：总账科目	科目：明细科目	币别（单位）	汇率（单价）	原币金额（数量）	借方金额	贷方金额	√
外币借款	银行存款	美元户	USD	6.30	500000	315000000		
	短期借款	美元户	USD	6.30	500000		315000000	
合 计						¥315000000	¥315000000	

附件 张

会计主管：张山　记账：李思　出纳：王武　复核：刘斌　制单：何彬

图 3－9

5 月 10 日该公司账务处理如图 3－10 所示。

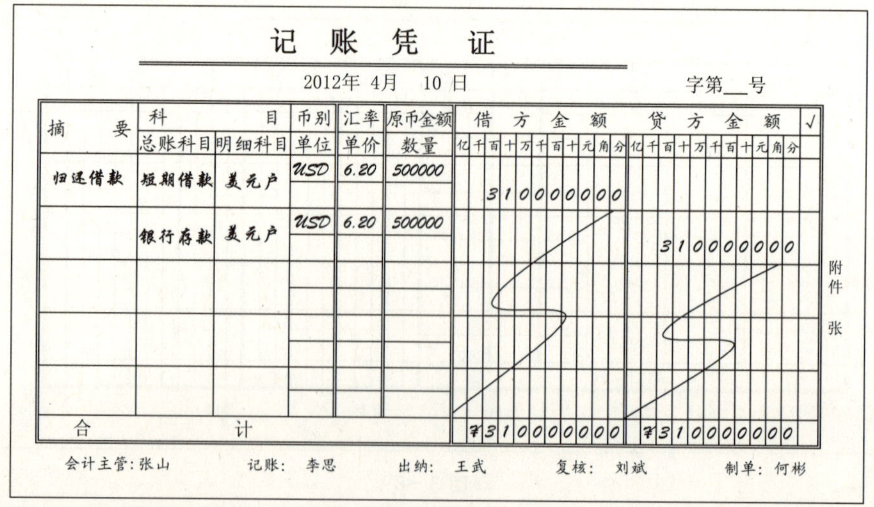

记 账 凭 证

2012年 4月 10日　　字第__号

摘 要	科目：总账科目	科目：明细科目	币别（单位）	汇率（单价）	原币金额（数量）	借方金额	贷方金额	√
归还借款	短期借款	美元户	USD	6.20	500000	310000000		
	银行存款	美元户	USD	6.20	500000		310000000	
合 计						¥310000000	¥310000000	

附件 张

会计主管：张山　记账：李思　出纳：王武　复核：刘斌　制单：何彬

图 3－10

【业务指导】

允许开立外汇现汇账户的企业，借款业务的账务处理比较简单，只需把所借外币按当日或当期期初的市场汇价折算成记账本位币入账即可。由此造成的“短期借款”科目借贷两方的人民币差额，在期末进行调整时一并处理。

不允许开立现汇账户的企业，即不能设置“银行存款（美元户）”账户，在归还借款时会产生汇兑损益及短期借款的利息支出均计入“财务费用”科目。

【活动任务 3】

成达实业股份有限公司按业务发生当日市场汇率作为记账汇率。2012 年 3 月 5 日该公司从银行借入 20,000 美元，当日市场汇率为 1 美元＝6.25 人民币元。该公司于 4 月 5 日归还这笔借款，当日市场汇率为 1 美元＝6.37 人民币元。

要求：完成该公司外币借款业务的账务处理（如图 3－11、图 3－12 所示）。

【业务训练 3】

成达实业股份有限公司外币业务采用业务发生时的市场汇率折算。本期从中国银行借入港币 1,500,000 元，期限为 6 个月，借入的外币暂存银行。2012 年 2 月 1 日借入时的市场汇率为 1 港元＝0.85 人民币元。

6 个月后，成达实业股份有限公司按期向中国银行归还借入的港币 1,500,000 元。归还借款时的市场汇率为 1 港元＝0.81 人民币元。

要求：完成该公司外币借款业务的账务处理（如图 3－13、图 3－14 所示）。

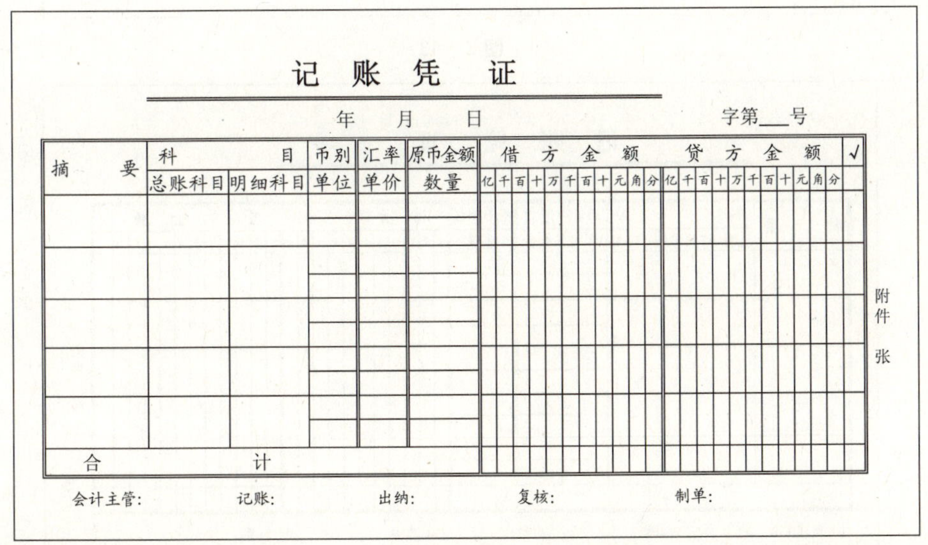

记　账　凭　证

年　月　日　　　　字第＿＿号

摘　要	科目		币别	汇率	原币金额	借方金额											贷方金额											√
	总账科目	明细科目	单位	单价	数量	亿	千	百	十	万	千	百	十	元	角	分	亿	千	百	十	万	千	百	十	元	角	分	
合　计																												

附件　张

会计主管：　记账：　出纳：　复核：　制单：

图 3－11

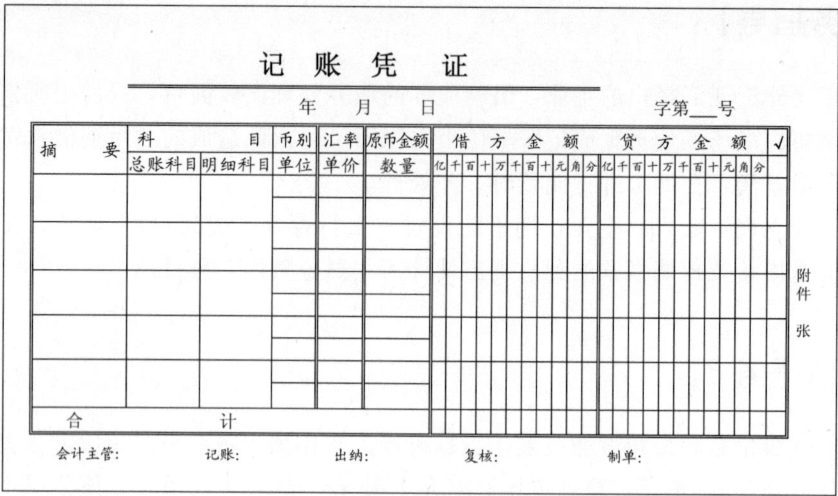

记账凭证

年　月　日　　　　字第___号

摘要	科目		币别	汇率	原币金额	借方金额	贷方金额	√
	总账科目	明细科目	单位	单价	数量	亿千百十万千百十元角分	亿千百十万千百十元角分	
合计								

附件　张

会计主管：　记账：　出纳：　复核：　制单：

图 3－12

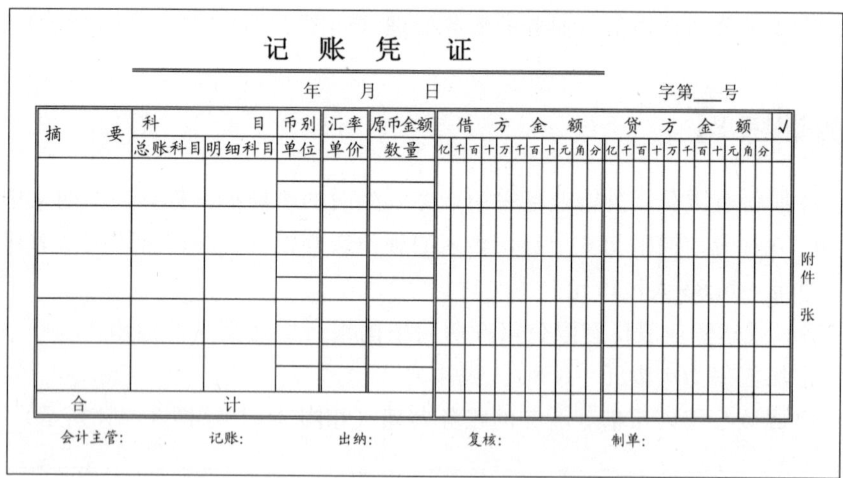

记账凭证

年　月　日　　　　字第___号

摘要	科目		币别	汇率	原币金额	借方金额	贷方金额	√
	总账科目	明细科目	单位	单价	数量	亿千百十万千百十元角分	亿千百十万千百十元角分	
合计								

附件　张

会计主管：　记账：　出纳：　复核：　制单：

图 3－13

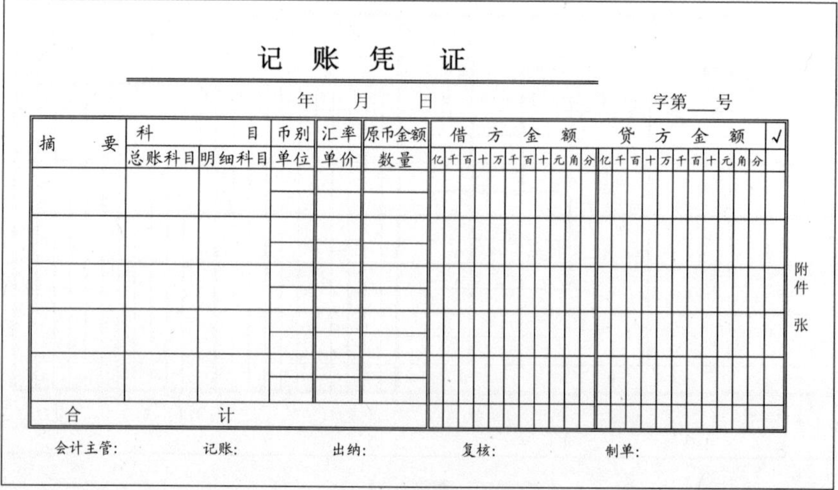

记账凭证

年　月　日　　　　字第___号

摘要	科目		币别	汇率	原币金额	借方金额	贷方金额	√
	总账科目	明细科目	单位	单价	数量	亿千百十万千百十元角分	亿千百十万千百十元角分	
合计								

附件　张

会计主管：　记账：　出纳：　复核：　制单：

图 3－14

【范例任务 4】

华盛股份有限公司外币账户如表 3－1 所示。

表 3－1　　　　华盛股份有限公司外币账户

外币账户	折算汇率	美元余额	人民币余额
银行存款——美元户	1 美元＝6.3 人民币	100,000 美元	630000 人民币
应收账款——甲企业（美元户）	1 美元＝6.3 人民币	5,000 美元	31,500 人民币
应付账款——乙企业（美元户）	1 美元＝6.3 人民币	1,000 美元	6,300 人民币

该公司 2012 年 5 月份发生的外币收付业务如下：

(1) 4 日，收到甲企业汇来的上月份货款 2,000 美元，当日汇率为 1 美元＝6.35 人民币。

(2) 9 日，支付乙企业货款 1,000 美元，当日汇率为 1 美元＝6.32 人民币。

(3) 12 日，售给甲企业产品一批，应收账款为 2,340 美元，当日汇率为 1 美元＝6.35 人民币，增值税专用发票列示产品价款为 12,630 人民币元、增值税额为 2,229 人民币。

(4) 月终 5 月 31 日汇率为 1 美元＝6.40 人民币。

要求：完成该公司外币收付业务的账务处理。

【业务操作】

该公司 5 月份发生的外币收付业务账务处理如图 3－15 至图 3－20 所示。

1.4 日，收到甲企业汇来的上月份货款 2,000 美元，当日汇率为 1 美元＝6.35 人民币元。

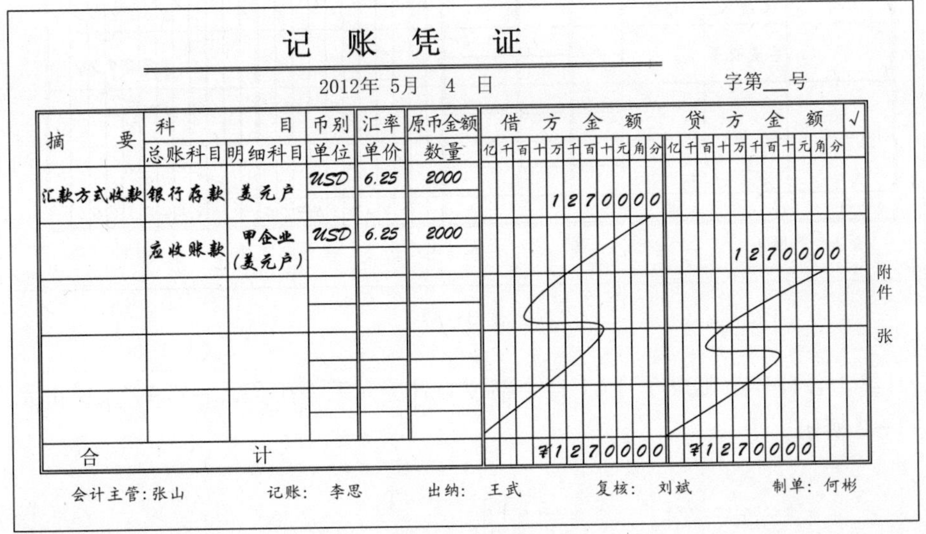

记 账 凭 证

2012年 5月 4 日　　　　字第__号

摘要	总账科目	明细科目	币别（单位）	汇率（单价）	原币金额（数量）	借方金额	贷方金额	√
汇款方式收款	银行存款	美元户	USD	6.25	2000	1270000		
	应收账款	甲企业（美元户）	USD	6.25	2000		1270000	
合计						¥1270000	¥1270000	

附件　张

会计主管：张山　记账：李思　出纳：王武　复核：刘斌　制单：何彬

图 3－15

2.9 日，支付乙企业货款 1,000 美元，当日汇率为 1 美元=6. 32 人民币元。

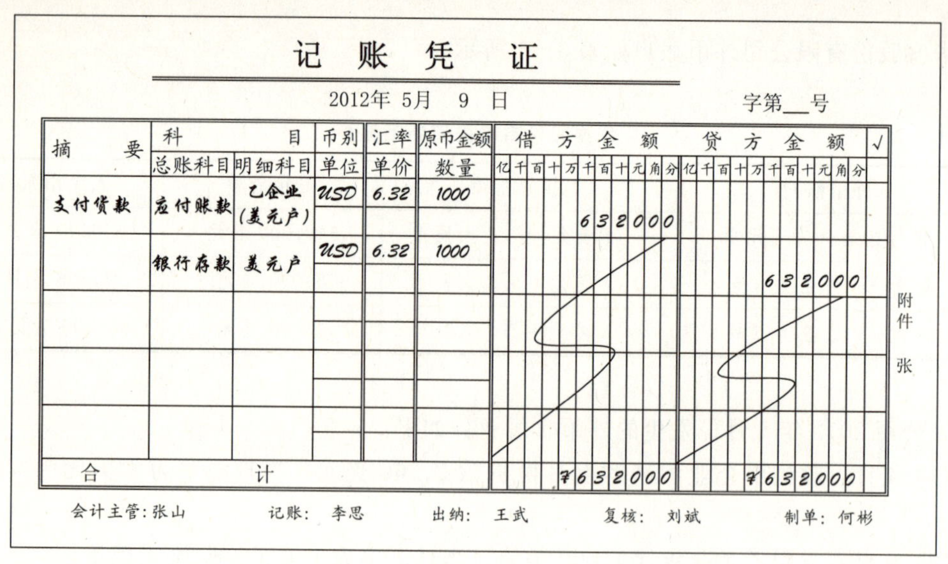

记 账 凭 证

2012年 5月 9 日 字第__号

摘要	总账科目	明细科目	币别/单位	汇率/单价	原币金额/数量	借方金额	贷方金额	√
支付货款	应付账款	乙企业（美元户）	USD	6.32	1000	632000		
	银行存款	美元户	USD	6.32	1000		632000	
合计						¥632000	¥632000	

附件 张

会计主管：张山 记账：李思 出纳：王武 复核：刘斌 制单：何彬

图 3－16

3.12 日，售给甲企业产品一批，应收账款 2,340 美元，当日汇率为 1 美元=6.35 人民币元，增值税专用发票列示产品价款为 12,630 人民币元、增值税额为 2,229 人民币元。

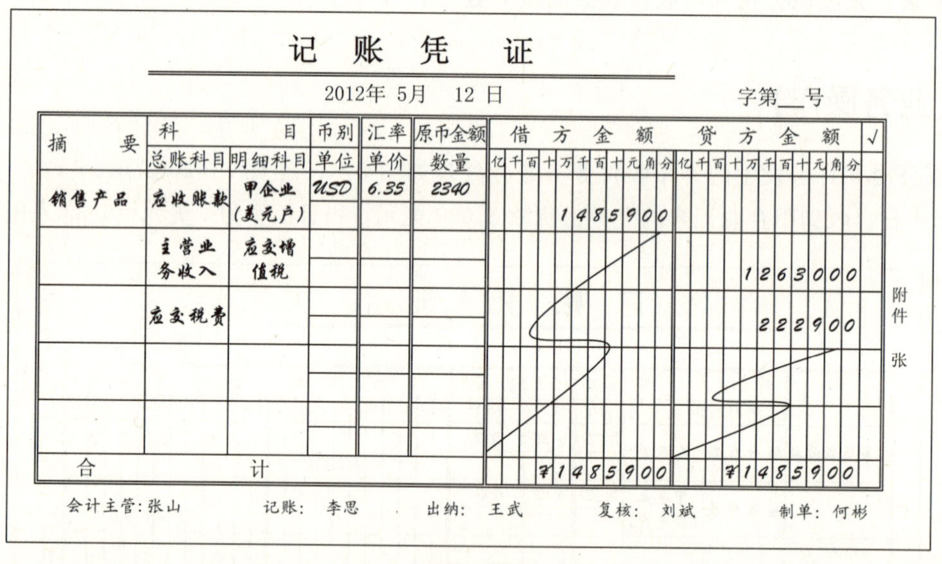

记 账 凭 证

2012年 5月 12 日 字第__号

摘要	总账科目	明细科目	币别/单位	汇率/单价	原币金额/数量	借方金额	贷方金额	√
销售产品	应收账款	甲企业（美元户）	USD	6.35	2340	1485900		
	主营业务收入						1263000	
	应交税费	应交增值税					222900	
合计						¥1485900	¥1485900	

附件 张

会计主管：张山 记账：李思 出纳：王武 复核：刘斌 制单：何彬

图 3－17

4. 月终，各种外币账户 5 月 31 日余额按当日美元汇率 1 美元=6.40 人民币元进行调整如表 3－2 所示。

表 3－2

外币账户	折算汇率	美元余额（美元）	调整前人民币余额（人民币元）	调整后人民币余额（人民币元）	调整额（人民币元）
银行存款——美元户			调整前人民币余额为各外币账户调整前的记账本位币（人民币）实有的账面余额。	调整后人民币余额为按照月末美元余额与月末汇率计算出的各外币账户的记账本位币（人民币）应有账面余额。	调整额为调整后的记账本位币（人民币）余额与调整前的记账本位币（人民币）余额之间的差额。
	6.4	101,000	636,380	646,400	10,020
应收账款——甲企业（美元户）	6.4	5,340	33,659	34,176	517
应付账款——乙企业（美元户）	6.4	0	－20	0	20

月末确认各外币项目汇兑损益：

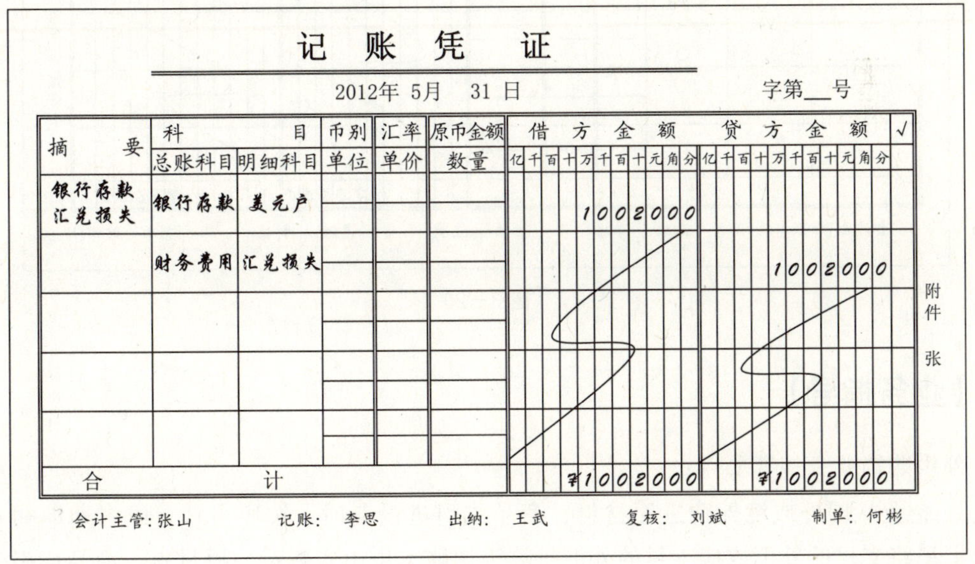

记　账　凭　证

2012年 5月　31 日　　字第__号

摘要	总账科目	明细科目	币别单位	汇率单价	原币金额数量	借方金额	贷方金额	√
银行存款汇兑损失	银行存款	美元户				1002000		
	财务费用	汇兑损失					1002000	
合计						¥1002000	¥1002000	

附件　张

会计主管：张山　记账：李思　出纳：王武　复核：刘斌　制单：何彬

图 3－18

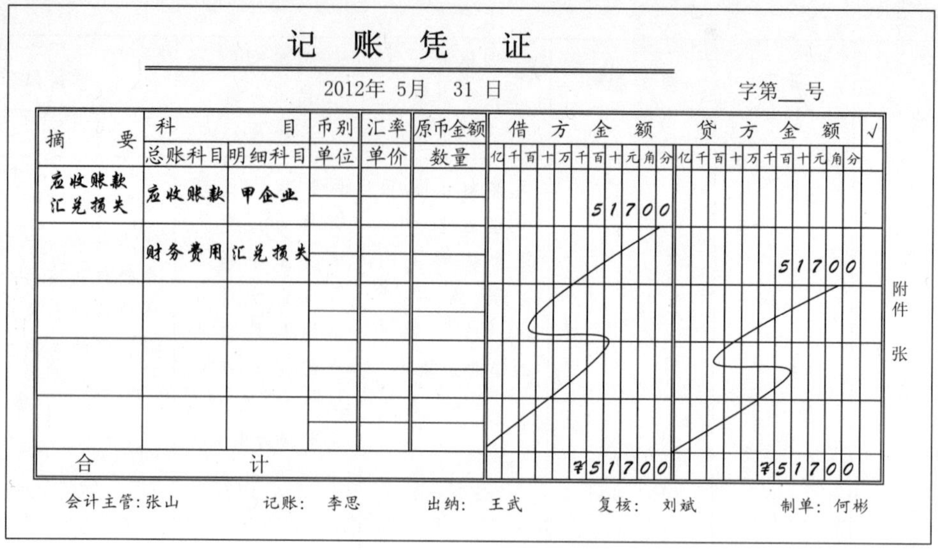

记 账 凭 证

2012年 5月 31 日　　　　字第__号

摘要	科目：总账科目	科目：明细科目	币别/单位	汇率/单价	原币金额/数量	借方金额	贷方金额	√
应收账款汇兑损失	应收账款	甲企业				51700		
	财务费用	汇兑损失					51700	
合计						￥51700	￥51700	

附件 张

会计主管：张山　记账：李思　出纳：王武　复核：刘斌　制单：何彬

图 3－19

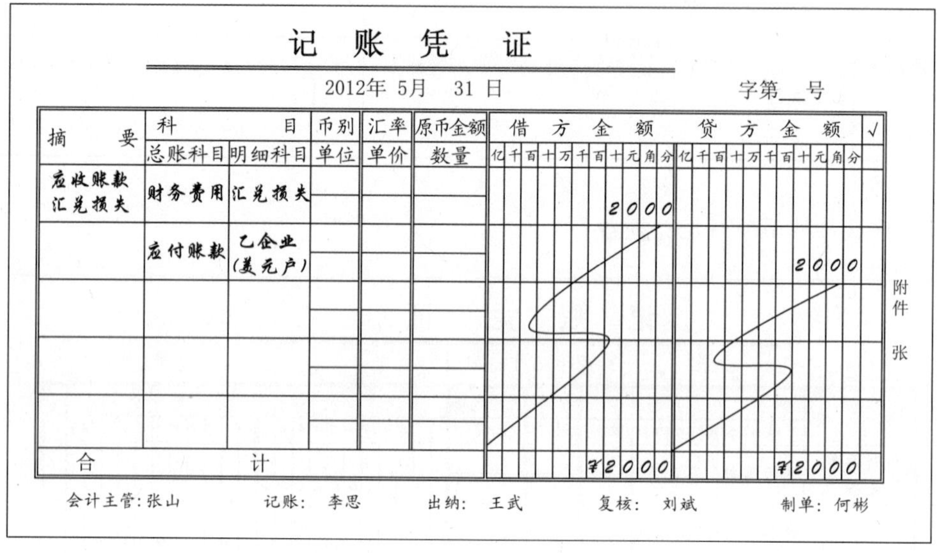

记 账 凭 证

2012年 5月 31 日　　　　字第__号

摘要	科目：总账科目	科目：明细科目	币别/单位	汇率/单价	原币金额/数量	借方金额	贷方金额	√
应收账款汇兑损失	财务费用	汇兑损失				2000		
	应付账款	乙企业（美元户）					2000	
合计						￥2000	￥2000	

附件 张

会计主管：张山　记账：李思　出纳：王武　复核：刘斌　制单：何彬

图 3－20

【业务指导】

外币购销业务核算要点：

1. 企业从国外或境外购进原材料、商品或引进设备时，按照当日（或当期期初）的市场汇率将支付的外汇或应支付的外汇折算为记账本位币入账后，原材料、商品或引进设备等项目就不再承受汇率变动的影响。

2. 企业出口时，按照当日（或当期期初）的市场汇率将外币销售收入折算成为记账本位币入账后，销售收入账户就不再承受汇率变动的影响。

3. 对于相关的外币银行存款和外币应收应付款账户由于折算汇率变动而形成的汇兑

损益，一般通过月末调整加以确认。

【活动任务 4】

成达实业股份有限公司外币账户如表 3—3 所示。

表 3－3

外币账户	折算汇率	美元余额	人民币余额
银行存款——美元户	1 美元＝6.31 人民币元	80,000 美元	504,000 人民币元
应收账款——甲企业（美元户）	1 美元＝6.31 人民币元	3,000 美元	18,900 人民币元
应付账款——乙企业（美元户）	1 美元＝6.31 人民币元	2,000 美元	12,600 人民币元

该公司 2012 年 7 月份发生的外币收付业务如下：

(1) 2 日，收到甲企业汇来的上月份货款 1,000 美元，当日汇率为 1 美元＝6.32 人民币元。

(2) 8 日，支付乙企业货款 2,000 美元，当日汇率为 1 美元＝6.33 人民币元。

(3) 19 日，售给甲企业产品一批，应收账款为 3,000 美元，当日汇率为 1 美元＝6.36 人民币元，增值税专用发票列示产品价款为 16,218 人民币元、增值税额为 2,862 人民币元。

(4) 月终 7 月 31 日美元汇率为 1 美元＝6.38 人民币元。

要求：完成该公司外币收付业务的账务处理图 3－21 至图 3－26 所示。

账务处理为：

(1) 2 日，收到甲企业汇来的上月份货款为 1000 美元，当日汇率为 1 美元＝6.32 人民币元。

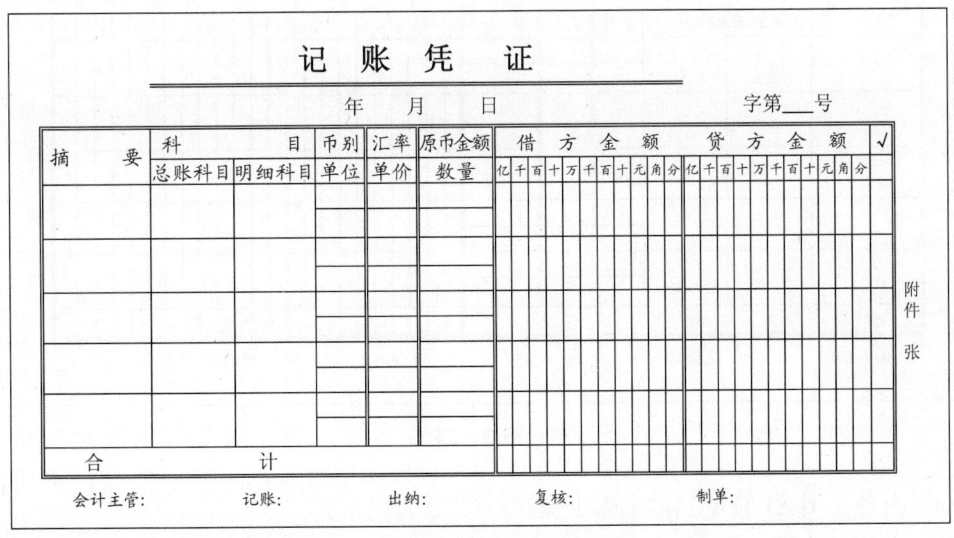

记　账　凭　证

年　月　日　　　字第___号

摘要	科目		币别	汇率	原币金额	借方金额											贷方金额											✓
	总账科目	明细科目	单位	单价	数量	亿	千	百	十	万	千	百	十	元	角	分	亿	千	百	十	万	千	百	十	元	角	分	
合计																												

附件　张

会计主管：　记账：　出纳：　复核：　制单：

图 3－21

（2）8日，支付乙企业货款2,000美元，当日汇率为1美元=6.33人民币元。

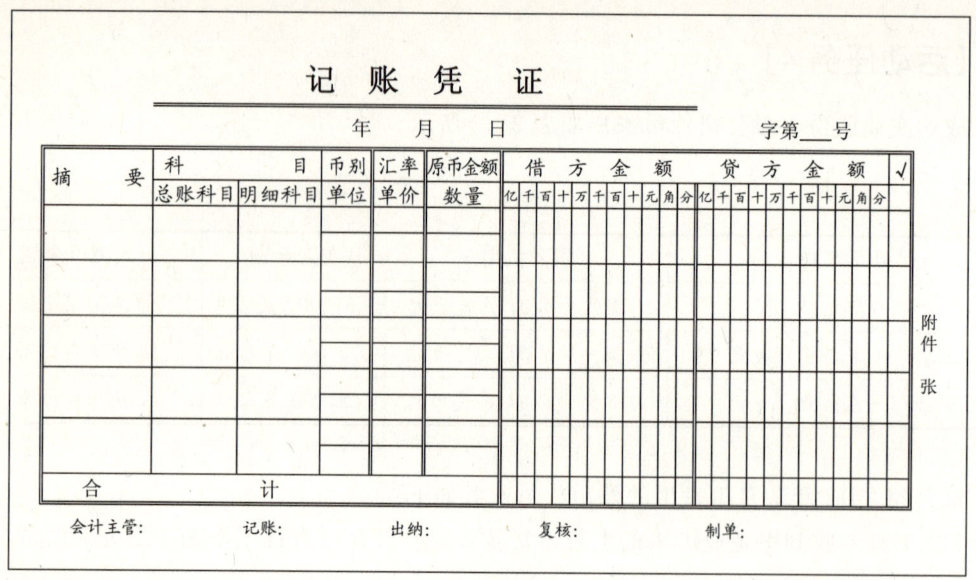

记 账 凭 证

年 月 日　　　　字第___号

摘要	科目		币别	汇率	原币金额	借方金额	贷方金额	√
	总账科目	明细科目	单位	单价	数量	亿千百十万千百十元角分	亿千百十万千百十元角分	
合计								

附件 张

会计主管:　记账:　出纳:　复核:　制单:

图3-22

（3）19日，售给甲企业产品一批，应收账款为3000美元，当日汇率为1美元=6.36人民币元，增值税专用发票列示产品价款为16,218人民币元、增值税额为2,862人民币元。

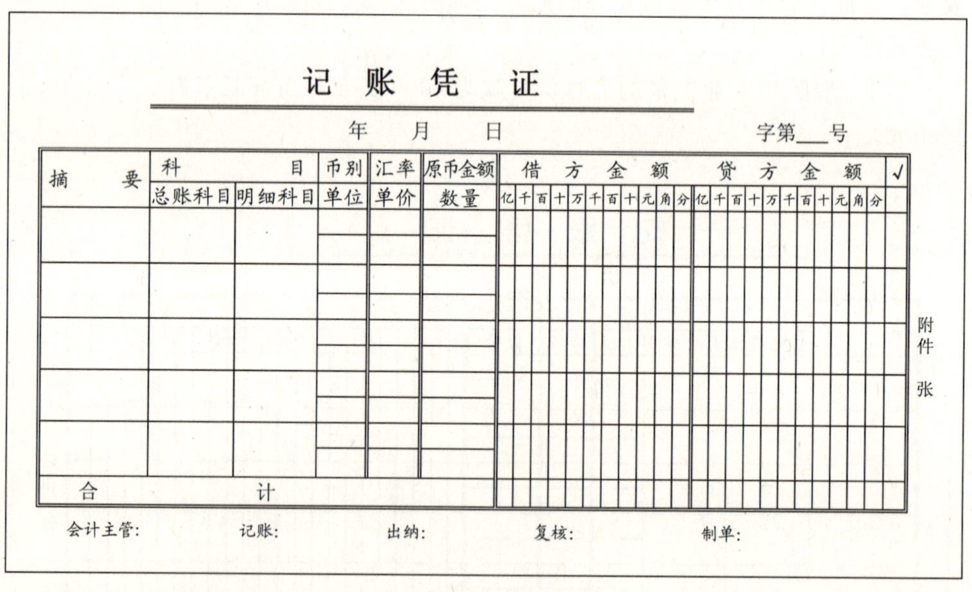

记 账 凭 证

年 月 日　　　　字第___号

摘要	科目		币别	汇率	原币金额	借方金额	贷方金额	√
	总账科目	明细科目	单位	单价	数量	亿千百十万千百十元角分	亿千百十万千百十元角分	
合计								

附件 张

会计主管:　记账:　出纳:　复核:　制单:

图3-23

（4）月终7月31日美元汇率为1美元=6.38人民币元。

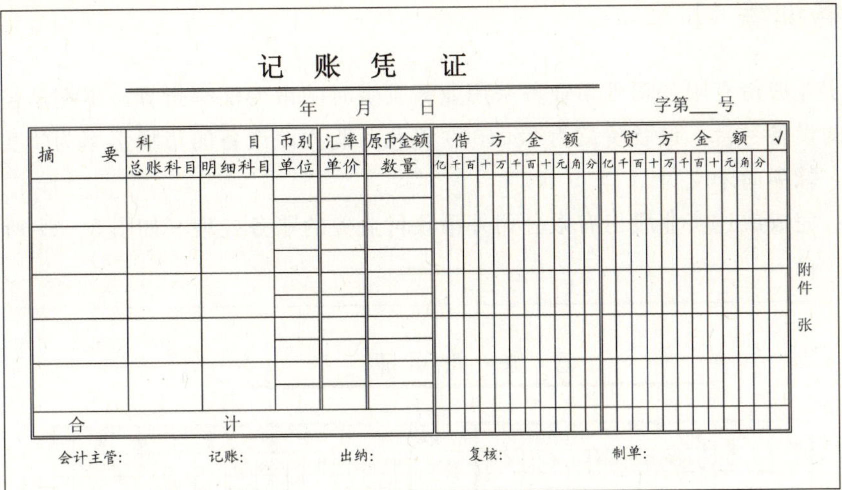

记 账 凭 证

年 月 日 字第___号

摘要	科目		币别	汇率	原币金额	借方金额	贷方金额	√
	总账科目	明细科目	单位	单价	数量	亿千百十万千百十元角分	亿千百十万千百十元角分	
合计								

附件 张

会计主管: 记账: 出纳: 复核: 制单:

图 3－24

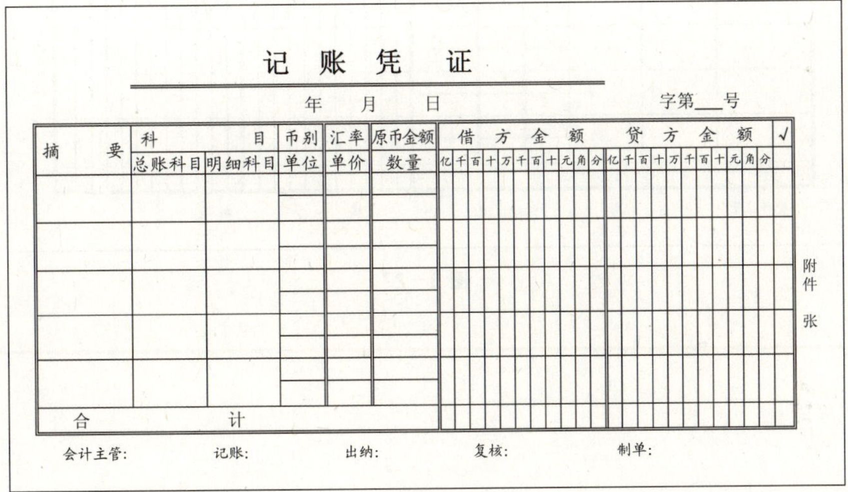

记 账 凭 证

年 月 日 字第___号

摘要	科目		币别	汇率	原币金额	借方金额	贷方金额	√
	总账科目	明细科目	单位	单价	数量	亿千百十万千百十元角分	亿千百十万千百十元角分	
合计								

附件 张

会计主管: 记账: 出纳: 复核: 制单:

图 3－25

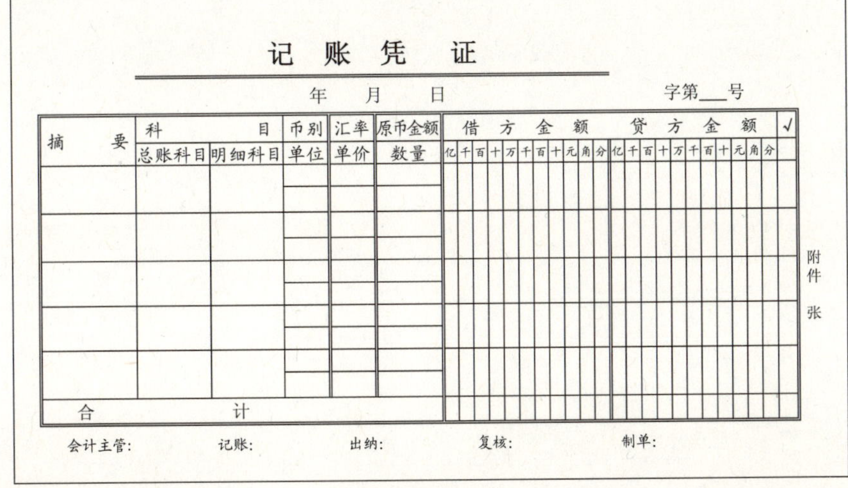

记 账 凭 证

年 月 日 字第___号

摘要	科目		币别	汇率	原币金额	借方金额	贷方金额	√
	总账科目	明细科目	单位	单价	数量	亿千百十万千百十元角分	亿千百十万千百十元角分	
合计								

附件 张

会计主管: 记账: 出纳: 复核: 制单:

图 3－26

【业务训练 4】

成达实业股份有限公司外币业务采用业务发生时的市场汇率折算。本期从境外购入不需要安装的设备一台，设备价款为 250,000 美元，购入该设备的市场汇率为 1 美元＝6.34 人民币元，款项尚未支付。

要求： 完成成达实业股份有限公司外币收付业务的账务处理（如图 3－27 所示）。

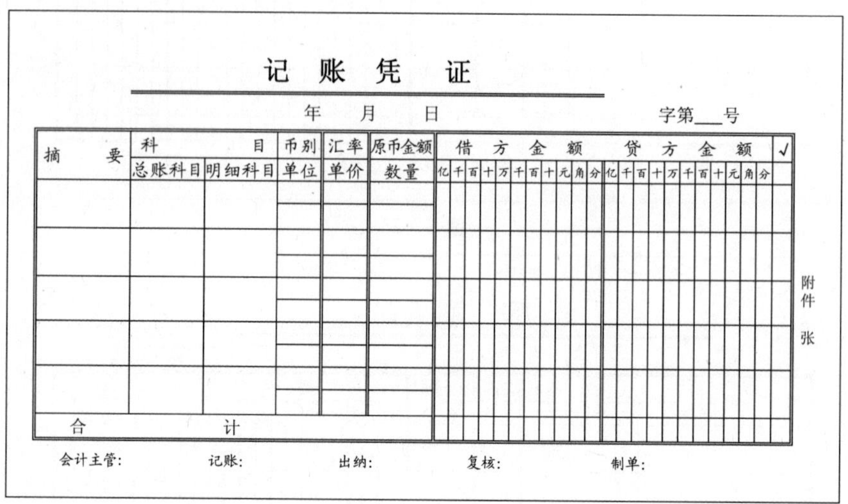

记 账 凭 证

年 月 日 字第__号

摘要	科目		币别	汇率	原币金额	借方金额	贷方金额	✓
	总账科目	明细科目	单位	单价	数量	亿千百十万千百十元角分	亿千百十万千百十元角分	
合计								

附件 张

会计主管： 记账： 出纳： 复核： 制单：

图 3－27

模块二　出纳资料整理

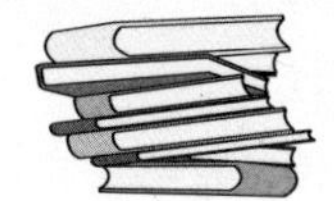

学习目标

1. 掌握和理解出纳归档资料的范围
2. 理解出纳归档资料的整理与保管
3. 掌握出纳归档资料的移交与调阅

工作任务

1. 编制出纳报告
2. 整理、保管出纳归档资料
3. 移交、调阅与销毁出纳归档资料

【知识导入】

出纳归档资料是指出纳记账的各种凭证、出纳账簿和出纳各种报表等核算资料，它们是出纳收、支活动及其账务处理的重要史料与证据。

具体讲，出纳归档资料主要包括出纳记账所依据的各种原始凭证和记账凭证；现金日记账、银行存款日记账、有价证券等明细分类账账簿；经费开支计划与决算表，出纳报告单，银行存款对账单，资金分析报告单，作为收、付款依据的各种经济合同、文件，以及其他财务管理方面的重要凭据，如支票申请单与支票领用登记簿等。下面重点介绍出纳报告：

1. 出纳报告的基本格式

出纳人员记账后，应根据现金日记账、银行存款日记账、有价证券明细账等核算资料，定期编制“出纳报告单”（如表3－4所示）报告本单位一定时期现金、银行存款、有价证券的收、支、存情况，并与总账会计核对期末余额。

表3－4　　出纳报告单

单位名称：　　　　年　月　日至　年　月　日

项　目	库存现金	银行存款	有价证券	备　注
上期结存				
本期收入				
合　计				
本期支出				
本期结存				

2. 出纳报告的编制

（1）出纳报告单的报告期可与本单位总账会计汇总记账的周期相一致，如果本单位总账 10 天汇总一次，则出纳报告单 10 天编制一次。

（2）上期结存数，是指报告期前一期期末结存数，即本期报告期前一天的账面结存金额，也是上一期出纳报告单的“本期结存”数字。

（3）本期收入按账面本期合计借方数字填列。

（4）合计是上期结存与本期收入的合计数字。

（5）本期支出按账面本期合计贷方数字填列。

（6）本期结存是指本期期末账面结存数字。它等于“合计数字”减去“本期支出”数字，本期结存必须与账面实际结存数一致。

【范例任务 1】

因工作需要，华盛股份有限公司财务主管王洪要求出纳部门做好今年的出纳归档资料的整理、保管工作。

要求：办理出纳归档资料的整理、保管工作。

【业务操作】

1. 出纳归档资料的整理

（1）出纳凭证的整理。出纳记账所编制和使用的各种收、付款记账凭证及其所附原始凭证，一般说来，在出纳过账以后，要传递给记账会计，在年终归档前由记账会计进行整理与保存。出纳人员主要要做好原始凭证的整理及全部会计凭证在出纳业务处理阶段的保管工作。对于一些像“支票申请单”之类的原始凭证，为了保管与查对的便利，平时也可由出纳人员单独保管并整理成册，年终统一归档。

（2）出纳账簿的整理。出纳账簿在更换新账后，应将旧账归入会计档案。移交归档前应对旧账进行整理，对编号、扉页内容、目录等项目填写不全的，应按照有关要求填写齐全；使用活页式（如用计算机记账的单位，账簿资料输出裁剪后类似活页账）或卡片式辅助账的单位，对于活页式或卡片式账，在归档时必须加以装订，编齐页码，并要像订本账一样加上扉页，注明单位名称、所属时期、共计页数和记账人员签章等，并且要加盖公章。

（3）其他出纳归档资料的整理。出纳账证以外的其他出纳归档资料，主要是指各种报表和文件，如各项经费开支计划表、决算表，出纳报告单，银行对账单，资金分析报告表，作为收、付款依据的各种经济合同文件，以及其他财务管理方面的重要凭据，如支票申请单与支票领用登记簿等。这些资料应该分类整理并妥善保管，年末集中归入会计档案。

2. 出纳归档资料的保管

根据《会计档案管理办法》规定：各单位每年形成的会计档案，应当由会计机构按照归档要求，负责整理立卷，装订成册，编制会计档案保管清册。当年形成的会计档案，在会计年度终了后，可暂由会计机构保管1年，期满之后，应当由会计机构编制移交清册，移交本单位档案机构统一保管；未设立档案机构的，应当在会计机构内部指定专人保管，但是，出纳人员不得兼管会计档案。移交本单位档案机构保管的会计档案，原则上应当保持原卷册的封装。个别需要拆封重新整理的，档案机构应会同会计机构和经办人员共同拆封整理，以分清责任。因此，对当年形成的出纳归档资料的保管一般由出纳部门负责。

【业务指导】

各企业、单位出纳人员对上述各种归档资料必须进行科学的管理，做到妥善保管、存放有序、查找方便；要严格执行安全和保密制度，不能随意堆放，以免毁损、散失和泄密。

不同的会计档案其保管期限也不同，按其特点可分为永久保管和定期保管两类。定期保管期限为3年、5年、10年、15年、25年五类。会计档案的保管期限，从会计年度终了后的第一天算起。会计档案的具体保管期限如表3－5所示。

表3－5　企业和其他组织会计档案保管期限

序号	档案名称	保管期限	备　注
一	会计凭证类		
1	原始凭证	15年	
2	记账凭证	15年	
3	汇总凭证	15年	
二	会计账簿类		
4	总账	15年	包括日记总账
5	明细账	15年	
6	日记账	15年	现金和银行存款日记账保管25年
7	固定资产卡片		固定资产报废处理后保管5年
8	辅助账簿	15年	
三	财务报告类		包括各级主管部门汇总财务报告
9	月、季度财务报告	3年	包括文字分析
10	年度财务报告（决算）	永久	包括文字分析
四	其他类		
11	会计移交清册	15年	
12	会计档案保管清册	永久	
13	会计档案销毁清册	永久	
14	银行存款余额调节表	5年	
15	银行对账单	5年	

【活动任务 1】

因工作需要，圣美股份有限公司财务主管李丽要求出纳部门做好今年的出纳归档资料的整理、保管工作。

要求： 办理出纳归档资料的整理、保管工作。

【业务训练 1】

因工作需要，成达实业股份有限公司财务主管赵成要求出纳部门做好今年的出纳归档资料的整理、保管工作。

要求： 办理出纳归档资料的整理、保管工作。

【范例任务 2】

会计人员徐方因工作业务需要，需向出纳员赵敏调阅上年度的企业核算资料。

要求： 办理出纳归档资料的调阅。

【业务操作】

上年度的出纳归档资料的保管一般仍应由出纳部门负责。出纳保存的核算资料，应积极为本单位提供利用。原则上不得外借，如遇特殊需要，必须报经上级主管单位批准，并应登记、签字，限期归还，而且不得拆散原卷册。

【业务指导】

出纳部门形成的归档资料，是会计档案的重要组成部分，应由财务部门统一安排，按照归档的要求整理立卷或装订成册。按《会计档案管理办法》规定："当年会计档案，在会计年度终了以后，可暂由本单位财务会计部门保管一年。期满以后，原则上应由财务会计部门编造成册移交本单位的档案部门保管。"会计年度终了以后再由财务会计部门保管一年，主要是因为新旧年度之间的许多会计业务是有关联的，上年度的核算资料放在财务会计部门，方便财会人员查找。同样基于这一考虑，在这一年内出纳归档资料的保管一般仍应由出纳部门负责。

各单位保存的会计档案一般不得借出，如有特殊需要，经本单位负责人批准，可以提供查阅或复制，并办理登记手续。查阅或复制会计档案的人员，严禁在会计档案上涂画、拆封和抽换。因此，各单位应建立、健全会计档案查阅和复制的登记制度。

【活动任务 2】

会计人员王晓因工作业务需要，需向出纳员万明调阅上年度的企业核算资料。

要求：办理出纳归档资料的调阅。

【业务训练 2】

会计人员刘秋因会计工作业务需要，需向出纳员孙全调阅上年度的企业核算资料。

要求：办理出纳归档资料的调阅。

【范例任务 3】

华盛股份有限公司档案机构和会计部门要求销毁保管期满的会计档案。

要求：办理出纳归档资料的销毁。

【业务操作】

保管期满的会计档案需要销毁时，应由本单位档案机构会同会计机构提出销毁意见，编制会计档案销毁清册，列明销毁会计档案的名称、卷号、册数、起止年度、档案编号、应保管期限、已保管期限、销毁时间等内容，单位负责人在会计档案销毁清册上签署意见。

【业务指导】

各单位在按规定销毁会计档案时，应由档案部门和财务会计部门派人员监销；各级主管部门销毁会计档案时，应有同级财政部门、审计部门派人监销；各级财政部门销毁会计档案时，应由同级审计部门派人监销。监销人员要认真负责，在销毁会计档案以前要认真清点核对，销毁时要防止泄密、丢失。销毁后，档案部门、财务部门和各有关部门的监销人员要在会计档案销毁目录封面上签字盖章，归档保存，并将监销情况书面报告本单位领导。“销毁会计账册、凭证及报表清册”如表 3－6 所示。

表 3－6　　**销毁会计账册、凭证及报表清册**

填表日期：　年　月　日

类别	名称	年度	月份	数量	单位	已保管年限	备注

财务负责人：　　　　会计主管：　　　　档案保管人：

对保管期满但尚未结清的债权债务原始凭证和涉及其他未了事项的原始凭证，不得销毁，应单独抽出立卷，一直保管到未了事项完结时为止。单独抽出立卷的会计档案，应在会计档案销毁清册和会计档案保管清册中列明。正在项目建设期间的建设单位，其保管期满的会计档案不得销毁。

【活动任务 3】

成达实业股份有限公司档案机构和会计部门要求销毁保管期满的会计档案。

要求：办理出纳归档资料的销毁。

【业务训练 3】

圣美股份有限公司档案机构和会计部门要求销毁保管期满的会计档案。

要求：办理出纳归档资料的销毁。

模块三　出纳工作交接

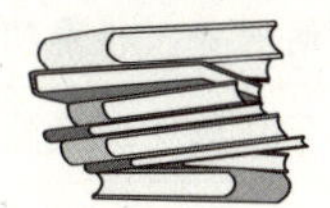

学习目标

1. 能掌握出纳工作交接的内容
2. 能掌握出纳工作交接的方法

工作任务

1. 整理出纳工作交接的各种资料，对未了事项要写出书面说明，编制“移交清册”
2. 出纳工作交接

【知识导入】

出纳交接的具体内容根据各单位的具体情况而定，情况不一样，交接的内容也不一样。但总体看，出纳交接工作应包括一些基本内容如表3－7所示。

表3－7　　出纳交接明细表

序号	交接内容	出纳交接的明细内容
一	财产与物资	1. 会计凭证（原始凭证、记账凭证）、会计账簿（现金日记账、银行存款日记账等）、相关报表（出纳报告等）。
		2. 现金、银行存款、金银珠宝、有价证券和其他一切公有物品。
		3. 用于银行结算的各种票据、票证、支票簿等。
		4. 各种发票、收款收据，包括空白发票、空白收据、已用或作废的发票或收据的存联等。
		5. 印章，包括财务专用章、银行预留印鉴以及“现金收讫”、“现金付讫”、“银行收讫”、“银行付讫”等业务专用章。
		6. 各种文件资料和其他业务资料，如银行对账单，应由出纳人员保管的合同、协议等。
		7. 办公室、办公桌与保险工具的钥匙，各种保密密码。
		8. 本部门保管的各种档案资料和公用会计工具、器具等。
		9. 经办未了的事项。

续表

序号	交接内容	出纳交接的明细内容
二	电算化资料	1. 会计软件。
		2. 密码、磁盘等有关电算化的资料、实物。
三	业务介绍	1. 原出纳人员工作职责和工作范围的介绍。
		2. 每期固定办理的业务介绍，如按期缴纳电费、税费的时间等。
		3. 复杂业务的具体说明，如银行账户的开户地址、联系人等。
		4. 历史遗留问题的说明。
		5、其他需要说明的业务事项。

【范例任务】

原出纳员朱小平，因工作调动，财务处已决定将出纳工作移交给金红接管。

要求：办理出纳交接工作。

【业务操作】

1. 交接准备。

原出纳员朱小平交接前的准备工作：

（1）将出纳账登记完毕，并在最后一笔余额后加盖名章。

（2）出纳账与现金、银行存款总账核对相符，现金账面余额与实际库存现金核对一致，银行存款账面余额与银行对账单核对无误。

（3）在出纳账启用表上填写移交日期，并加盖名章。

（4）整理应移交的各种资料，对未了事项要写出书面说明。

（5）编制“移交清册”，填明移交的账簿、凭证、现金、有价证券、支票簿、文件资料、印鉴和其它物品的具体名称和数量。

“移交清册”包括移交表和交接说明书两部分。移交表主要包括：库存现金移交表、银行存款移交表、有价证券、贵重物品移交表、核算资料移交表和物品移交表（见表3—8至表3—12）。

表3—8 库存现金移交表

币种： 移交日期： 年 月 日 单位：元 第 页

序 号	币 别	移交金额	接受金额	备 注
1	100 元			
2	50 元			

续表

序　号	币　别	移交金额	接受金额	备　注
3	10 元			
4	5 元			
5	2 元			
6	1 元			
7	5 角			
8	2 角			
9	1 角			
10	5 分			
11	2 分			
12	1 分			

单位负责人：　　　　移交人：　　　　监交人：　　　　接管人：

表 3－9　　　　银行存款移交表

移交日期：　年　月　日　　　　单位：元　　　　第　页

	币种	期限	账面数	实有数	备注
合计					

单位负责人：　　　　移交人：　　　　监交人：　　　　接管人：

表 3－10　　　　有价证券、贵重物品移交表

移交日期：　年　月　日　　　　单位：元　　　　第　页

名称	购入日期	单位	数量	金额	备注
xx 债券					
xx 股票					
xx 票据					
xx 贵重物品					
xx 投资基金					

单位负责人：　　　　移交人：　　　　监交人：　　　　接管人：

表 3－11

核算资料移交表

移交日期： 年 月 日 单位：元 第 页

名 称	年 度	数 量	起止号码	备 注
现金收入日记账				
现金支出日记账				
银行存款收入日记账				
银行存款支出日记账				
收据领用登记簿				
支票领用登记簿				
收据				
现金支票				
转账支票				

单位负责人： 移交人： 监交人： 接管人：

表 3－12

物品移交表

移交日期： 年 月 日 单位：元 第 页

名 称	编号	型号	购入日期	单位	数量	备注
文件柜						
装订柜						
复印机						
打印机						
保险柜						
照相机						
财务印章						

单位负责人： 移交人： 监交人： 接管人：

交接说明书是把移交表中无法列入或尚未列入的内容作具体说明的文件（见图 3－28）。

交接人金红的准备工作：应做好接替工作，尤其是做好存款印鉴更换准备工作，便于接任后可以立即开始工作。

2. 交接阶段。

出纳员朱小平的离职交接，必须在规定的期限内，向接交人员金红移交清楚。接交人员应认真按移交清册当面点收。

（1）现金、有价证券要根据出纳账和备查账簿余额进行点收。接交人发现不一致时，移交人要负责查清。

（2）出纳账和其它会计资料必须完整无缺，不得遗漏。如有短缺，由移交人查明原

交接说明书

原出纳员朱小平，因工作调动，财务处已决定将出纳工作移交给金红接管。现办理如下交接手续：

一、交接日期：

2012 年 3 月 20 日

二、具体业务的移交：

1. 库存现金：3 月 20 日账面余额 xx 元，实存相符，月记账余额与总账相符；
2. 库存国库券：xxx 元，经核对无误；
3. 银行存款余额 xxx 万元，经编制“银行存款余额调节表”核对相符。

三、移交的会计凭证、账簿、文件：

1. 本年度现金日记账一本；
2. 本年度银行存款日记账二本；
3. 空白现金支票 xx 张（xx 号至 xx 号）；
4. 空白转账支票 xx 张（xx 号至 xx 号）；
5. 托收承付登记簿一本；
6. 付款委托书一本；
7. 信汇登记簿一本；
8. 金库暂存物品细表一份，与实物核对相符；
9. 银行对账单 1—10 月份 10 本；10 月份未达账项说明一份；
10. ……………………

四、印鉴：

1. 武汉市夏华电子设备公司财务处转讫印章一枚；
2. 武汉市夏华电子设备公司财务处现金收讫印章一枚；
3. 武汉市夏华电子设备公司财务处现金付讫印章一枚；

五、交接前后工作责任的划分：

2012 年 3 月 20 日前的出纳责任事项由朱小平负责；2012 年 3 月 20 日起的出纳工作由金红负责。以上移交事项均经交接双方认定无误。

六、本交接书一式三份，双方各执一份，存档一份。

移交人：朱小平（签名盖章）

朱小平印

接管人：金红（签名盖章）

金红印

监交人：迟丽（签名盖章）

迟丽印

武汉市夏华电子设备公司财务专用章

财务处（公章）

2012 年 3 月 20 日

图 3－28

因，在移交清册中注明，由移交人负责。

（3）接交人应核对出纳账与总账、出纳账与库存现金和银行对账单的余额是否相符，如有不符，应由移交人查明原因，在移交清册中注明，并负责处理。

（4）接交人按移交清册点收公章（主要包括财务专用章、支票专用章和领导人名章）和其它实物。

（5）接交人办理接收后，应在出纳账启用表上填写接收时间，并签名盖章。

3. 交接结束。

交接完毕后，朱小平、金红交接双方和监交人，要在移交清册上签名或盖章。移交清册必须具备：单位名称、交接日期、交接双方和监交人的职务及姓名，以及移交清册页数、份数和其它需要说明的问题和意见。移交清册一般一式三份，交双方各执一份，存档一份。

【业务指导】

出纳工作交接要做到两点：一是移交人员与接管人员要办清手续；二是交接过程中要有专人负责监交。交接要求进行财产清理，做账账核对，账款核对，交接清理后要填写移交表，将所有移交的票、款、物编制详细的移交清册，按册向接交人点清，然后由交、接、监三方签字盖章。移交表应存入会计档案。

【活动任务】

原出纳员王玉兰，因工作调动，财务处已决定将出纳工作移交给赵敏接管。

要求：办理出纳交接工作。

【业务精要】

《会计法》第二十四条规定："会计人员调动工作或者离职，必须与接管人员办理交接手续。一般会计人员办理交接手续，由会计机构负责人、会计主管人员监交。"出纳交接要按照会计人员交接的要求进行。出纳员调动工作或者离职时，与接管人员办清交接手续，是出纳员应尽的职责，也是分清移交人员与接管人员责任的重大措施。办好交接工作，可以使出纳工作前后衔接，可以防止账目不清、财务混乱。

【业务训练】

成达实业股份有限公司原出纳员李丽，因工作调动，财务处已决定将出纳工作移交给王萍接管。

要求：办理出纳交接工作。